数读清史

李治亭 杨东梁 主编

一统天下

徐雪梅 著

壹

“满洲第一勇士”鳌拜专权

一举擒鳌拜

另一种奏事途径

划一满汉官品级

设置一新工具

叁

吴三桂入缅征南明

裁撤“三藩”

“三藩”乱起

改内三院为内阁

清初三大思想家

辽宁民族出版社

图书在版编目（CIP）数据

一统天下 / 徐雪梅著. —沈阳：辽宁民族出版社，2020.1

（数读清史丛书 / 李治亭，杨东梁主编）

ISBN 978-7-5497-2013-2

Ⅰ. ①一… Ⅱ. ①徐… Ⅲ. ①中国历史—清代 Ⅳ. ①K249

中国版本图书馆CIP数据核字（2019）第164284号

一统天下

YITONG TIANXIA

出版发行者：辽宁民族出版社
地　　　址：沈阳市和平区十一纬路25号　邮编：110003
印　刷　者：辽宁新华印务有限公司
幅 面 尺 寸：180mm × 250mm
印　　　张：18.25
字　　　数：300千字
出 版 时 间：2020年1月第1版
印 刷 时 间：2020年1月第1次印刷
责 任 编 辑：李　璜
助 理 编 辑：黄金刚
封 面 设 计：杜　江
责 任 校 对：林　华

标 准 书 号：ISBN 978-7-5497-2013-2
定　　　价：58.00元

网址：www.lnmzcbs.com　　邮购电话：024-23284335
淘宝网店：http://lnmz2013.taobao.com
如有印装质量问题，请与出版社联系调换　　联系电话：024-23284340

前言

李治亭　杨东梁

《数读清史丛书》经构思、组稿、成稿、定稿，历经数年，现在终于可以与读者见面了，这首先要感谢辽宁民族出版社的鼎力相助。

那么《数读清史丛书》究竟是一部什么样的书呢？为什么把“数字”与“清史”联系在一起？这是必须要首先交代清楚的。

提起清史，人们并不陌生，但清朝全史的研究及有关清史图书的出版，在中华人民共和国建立前后一段时间内却显得较为冷清（部分涉及中国近代史、农民战争史者除外）。进入改革开放时期后，清朝的历史和故事受到社会的广泛关注，一方面，学术界不断掀起研究清史的热潮，从地方到全国，国家级暨国际性的研讨会频频举行，研究成果如论文、著作、资料、通俗读物等层出不穷；另一方面，文艺界如戏曲、小说、评书、电影、电视等，也介入清史领域，将其演绎成一部部艺术作品推向社会，从而使清史故事和知识普及千家万户。至今，自20世纪80年代掀起的“清史热”不减不退。可以说，清史的普及率是其他断代史无法比拟的。清史一跃成为史学界之“显学”，不能不使各断代史相顾“失色”！这与改革开放前数十年相对冷清的局面形成鲜明对照。

清史研究的大发展和空前繁荣，实非偶然。清朝距我们当代社会最近，自其亡国至今，也只有百余年；说起清朝的人和事，似在昨天，如在眼前，很容易引起人们更大的兴趣。清朝的历史漫长，经历的时代多变，其丰富多彩的内容，为文学艺术创作提供了取之不尽的素材。坦率地说，把清史故事搬上舞台、银屏，也许比创作关于现实生活的作品来得容易些。因为编导者们受到的约束较少，创作发挥的天地较为广阔，这是不是也算一种“捷径”呢？

对于史学界来说，清史园地既广大又富饶，还有许多待开垦的“处女地”，确有强烈的吸引力。学者们为之付出辛勤劳动，研究成果难以计数，近40年所取得的进展，远胜前60年的总和！

有清一代，比它以前任何一代王朝更受到当代人的重视与关注，这也许是清朝的幸运。但其中也有颇多是非曲直、重重疑点，现在学术界还在争论不休，难以达成共识。不同观点已成对峙状态，能延续多久，尚难预料。不过，争论绝不是一件坏事，学术就需要百花齐放，百家争鸣。如果没有争论，学术也就失去了它的生命力。

现在的问题是，有关清史的歧见，已远远超出了学术争论的范畴。例如，文艺小说及影视、戏剧“戏说”成风，更有甚者，某些清宫影视剧，荒诞无稽，莫此为甚！诚然，文艺作品既然是艺术创作，自然允许虚构，但不能脱离生活，特别是历史题材的作品，更不能天马行空，颠倒、篡改历史，我们常说的“大事不虚，小事不拘”，就是这个道理。文艺界的“戏说”风也刮进了学术界，一些“学者”跟风而上，打着学术的幌子，对三国史、清史，乃至孔子、庄子恣意解读。特别是清史，标榜“正说”者未必不是邪说，其公开宣扬历史唯心主义，信口开河，实则搞乱了清史。任意涂改历史，胡乱编造之风必须煞住，因为不得民心，终将被弃之如垃圾。

尽管“戏说”荒诞，谬说悖理，却仍在社会中流传，清史难“清”。这促使我们决意写一部“新清史”，阐明我们的“清史观”，表述对清史的基本认识，希望能尽量做出科学评断，向社会传达准确的历史信息。这大抵是我们编纂本丛书的初衷，是否如愿，有待实践检验。

撰写一部王朝断代史，首先遇到一个问题，即王朝的起始与终结时间。这似乎是个常识，无须讨论。清以前的历代王朝姑且不论，只说清朝，确有特殊之处。它的终结时间，为宣统三年（1911），清帝宣布退位，清朝统治就此结束。对此，没有任何疑义。那么，清朝的历史又始于何时呢？说法有三：一说，以清顺治元年（1644）入主北京为其始，清有国应为268年；一说，以明万历四十四年（1616）努尔哈赤创建后金政权为清史开端，至终结，共296年；一说，从努尔哈赤于明万历十一年（1583）起兵算起，直至清亡，共历329年。

这三种说法都有一定道理。正如一个人的人生历程，如从参加工作算起，至退休，强调其人的工作时间。如从出生算起，直到去世，这是表示一个人的寿命。清朝的三个“开始”时间，各有所重。学术界采用的是第一种说法，约定俗成，从未受到质疑。因为从入关后清朝才开始统治全国，到其退出历史舞台，就是清朝统治中国的全史。入关前的历史只是清史的序曲，被视为清史的楔子，可不计入清史的时间统计。

我们的意见，取第三种说法：从努尔哈赤创业，到确立在全国的统治，直到溥仪退位，这是清朝历史的一个漫长而完整的过程。其中各个时期，都是清史不可分割的一部分，而各个部分的总和，就是清史的全部。可以说，清史的绝对时间应为329年，举其概数，可称“清史三百年”。同大多数王朝一样，清朝三百年经历了兴、盛、衰、亡的漫长过程。考察清朝三百年，可以说有其独特的经历，这就是：创业、盛世、衰亡，而这三段恰恰是各占百年左右。

先说创业。如前指出，明万历十一年（1583），努尔哈赤起兵，为被害的父祖报仇，即为清朝创业之始，已无疑问。那么，创业于何时完成？进一步问：创业完成的标志是什么？很简单，全国完全统一之日，就是创业完成之时。清在关外时期，仅占有东北与内蒙古地区，统一大业远未完成。清军入关后，于顺治十八年（1661）消灭南明最后一个政权——永历政权，至此，已完成对中华大陆的统一，但台湾仍被郑氏集团控制，故清之创业还不能说完成。直至康熙二十二年（1683），郑氏政权兵败投降，台湾归入清朝版图，至此，清朝才完成了创业。收复台湾，是一个标志。到收复台湾之时，清朝创业正好历时一百年。所谓百年创业，名副其实。

那么何谓百年“盛世”？“盛世”是指最好的历史时期。经济全面发展，文化繁荣昌盛，社会长治久安，国力空前强大等，都是构成盛世不可缺少的条件。清史学界主流意见，认定康熙、雍正、乾隆三朝为清之盛世，史称“康乾盛世”。这个“盛世”，从何时开始？何时结束？学界并无具体界定，学者们见仁见智，但整体上差异不大。我们认为，无论开始、结束，必有一标志性事件，为其时间的界标。进入盛世的标志，恰好是收复台湾的第二年，即康熙二十三年（1684），圣祖首次南巡，非为娱乐，而是专程亲临治理黄河工地，阅视河工。黄河之重要，实关中国历代王朝兴衰，亦为中华民族之命脉。在以农业立国的时代，治理黄河水患，如同治国，是国家头等大事。在收复台湾后，圣祖立即转入治河，说:“今四海太平，最重者治河一事。”[①]治河即治国，国家形势已由前期的战乱转为相对稳定，此即盛世开始之时。从大乱走向大治，治河是标志。

盛世何时结束呢？嘉庆元年（1796），高宗刚退位还不到一年，就发生了一个重大的事件，即川、楚、陕、豫白莲教大起义，引发社会矛盾总爆发，社会动乱。以此事件为标志，宣告“盛世”结束。至此，盛世历时112年，取其概数，称为“百年盛世”。

以嘉庆元年为由盛转衰的时代分界线，清朝转入衰落。历嘉庆、道光、咸丰、同治、光绪、宣统等六朝，经时115年，可称“百年衰亡”。

清朝全史，三个“百年”，并非是人为机械地划分，恰恰是清朝本身自然形成的“三段式”，此说只是我们的一种看法，有待学界形成共识。

我们就是依据上述认识，按照三个百年的历史时期，设计出三个阶段，每个阶段各由3册书组成，共计9册，约180万～200万字。

这套丛书，可以说是一部完整的新清史。清朝灭亡百年来，研究清朝历史的成果不断问世，近30年最为突出，已出版长短不一的清朝全史不下10部。本套丛书则有自己的独特之处：其一，给清史定位三百年，按百年创业、百年盛世、百年衰亡“三段式”撰写清朝全史，似乎尚无先例。其二，予清史以新的解释，反映近30年学界清史研究的新认识、新水平，不落俗套，并非老生常谈，而是对清史的一种新解读，着重阐述我们新的清史观。其三，我们在理论上坚持求

① 《圣祖仁皇帝祖训》卷33，“治河一”。

实求真的中国优良学术传统，吸收已有的研究成果，抵制西方史学中的败笔和不良影响，不跟风，不媚俗，也不接受所谓“山寨”的“雷人”之语，更与“戏说”划清界限。一句话，坚定文化自信，坚守中国学风中的优良传统，挡住学术歪风之诱惑，坚定地走自己的路！其四，本丛书的体例与以往不同。近代以来写史多采取西方的章节体，千篇一律，有的节以下再设目、小目，结果节、目重叠，不胜繁杂。本丛书体例设计打破惯例，采用更为灵活的纪事本末体，每件事都是一个故事，通过将这一件件大小事串联起来，以展示清朝三百年历史长编，再现清朝波澜壮阔的历史画卷。

本书更为明显的特点还在于用数字写清史。前文已指出，近40年来，学界或文艺界对清史颇多“创造”，如“戏说”风，风靡各界，以致清史学界也不能幸免！跟“风”而起，“戏说”起来。当“戏说”渐失市场时，又有“正说”“实说”相继出笼。所谓“实”“正”不过是作者主观意识的表达，能否真做到“正”、做到“实”，那就得看作者的史识、史才、史德如何了。事实表明，标明“正说”者，未必正；声明“实说”者，未必实。凡此种种，一个共同特征，就是作者或编导顽固地表现其主观随意性，却弃事实于不顾。我们则希望坚持以历史事实为依据，并通过数字来述说清史之由来。

数字之重要，在于它是代表人类存在的一种符号！在社会生活中，如果没有数字，人类社会将会怎样？毫无疑问，人类必将重返蒙昧时代。考察历史，可知数字与历史的关系至关重要，不容忽视。从《史记》到《清史稿》共26部所谓“正史”中，留下了大量用数字论述历史的资料，在其他各种史书，包括私人著述中，也留下了不少数字的记录。应当承认，我们的祖先对数字远不如西方人那么重视，故史书中有关数字的记录并不多。以数字为基础的统计，其涵盖面颇受局限，而且所记数字也未必都准确。如同文字记述之不确，当考者必考之，以求其真。尽管缺憾多多，但史籍中所留数字仍弥足珍贵。数字与文字记述同等重要，两者互证且互补，数字表明事物存在的形式、规模与质量，是人类从事政治、经济、军事及生产、生活实践活动的依据，亦是政府决策、做出判断的参数；而文字是对数字的说明，如果没有文字的解读，数字也就失去了意义。

如上所言，中国古代不如西方那样重视数字，历来不重视数学发展，数学古称“算数”，即便出现过祖冲之、刘徽这样杰出的算数家，国家整体科技还是没有发展起来。因为古人治国不靠科技，唯专仰经书而已。已故美籍华人、历史学者黄仁宇就晚清百年中国动乱做出独特的分析，称“中国过去百多年来的动乱，不是所谓章法不良、人心不古，也不是全部军人专横、政客捣乱”，却是因为中国未能像西方那样实行“在数目字上管理”的治国手段。

当然，中国古代也并非完全不重视数学，如把“数”列为六艺之一，以数字为基础的学问称“算数”。清朝人对算数的认识颇为深刻，大学者阮元曾说过一段很精彩的话：“数为六艺之一，而广其用，则天地之纲纪，群伦之统系也。天舆星辰之高远，非数无以效其灵；地域之广轮，非数无以步其极；世事之纠纷繁赜，非数无以提其要。通天地人之道曰儒，孰谓儒者而事以不知数乎！”[1]阮元一席话，可知数字无处不在：上经天，下通地，社会生活不可离。阮元之数字论，无疑是对几千年数字之用的正确总结。

① 阮元：《揅经室三集》卷5，“里堂学算记序”。

回顾历史，历代史籍对数字的应用、用数字记述史实的例子，俯拾皆是。如《史记·高祖本纪》载：刘邦率大军攻入咸阳，金银财宝、后宫美女皆不取，独取户籍、地亩、图册，此意是在掌握全国的土地与人口数，以备将来治国之用。其后历代史书皆记载本朝的人口、土地及税收等大量人文经济信息，及至国家各级官吏设置、行政区划、军队及军事活动等，均有数目统计。这些宝贵的具体数字，为后世展开学术研究提供了实证。清代所载各项数据，远比前代更为全面而丰富，如官方编纂的《清实录》、国史及其他官书（如《四库全书》等），还有大量的地方志书、私人著述，无不包含用数字记述的史实。特别是清朝诸帝在位的每一年都要统计并公布该年度的土地增长面积及人口变化，乃至国库存储、蠲免钱粮、水利工程投资、军费支出、官员薪俸等情况，可见数字在国家政治、经济与社会生活的一切领域都占据重要地位。

毫无疑问，数字就是史料，是各种史料最值得重视的组成部分。数字同文字记录一样，都是历史的载体，其独特之处在于，它把历史的内涵具体化，彰显其真实的存在。

数字与历史的关系如此密切，对于史学研究不是可有可无，而是必不可少。应当承认，我们的史学研究往往不那么看重数字，总是偏重于研究事件始末、人物的实践活动、是非的评断，数字只是其中的附属，很少有人把它视为主要依据。这里，还有一个认识误区，即以为"摆弄"数字与统计，是经济史学家的事，似乎跟史学其他方面的研究无关。这一认识显然有失偏颇。我们应当树立"数字历史"的新思维，重新认识数字在史学研究中的特殊价值，若能如此，将深化我们对历史的理解，并做出新的判断。

基于以上认识，我们提出了用数字写清史、读清史的学术概念。同时，清代个别学者对数字的重视与分析，无疑给予我们很多启发，促使我们对这个问题的认识又有了新的升华，具有新的学术意义。

本文开头就提出何谓“数读清史”的问题，现在可以回答：简言之，即以数字为纲，将清史中的各种事件与人的实际活动用具体数字加以量化，展开对清史的叙述。说得更明确些，就是应用数字史料来写清史、读清史。本丛书共9册，每册的标题全用数字表述，此即“数字标题”，体现数字为纲之意。一个“标题”中的数字，构成一个历史事件的中心内容，叙其始末，如此相互衔接，清史全通。试举几例说明之：

例一，努尔哈赤于后金天命三年（1618）率八旗伐明，发动抚（顺）清（河）之役，揭开了明清（后金）战争的序幕。伐明前，发布“七大恨”檄文，阐述其伐明的正当性，此“七大恨”之数字“七”即构成此事件的本质内容，故列题“以‘七大恨’伐明”（见第一册《清朝兴起》）。

例二，康熙中期，国家已进入“盛世”，为与万民同享“盛世”太平，圣祖两度举办“千叟宴”，招请全国60岁以上老人代表共4000余人至京，参加他举办的盛宴，这是“盛世”中的盛事，反映了中国封建社会发展到顶峰的盛况，故以“盛世两举千叟宴”为题，记述其事之始末（见第四册《开创盛世》）。

例三，高宗刚即位，还不到一年，监察御史孙嘉淦上疏，陈述他的治国之见，提出防止“三习”之恶俗与杜绝“一弊”之办法。此疏向新即位的乾隆帝发出了警告。其识见之深、文笔之犀利、预见性之强，一时震动朝野，士子争相阅读。清人即誉此疏为“三习一弊疏”。书中以此为题，评叙其事，为此卷之必不可少，故照此疏之名录下为标题（见第六册《乾隆鼎盛》）。

例四，“103天变法”又称“百日维新”，是晚清时期一次重要的政治变革。“百日”足见其时间短促，反映了顽固派与改良派力量对比之悬殊，也说明当时资产阶级改良派政治上之不成熟。此一数字包含了深刻的政治内涵（见第八册《危局求变》）。

例五，“江楚会奏变法三折”，此折是光绪二十七年（1901）湖广总督张之洞、两江总督刘坤一联合向清政府提出的全面改革方案。三份奏折共计三万多字，代表了朝野上下改革派政治改革的基本框架和思路，成为“清末新政”的纲领性文件。“三份”和“三万”的数字足见其内容之丰富（见第九册《清朝覆亡》）

“数字标题”，涉及如何选用数字。可以肯定地说，我们不会随意采用。如同选择史料，必选有重要价值、内涵丰富、具有代表性的，且数据可靠的数字。具体筛选数字的方法，可概括为三种：

一是直接取用于清官方各书中的准确数字。如以上例证中，“七大恨”“千叟宴”“三习一弊”等，皆来源于《清实录》中的明确记载。

二是归纳或统计后得出的数字。如努尔哈赤先后三次征讨乌拉部，最后一次将乌拉部灭掉，由此归纳为“三征乌拉”；世祖去世前，命索尼、遏必隆、苏克萨哈、鳌拜等为“辅政大臣”，辅佐年幼的少年皇帝圣祖，即成“四大臣辅政”；余类推。

三是概数，将不确定的数字，予以约定。高宗执政时，诛杀多名贪官，有的已计入“实录”，有的则未入录，不能完全确定诛杀贪官的数目，便用“众贪官”表述。因为“众”字及“多”“少”等字，也是数字概念，只是不甚具体而已。如“盛世修书百余种”，其“百余种”系作者据史籍的统计，而“余”字则表明为概数。

数字之用，在于无隐晦，不夸张，不修饰；看数字即识内容，不露作者的主观意图，亦不直接反映作者的观点倾向，一切都通过数字来反映历史的真实客观，其是非、长短，概由读者自行判断，不致被作者表述失当而误导。

书中每一个数字都不是凭空捏造的，甚至可以引申出一篇精彩的故事，读来饶有情趣。那么，为写好每一篇数字故事，采取什么样的体例最适合？比较再三，最后，我们认为采取纪事本末体为好。前已说到，当代盛行的章节体例，过于复杂而烦琐。纪事本末体，为我国传统史书的体例之一，更简捷、明快，尤其便于记述事件的过程，娓娓道来，有引人入胜之效。

与此相适应，本书的文字表述，力求通俗易懂而不失生动，朴实无华而不失美感。时下，文风、学风颇多不端之处，尤其是文风浮华，玩弄“概念史学”，把文字写得晦涩难懂；更有甚者，将中国话“洋化”，引来时尚名词，写的是中国字，讲的却不是“中国话”。我们坚决反对这种坏文风，并与之划清界限，要坚持体现中国传统的优良学风与文风，体现当代中国特色的史学新风。本丛书的各位作者共同约定：要写自己的话，也就是要用自己的语言文字把每件史实写明白，以让读者读懂为最高要求。至于能否做到，效果如何，我们不敢自夸，只能以此为努力目标，并有待广大读者检验。

研究历史，撰写史学著作，目的是经世致用，正如清代学者所倡导：“夫学不经世，非学也！”如果下笔成书，还不明白对社会、对读者有何价值，写书又有何用呢？我们明确宣示：撰写本套丛书，除意在正确传播清史知识外，更重在总结清史中的经验教训，把人生感悟与历史启示贯穿于本丛书的各个篇章，让人读后，多有获益。读者是否有此感受，只可待读后而论也。

以数字写清史、读清史，是我们的大胆尝试，不完美、不完善是必然的。我们不知，此举是否是清史研究和清史著述的新通道，如果这条路径行得通，“数读”对任何一代王朝都适用的话，就会有“数读唐史”“数读明史”等。果真如此，那么中国通史的写法能否跳出原有形式，有所创新呢？

本丛书既然是一种新尝试，难免有诸多不足之处。读者诸君如发现不当，尚祈给予教正。

2019年4月6日于北京

目录

一　冲龄即位　四臣辅政 …… 001
玄烨八龄即位 …… 002
四大臣辅政 …… 010
吴三桂入缅征南明 …… 021
抗清夔东十三家 …… 028
存续千年的土司败亡 …… 033

二　圣祖亲政　乾纲独断 …… 039
“满洲第一勇士”鳌拜专权 …… 040
一举擒鳌拜 …… 047
第一次东巡 …… 053
裁撤“三藩” …… 060

三　“三藩”乱起　平定天下 …… 073
“三藩”乱起 …… 074
平定天下 …… 102
第二次东巡 …… 118

四　制度改革　政通人和 …… 123
每日御门听政 …… 124
划一满汉官品级 …… 133
改内三院为内阁 …… 154

首创南书房 …… 163
另一种奏事途径 …… 169

五　尊儒重道　文化肇兴 …… 175
尊孔崇儒 …… 176
官修六部史书 …… 191
两种文化的交融与碰撞 …… 208
清初三大思想家 …… 224

六　收复台湾　一统天下 …… 229
郑成功据守台湾 …… 230
六次招抚台湾 …… 243
万名大军进台湾 …… 256
设置一府三县 …… 266

主要参考文献 …… 269
后记 …… 272

一

冲龄即位　四臣辅政

SHUDU QINGSHI
YITONG TIANXIA

玄烨八龄即位

公元1644年，是新任皇帝福临建元之始，称顺治元年；这一年，八旗铁骑进入山海关，战败农民军，进据北京，世祖福临入主紫禁城；这一年，是清朝迈入历史新篇章的开始！

顺治一朝

从偏居东北到定鼎中原，统治区域的逐步扩大与局势的复杂化，时刻都在考量着满洲统治阶层的执政能力。入主紫禁城的清帝福临甫六龄，江山未稳，四分五裂。清朝虽然控有黄河以北及长城内外的大部分疆域，但陕西、山西仍由李自成余部据守，四川被以张献忠为首的农民军夺取，长江以南的广大地区则成为南明的天下，弘光、鲁监国、隆武、绍武、永历等小朝廷，此亡而彼兴。除此三股主要的政治势力外，另有其他独立的军事武装力量，如原明朝的宗室、遗民，以及不堪忍受清朝高压政策的普通百姓等，他们或奉南明为正朔，或自成一股，互不统属，各自展开抗清斗争。总之，清朝入关之初，各地反清之举四起。战争，成了顺治朝最重要的关键词之一。以睿亲王多尔衮为首的满洲贵族，以王朝大局为重，运筹于朝廷内外，南北征伐各股反清势力。如，李自成兵败山海关之后，多尔衮随即任命已投诚的明朝辽东守将吴三桂为先锋，追击李自成残部，不予其喘息机会，并以英亲王阿济格为靖远大将军，协助吴三桂围剿李自成。后又因军情险急，改调整欲南下攻取江南的豫亲王多铎，先救怀庆，转攻陕西，与英亲王阿济格两军夹击李自成。清军由陕西进入河南，一路奔入湖北境内，多次重创农民军，最终于距九江四十余里的地方，大败农民军，结束了李自成创建的大顺政权的政治生命。

大顺政权的覆灭，消除了清朝的心腹之患，在多尔衮的指挥下，清军随即开始了对张献忠创建的大西政权和南明小朝廷的剿杀。多尔衮以肃亲王豪格为靖远大将军，统率八旗兵进军四川，征剿张献忠。张献忠部将刘进忠降清，引豪格直趋献忠驻兵之地。清军与献忠率领的农民军在凤凰山遭遇，献忠被射伤，清军一拥而上，将其擒获，并就地斩首。

南明是与清朝对抗时间较久的武装势力。从多尔衮摄政到世祖亲政，满洲统治集团中的最高执政者一直不遗余力地对南明进行征剿，从顺治元年豫亲王多铎率师南下，直至十八年（1661）吴三桂率军进入缅甸境内，以弓弦绞杀永历帝，南明与清朝的军事对抗才最终宣告结束。清朝最终以武力解除了分裂割据的威胁，清朝一统天下的局面初步形成，这也为清王朝的进一步发展与勃兴提供了相对稳定的政治环境。

如何治理汉人占绝大多数的中原地区，在入关之初，就成为横亘在清朝统治者面前的严峻考验。多尔衮在疆场上横刀策马，所向披靡；在政治舞台上亦英明果敢，毫不逊色。进入北京城后的第二天，他就下令起用原明朝官员，在京内阁、六部、都察院等重要衙门中的汉官，与原设满官一体办事；其他衙门中的明朝官员，仍各依其职供事。这一举措表明，虽然新王朝取明而代之，但实际上是沿袭了明朝旧制。这使清政权得以在最短的时间内发挥其行政效能，适应统治区域与人口的变化。清朝虽然在政治体制上因袭明朝，但并非完全照搬，对明朝弊政有所废革。严厉整饬吏治，是顺治朝政治生活中的重点之一。清朝的执政者们时刻以明亡为鉴，严惩贪官，同时起用、征召贤达之士入朝为官，以期政治清明。在经济领域，废除明末“三饷”，蠲免赋税，重建赋役制度，着力恢复封建经济。但是，这一新兴王朝也有其固有的弊病。满汉间的民族矛盾，就是亟待清初统治者解决的严峻政治问题和民族问题。虽然早在太宗时期，就确立了处理满汉民族关系的基本原则——视满汉为一体，“满汉一家”，但入关之初满洲统治者以粗暴的方式强迫汉人剃发、易服，以及圈地、强迫汉人投充旗下为奴等行为，严重伤害了汉人的民族情感，使满汉间的矛盾一度异常尖锐。为缓和民族矛盾，满洲统治阶层先按皇帝规格安葬崇祯帝后，令大学士金之俊撰写崇祯帝碑文，祭祀明朝诸帝。同时，也为殉难的太监王承恩立碑；赐明朝殉难之臣范景文、倪元璐、李邦华、施邦耀等11人谥号。在文化传统上，尊崇儒家文化，祭祀孔子，并册封其第65代孙孔允植为衍圣公；又开科取士，借以拉拢汉族知识分子，获得其在政治上的认同。随后，在一定程度上退还汉人被圈之地，不断修改“逃人法”，以此争取民心。虽然顺治朝经历了由多尔衮摄政到世祖亲政的权力交替阶段，但最高权力掌控者的变更，并未对清初的治国理念造成影响。清朝仍按原有的轨迹，一路向前。

天花与避痘

自清军入关至顺治十八年，清王朝已经在世祖的管理之下，渐入佳境。清朝，正以崭新的姿态，蓬勃兴起于中国的历史长河之中。怎奈世祖寿康不永，顺治十八年，福临把大清江山遗留给了他的儿子——皇三子玄烨，逝世于养心殿。而无论是世祖的崩逝，还是玄烨的即位，都与当时的一种时疫——天花，有着密切的关系[①]。

天花，又称痘疫、痘疾、痘疹，或痘、疹。9世纪时在欧洲流行，甚为猖獗。中国的天花之疫，在宋元以后为害甚烈，清朝在入关前就深受此时疫之侵扰。在天花高发期，太宗或以围猎为名，至边远地区避痘；或深居宫中，除处理机要事务外，其余时间皆回避不见外人。天花导致清朝大量人畜死亡，满洲贵族中的成年男子亦有因染此疫而亡者，如大贝勒代善长子岳托、第五子巴喇玛、第六子玛占，外孙和尔本等。此为有史可考者，史籍未载之卒于此疫之人，又不知凡几。清朝入关后，仍未摆脱天花的困扰。北京是天花的高发区，冬春二季传染最为猛烈。清朝定鼎北京后，因天花而丧命者，不可计数。即便是满洲王公贵戚亦不能幸免。仅顺治六年一年之中，多尔衮的同母弟豫亲王多铎、英亲王阿济格的两个福晋、辅国公坚柱，都因染天花而薨逝。

天花传染如此之烈，迫使清朝统治阶层做出更严密的避痘措施，特定“驱疹”之令。大清门以北、地安门以南、东安门以西、西安门以东周围18里之内——即皇城之内，凡未出过天花之汉人，均被遣往这一范围之外，防止这些人患天花而扩大传染，以保护皇帝及皇城中居住的宗室工公。但都城之外皆旗人的庄田，汉人无处可去。东交民巷商某捐钱30万两，以帮助汉人迁居城外。已出疹之家需报知五城兵马司，然后五城兵马司派人用绳圈其住宅80步以内的地方，在此范围之内的官员不许入署供职。若有婴儿出疹，多数被丢弃在路边，闻者无不痛心。多尔衮死后，此令稍松。

未曾出过天花的皇帝，自然是被保护的重点对象。宫中奉祀痘神娘娘，

① 关于天花对清初政治的影响，参考杜家骥的《清初天花对行政的影响及清王朝的相应措施》，《求是学刊》2004年第6期。

并特为其建坛立庙；京城南郊的南苑之中，特为世祖建有避痘之所。天花泛滥之时，他或移住此处躲避，或行猎塞外。为防止他受到天花的侵染，清政府甚至还取消了一些重要的礼仪程序，如元旦庆贺大典、接见外藩蒙古王公及外邦使臣等。尽管有着如此周密而谨慎的防范措施，但世祖福临仍未能避开天花之祸。顺治十八年正月初四日，世祖身体抱恙；初六日，体力渐不能支，遣内大臣苏克萨哈传谕："京城内除十恶死罪外，其余死罪，及各项罪犯，悉行释放。"[①]初七日夜子时，福临在病倒三日之后，抛下6个幼子与大清江山，逝世于养心殿，享寿还未满23岁，遗命皇三子即皇帝位。

其实，在世祖染病之后、未崩之前，清朝统治阶层内部曾对由谁来继承皇位的问题，有过权衡与商讨。皇太后博尔济吉特氏（即孝庄文皇后）曾力促福临册封一位皇子，以便继承皇帝之位，但世祖倾向传位于其长兄，朝中亦有大臣附和。皇太后与世祖各持己见，未决之下，世祖遣人询问传教士汤若望的意见。在世祖短暂的一生中，汤若望曾扮演过非常重要的角色，所以有必要对其作一简单介绍。

汤若望（1591—1666），德国耶稣会传教士。明天启二年（1622）抵华，先赴北京学习语言，后至陕西管理教会事务，在西安居住多年，传布宗教，研究天文。崇祯三年（1630），明朝征召其入京，任钦天监官，制造浑天球1具、平面地图1具、地平日晷1具，又为朝中权贵制造便于携带的象牙日晷，为明朝天文家制造大小望远镜、球仪、罗盘、观象仪等仪器。在满洲进迫北京之时，汤若望还根据书本记载，为明朝制战炮20门，最大口径可容重40磅的炮弹。当北京罹兵燹之时，若望仍留居北京，并外出援救受伤之人。明清易祚后，清统治者知其在明朝曾管钦天监事，以礼待之，允许其安居旧宅。

① 《清世祖实录》卷144，顺治十八年正月丙辰。

顺治二年（1645），授汤若望为钦天监监正，加太常寺少卿衔，此乃朝中一要职也。世祖颇为宠眷他，乐闻其言，常不拘礼节，与其长谈。世祖年轻，生活难免放逸，若望常以温和慈祥之语加以劝谏，皇帝亦愿从其言。世祖曾对身边大臣说过："汝曹只知语我以大志虚荣，若望则不然，其奏疏语皆慈祥，读之不觉泪下。"①此二人虽有君臣之别，但世祖待若望如父如师，尊称其为"玛法"（mafa，满语"祖父"之意）。他每有疑惑，无论身在寝宫，还是游猎御园，皆随时召见若望，以便咨询，甚至还亲自到教堂历览礼拜堂、书房、花园等处。为表彰若望，世祖赐其号曰"通玄教师"（后为避圣祖之讳，改为"通微教师"），又在八年（1651）封赠其祖父母、父母。世祖临危之时，若望流着眼泪请求觐见皇帝，并上书感谢其恩遇。世祖览其奏疏，感激泪下，深谢若望，并回首呻吟道："朕诚有过，然今悔已晚，朕疾已不治矣。"②他与若望间情谊之深，可见一斑。

正是因为汤若望在年轻的世祖的精神生活和私人生活中，占据着如此重要的位置，所以在选立嗣君的问题上，世祖自然首先想到了他。而汤若望之意见，则完全站在了皇太后一方。他的理由是，诸国传世之法，皆父死子继。况且，皇太后选立的这位皇子，已经出过天花，不会再受此疫之侵扰。清朝国祚之安危、皇权之稳定，亦不会受天花之胁迫。皇太后与汤若望共同选定的这位皇子，是世祖的第三子，即后来的圣祖。事实表明，汤若望为世祖筹划的这最后一个良策，的确是王朝国家最大的"福利"，圣祖确实是清朝，乃至中国历史上难得的圣君。

世祖接受了汤若望的建议，在弥留之际，召学士麻勒吉、王熙至养心殿，降旨自责，并定皇三子玄烨为皇太子，麻勒吉、王熙遵旨于乾清门撰拟

① ［德］魏特：《汤若望传》。

② ［法］费赖之：《在华耶稣会士列传及书目》（上），第177页。

谕旨，交付侍卫贾卜嘉进奏。世祖令麻勒吉将诏书暂收怀中，待其更衣毕，麻勒吉、贾卜嘉二人捧诏书，奏知皇太后，然后宣示诸王、贝勒、大臣等。

玄烨即位

玄烨，在未即位之前，其父并未为其命名，只以皇三子称之。顺治十一年（1654）三月十八日，诞生于紫禁城内的景仁宫，其生母为庶妃佟佳氏。佟佳氏，原属汉军旗人，后抬旗入满洲镶黄旗。佟佳氏系佟养正之孙女、佟图赖之女，顺治八年入宫，十五岁生皇三子。佟佳氏系辽东望族，原居开原，继迁抚顺。太祖攻克抚顺后，佟养正挈家人及族属前来归顺。天命六年（1621），佟养正随后金军征辽阳，因战功被授为三等轻车都尉世职。后奉命驻守朝鲜边界之镇江城（今辽宁丹东附近），因城守中军陈良策潜通明将毛文龙，遇害而死。佟图赖亦有战功，天聪年间从征大凌河、锦州，克杏山，晋一等轻车都尉，后随郑亲王济尔哈朗攻占前屯卫（今辽宁绥中）、中后所（今辽宁绥中）。顺治初年又招降山东，经河南下江南，镇抚宝庆。

虽然佟佳氏一族功勋卓著，但庶妃佟佳氏与她的儿子并未得到世祖的格外关爱。皇三子在出生后不久，就被抱离景仁宫。因未出痘，世祖令保姆于紫禁城外护视皇三子。据学者考证，皇三子似应移住紫禁城西华门外北街一处别宫。康熙年间，此处一直作为“潜龙邸”而闲置；世宗即位后，改为福佑寺。福佑寺后殿供奉神牌，书“圣祖仁皇帝大成功德佛”，背面书御制五律，据英和在《恩福堂笔记》中记载，该寺是当年皇三子曾居之所。

在皇三子出生的前后几年，天花之疫肆虐京城。他虽然身居宫外，仍未躲过此劫。大约在其两三岁时，染上了天花。值得庆幸的是，这位年幼的皇子最终战胜天花的困扰，只是脸上留下了终身难以祛除的印痕。可就是这些浅花麻点，成就了他登上帝王宝座的机缘。他的祖母正是看中了他获得了终身免疫的条件，力主选其作为皇位继承人。

虽然这位皇三子躲过了天花的荼毒，但在其父在世的岁月里，与父亲会面的机会，也只是皇家例行的礼仪而已。史载的唯一一次与父亲的直接对话，是在他六岁时，与皇二子福全、皇五子常宁至宫中问安。世祖问儿子们志向如何，皇五子只有三岁，未能对答。皇二子称“愿为贤王”。皇三子则对曰：“待长而效法皇父，黾勉尽力。”[①]虽然皇三子表现不俗，但其父并未格外瞩意，他仍旧是一位默默无闻的皇子。直到世祖临终之时，皇三子在皇太后与世祖的权衡之下，成为皇位最合适的继承人，他也第一次有了自己的名字——玄烨。而此时的玄烨，也仅是一个八龄幼童。从世祖遗诏宣告天下的那一刻起，他就肩负起振兴清王朝洪业的历史使命。顺治十八年（1661）正月初九日，玄烨即皇帝位，祭告昊天上帝、社稷、太庙，颁登极诏于天下，定次年为康熙元年。

康熙朝的帷幕就此徐徐拉开！

任何一段历史都不会是风平浪静，康熙朝也不例外。虽然经过顺治朝的创建，清朝基本确立了天下共主的统治地位，但权臣当道、边臣叛乱，林林总总的突发事件，就在不远的将来，考验着圣祖的智慧、勇气与魄力！

① 《清圣祖实录》卷1，卷首。

四大臣辅政

清朝入主中原后的第一任帝王世祖，六龄即位，幼主当国，睿亲王多尔衮摄政。世祖驾崩后，新君玄烨，甫及八岁。纵有太皇太后博尔济吉特氏之英明驰纵，但少年天子仍需朝中重臣之扶持与襄助。鉴于多尔衮摄政时的擅权与跋扈，世祖不选懿亲，改选勋旧重臣辅政，遗诏中命“内大臣索尼、苏克萨哈、遏必隆、鳌拜为辅臣”，以此四人保翊冲主，佐理政务。待玄烨年长，再归政皇帝。

天降大任，命下之时，索尼等人深感责任极重，但又忧心忡忡。其忧心何事？先让我们看看他们在遗诏宣读完毕后是如何反应的。索尼等人未先对已逝的世祖起誓，而是就辅政之权，向诸王、贝勒逊让再三，其言：先帝在遗诏中，命我四人辅佐新帝。从来国家政务，皆由宗室协理，索尼等皆异姓臣子，如何能综理。今宜与诸王、贝勒等共同担任辅政大任。可见，索尼等人担心的是，世祖的一纸遗命无法约束势力强大的宗室懿亲，其异姓臣子的身份无法服众。尽管索尼等人有所顾虑，但诸王、贝勒皆认为不可，并劝勉索尼等人，先帝选定你四人辅政，是因深知你们的为人与品行才将国家重务委任，无人敢于干预。在明确了诸王、贝勒遵守世祖遗诏后，索尼等人方奏知太皇太后，随后在世祖灵位前宣读誓言：先皇帝不以索尼、苏克萨哈、遏必隆、鳌拜等为庸劣，遗诏寄托，保翊冲主。索尼等誓协忠诚，共生死，辅佐政务，不私亲戚，不计怨仇，不听旁人及兄弟子侄教唆之言，不求无义之富贵，不暗中来往诸王、贝勒等府，不接受其馈送，不结党羽，不受贿赂。唯以忠心，仰报先皇帝大恩。若复各为身谋，有违斯誓，上天殛罚，夺算凶诛。

走近四大臣

伴随着新君玄烨的即位，四大臣也开始了他们的辅政生涯。下面先让我们来认识一下这四位辅政大臣吧。

索尼，满洲正黄旗人，姓赫舍里氏。太祖时，其父硕色自哈达部挈家眷归附后金。硕色兄弟因通满语、蒙古语及汉语，得到太祖重用，俱擢置文馆理事，并赐硕色及其兄希福“巴克什”（baksi，满语“读书人”之意）名号。索尼被授予一等侍卫，出入扈从，并随军征讨。索尼身历三朝，有勇有谋。太祖时，他身先士卒，击败来犯之哈达兵，后又从征栋夔。太宗时，索尼被任以内外大事。在外，随太宗征讨明辽东城池，攻掠燕京腹地，远征察哈尔；在内，擢授吏部启心郎之职，日值内院，宣示谕旨及察审功罪，皆合太宗之意，得授三等男爵。世祖朝，福临未亲政前，索尼因忠贞勠力，不依附肃亲王豪格，被赐予带鞍马匹，晋爵二等子。不久，他被多尔衮党羽谭泰参劾，胪列其纵容仆从在禁门桥下捕鱼、库院内牧马等罪名。多尔衮虽对索尼从轻处罚，但仍削其世职，并永不叙用。后虽昭雪，复授二等子之爵位，但终因索尼不依附多尔衮，于政事多以理相争，遭其诟恶。多尔衮借贝子屯齐讦告索尼谋立肃亲王豪格、私结党羽之机，再次将其褫职，遣守昭陵，追夺赏赐。世祖亲政后，特召索尼还朝，不仅复其原有爵位，还晋为一等伯，赐赦免死二次。又擢索尼为内大臣兼议政大臣，总管内务府事。在顺治朝后期，索尼作为朝中元老，政声显赫，地位举足轻重。

苏克萨哈，满洲正白旗人，姓纳喇氏，额驸苏纳长子。太祖创业之初，苏纳即前来归附，被招为额驸。太宗朝，苏克萨哈开始崭露头角，先后随郑亲王济尔哈朗、豫亲王多铎围攻明朝锦州、塔山等处，屡立战功。世祖朝，苏克萨哈先因战功得授骑都尉世职，晋三等轻车都尉；后因复其父之世职，以苏克萨哈并袭三等男；又两遇恩诏，晋爵一等男，加一云骑尉。顺治八年（1651），任议政大臣。十年（1653），因孙可望聚众攻湖南，苏克萨哈奉敕同都统辰泰等率禁旅出镇湖南，与经略洪承畴会商进剿。苏克萨哈指挥军士，奋勇扑剿，大败来犯之众。十一年叙功，晋苏克萨哈为二等子爵，任领侍卫内大臣，加太子太保衔。

遏必隆，满洲镶黄旗人，姓钮祜禄氏，额亦都第十六子，其母为和硕公主。太宗朝，任侍卫，并袭其父一等子爵，后因徇庇之事被削爵。遏必隆先后随皇太极、饶余贝勒阿巴泰征明，因战功，授骑都尉世职。世祖朝，因征讨李锦、郝摇旗等有功，晋二等轻车都尉。后因其兄之子侍卫科普索讦告其与白旗诸王有隙，被革世职，并籍家产之半。世祖亲政后，诏复其职，并任为议政大臣，掌銮仪卫事，继擢领侍卫内大臣，累加衔至少傅兼太子太傅。

鳌拜，满洲镶黄旗人，姓瓜尔佳氏，卫齐第三子，清初开国功臣费英东的侄子。太宗时，先后出征察哈尔及明朝皮岛、锦州、山东兖州、临清、汶上诸邑。鳌拜骁勇善战，屡立战功，由护军校累升至护军统领。太宗优叙其爵，由骑都尉世职递晋至三等子爵，并赐“巴图鲁”（baturu，满语“勇士”之意）号。顺治朝，鳌拜随八旗铁骑底定北京，世祖福临以其忠勤勠力，晋其爵一等子。清朝定鼎北京后，鳌拜又先后随英亲王阿济格征湖广，破李自成兵；随肃亲王豪格征四川，大败叛将贺珍，于西充阵斩张献忠，随后又与侍卫李国翰分剿张献忠余党，俘斩甚众，并克遵义、夔州、茂州诸郡邑；统兵驻山西大同时，大败叛将姜瓖。世祖亲政后，晋其为三等侯。顺治八年（1651），任议政王大臣，叙功晋一等侯兼一云骑尉。九年，鳌拜自陈劳绩，以忤逆多尔衮意以致屈抑战功事，讼于世祖，世祖诏令晋二等公，赐敕世袭，免死二次，不久又授为领侍卫内大臣。

鳌拜与多尔衮积怨颇深，因皇太极去世后，鳌拜曾死谏谋立皇太极长子豪格为君，多尔衮先后三次定其死罪，皆因功高而幸免。十三年（1656），鳌拜因创伤复发，卧疾在床，世祖亲临其家探疾。十四年，恩诏加鳌拜为少保兼太子太保，随后又加少傅兼太子太傅，教习武进士。

四位辅政大臣的共同特点是皆出自勋旧世家，属皇帝亲领的上三旗；战功赫赫，为清朝开国洪业立下汗马功劳；均为三朝甚至四朝元老；皆与多尔衮有隙，坚决拥护皇统传承。正是因为这些资历和政治立场，世祖对他们亲信有加，才会在临死之时，屏却懿亲，将清王朝与年幼的皇帝郑重地托付于他们。

虽然清朝一统天下的局势已定，但是威胁清朝统治的不稳定因素尚存；农业生产及社会生活因战争的破坏，百废待兴；满汉间的文化畛域，满汉民族关系紧张，以及江南地区汉人对清政府的敌视，仍需重新审视与调和。作为个体，四大臣在世祖临终时授命，肩负之责任甚重。

调整中央机构

四大臣辅政之初，就是在得到太皇太后默许后，以“率循旧制，咸复旧章”为原则对世祖朝的规章制度进行修改、调整。这是因为，世祖亲政后，亲近汉臣，依仿明制，变更满洲旧制，“汉化”过快。对于这一做法，索尼等满洲旧臣，并非完全赞同，便借世祖遗诏之名，对中央机构及相关制度进行调整。

废除内官十三衙门。自周朝始，内廷就设置宦官（又称内官、中官、宦寺、寺人）执掌宫廷内部事务，供洒扫使令之役。宦官是君权的衍生物，过度任使、依靠他们，就给予其窃取君权的机会。秦汉及唐朝，宦官典兵干政，流祸无穷。对清朝而言，前鉴不远。明朝王振、汪直、曹吉祥、刘瑾、魏忠贤辈，专擅权威、干预朝政、枉杀忠良、出镇监军、流毒边境，以致明朝国事日废，覆败之相昭显。宦官擅权，流毒宗社，即便是宰相亦对其无可奈何。清太祖、太宗鉴于明朝亡国与滥委宦官密不可分，故不设宦官，以上三旗包衣组织下包衣奴仆服役。太宗专设尚方司以及办理内廷事务的职官。入关后，清朝宫廷仍以上三旗包衣奴仆与故明宦官共同供职。究其原因，或因满洲初入汉地，不娴汉人礼仪，不得已而使用宦官。顺治十年（1653），世祖参酌明朝宦官二十四衙门，设八监三司二局，合为十三衙门：司礼监、御用监、尚膳监、尚衣监、司设监、御马监、内官监、尚宝监、尚方司、惜薪司、钟鼓司、兵仗局、织染局。十一年（1654），因太宗时所设尚方司，职掌甚要，断不可少，故增入已设十三衙门，共为十四衙门。世祖虽然恢复了明朝的宦官机构，但他惩前代之弊，在使任宦官的同时，也对他们严加约束，官不得过四品，非奉差遣不得出皇城，职司之外不得干预政务，不得结交外朝之官，特命工部立内十三衙门铁敕于交泰殿。但顺治朝仍有宦官敢于干政，内官吴良辅与满官佟义勾结，结交外官，广招党羽，通贿请托。四大臣辅政后，裁十三衙门，易以上三旗包衣奴仆，设内务府，由内务府大臣总管，岁时令节令宦寺需谒见内务府总管大臣。当时在朝中供职的德国传教士汤若望亦称，将宫中5000余名宦官，革去4000余名，并将其驱逐出宫，仅留千名执下等役务。同时，新订律条，任何宦官不许担任国家公务。[①] 废除

① ［德］魏特：《汤若望传》，第326～327页。

十三衙门，改由内务府官总领宫闱事务，从制度层面避免了前代的宦官之祸。乾隆朝对宦官的限制尤严，稍有不法之举，必加捶楚。宦官高云从因干预外朝事务，被高宗立置磔刑。此后，虽有同治年间的安得海外出招摇，光绪年间的李莲英恃宠用事，但其罪状尚不甚烈，清朝“家法”犹未尽坏。可见，四辅政大臣废除内官十三衙门，重新设置内务府，具有积极的历史意义，根除了历代宦官之祸。

恢复理藩院为独立行政机构。清朝将内外蒙古、新疆及西藏统称为“藩部”。太宗时设置蒙古衙门，专门负责处理蒙古方面的事务。崇德三年（1638）六月，更名为理藩院。入关后，理藩院职掌扩大，除蒙古事务外，其他少数民族封授、朝觐、黜陟及外邦朝贡、交涉事宜，均由其兼理，是控驭、抚绥少数民族的重要机构。理藩院是清朝的独创，“理藩一职，历古未有专官”“遐荒绝漠，统治王官，为有清创制”[①]。可见，清朝非常重视处理民族关系及民族事务。究其根源，清朝本属少数民族政权，加之其在与明朝、农民军争夺天下的斗争中，深切地认识到，民族关系尤其是满蒙联盟稳固的政治意义。怀柔各藩部，不仅仅是边防策略，更重要的是民族情感的交融与沟通，用血缘关系、心理感化筑成一道更为坚固的防线，真正实现“中外一家”，长城内外天下一统。顺治十六年（1659），世祖将理藩院划归礼部统辖，以礼部尚书衔管理藩院事，以礼部侍郎衔协办理藩院事。四辅政大臣认为与旧制未合，重新恢复理藩院为独立行政机构，取消礼部兼衔，仍称理藩院尚书、侍郎，改正该衙门印信。按照中央六部之例，在商议朝政时，理藩院位居工部之次。后来的历史发展进程证明，在对理藩院进行政治定位的问题上，四辅政大臣是颇有政治远见的，该机构的确是管理少数民族事务不可或缺的中央机构。虽然理藩院并不直接参与各藩部的内部事务，但它代

① 《清史稿》卷115，《志九十·职官二》，第888页。

表清朝中央行使监督权，宣示国家主权。从制度层面上，保证了边疆各少数民族归于一统的政治局面。

恢复内三院旧制。天聪十年三月，太宗将文馆改为内三院，分别是内国史院、内秘书院、内弘文院，分设承政、参政等官。崇德元年（1636），太宗仿照明朝内阁体制，设大学士、学士等职。顺治十五年（1658），世祖参酌明制，改内三院为内阁。四大臣辅政后，停用内阁名号，恢复太宗时的内三院，并将入关初设置的翰林院并入内三院。需要指出的是，康熙初年复设的内三院与天聪朝并不完全相同，最大的区别就在于大学士参政议政的权力被弱化。太宗时的内三院大学士轮流入值，可参政议政，对后金政体的完善化及汗权的强化起到了一定的作用。多尔衮摄政时，取消大学士直接参与政务的权力，只备其顾问咨询。世祖亲政后，提高内阁权限，使其直接对皇帝负责。四大臣辅政后，遵循旧章，重新恢复内三院，将政务决策权再次把持在自己的手里。文武百官的题奏本章，须先经四大臣审阅、商定，草拟出处理意见后，直接请示太皇太后批准。然后由他们代笔，替圣祖写朱笔御批。在这一政务处理过程中，大学士并未发挥任何实际的作用。当大学士们看到臣属疏奏以及皇帝的批示时，已经是次日，甚或几天之后的事情了。这实际上是再次重蹈多尔衮覆辙，为后来的鳌拜专权埋下了隐患。

无论是内阁、翰林院，还是理藩院、内官十三衙门，在清朝的政治生活和宫廷生活中，都占据着非常重要的地位。四辅政大臣对上述中央机构的变更和重组，有借鉴历史经验教训的考虑，也有深邃的政治远见寓于其中，当然也有循祖制、复旧章的政治初衷。四辅政大臣是满洲旧贵族的代表，他们看重本民族的传统，政治理念偏于保守，对世祖过快汉化的政治做派或多或少有所排斥，凡改顺治朝之政，“必举太祖太宗以为辞”。新君即位后，在保证大的政治格局不变的前提下，四辅政大臣及其他们所代表的统治集团，按照他们对王权国家的政治构想，对中央机构进行了局部调整。当与不当，兼而有之，历史的发展进程，自会做出最终的取舍与判断，在下一轮权力交替来临之际，取其精华，弃其陈腐。

调整经济政策

农业自古就是中国封建王朝的立国之本。清朝的统治民族，虽是以游牧骑射为主的少数民族，但自太祖起，就非常重视农事。太宗更是将农业生产列为国家的头等大事，劝谕八旗子弟重视农业，向其灌输“以农为本”的治国理念。顺治朝更是不忘农事，在征伐中原的战争中，得一地就迅速恢复当地的农业生产。四大臣辅政时期，虽然西南边疆仍有战事，但中原大规模的军事征伐已暂告结束。恢复农业生产，稳定民心，重建社会秩序，确保国家的财政收入，成为清王朝政治生活和经济生活的重心。四辅政大臣以皇帝的名义，屡颁谕旨，蠲免百姓钱粮，鼓励垦荒，清理人丁户口，完善赋税制度，不遗余力地恢复农耕经济。

蠲免赋税。康熙二年（1663），蠲免自顺治元年至十五年间，民间滞纳的赋税；四年，又蠲免顺治十八年以前未纳之税。仅康熙初年，四辅政大臣先后蠲免直隶各省拖欠银约有2700余万两、米700万石、布绢等9万余匹。裁十三衙门后，又罢诸种营造，停止原来模仿明朝所收附加税。

鼓励垦荒。四辅政大臣督促各省大小官员把垦荒作为当务之急，要求从康熙二年开始，各省荒地要在五年内全部开垦，各地开垦荒地的数量，要随时上报户部，以备记录。如果期满后各省仍有荒地，上自总督、巡抚，下至州县长官，分别给予行政处分；奖励垦荒业绩较为突出的地方官。但由于当时战事甫息，各省开垦荒地的成效也不尽相同，湖南、云南、贵州、河南等省份上报垦荒数量最多。同时，又令绿营兵以及一些投诚的南明官兵和农民军屯田垦荒，耕种三年后起科纳税。

完善赋税制度。四大臣调整赋税名目和解送办法，在康熙二年（1663）将各类杂项税收统称地丁钱粮，“易知由单”中的杂项名目尽行删除，只开列各纳税户的土地等级和应征收的实数。解送办法，扣除兵饷之外的所有钱粮均解送户部，由户部统一核查。四年、七年，又先后废除“序册”“会计册”，赋税征收程序进一步简化，易于操作，便民利国。

清理户口人丁。清初战事频繁，人口户籍混乱，仍沿用明朝万历以后的旧数，忽略了对年龄的考虑，导致承担差役老少不分。加之因战争而逃散的人口，户籍大量流失，也导致征粮无凭。四辅政大臣议定：由户部领衔，统一核实户口人数，凡年满十六岁则为成丁，六十、七十岁之人一律豁免差役；有冒充僧道之人，亦一律令其还俗，附入户口丁册内当差。

清初三案

民族关系是任何一个政权都不可回避的重大问题，古往今来，皆系如此。清朝以少数民族身份入主中原，成功与蒙古结成政治联盟和姻亲关系，解除了困扰历代汉族王朝的蒙古边患。但是，清朝又面临着另外一种来自民族关系方面的挑战，中原汉族对清朝正统地位的质疑。从太祖创建后金政权始，清朝历代统治者对汉人一方面从民族情感、文化心理、政治地位上加以笼络；另一方面又不遗余力地对其进行思想钳制。入关后，清朝急切地需要得到汉族知识分子的王朝认同，因而更加关注他们的思想动向。江南地区，因其经济富庶、人文繁盛、思想活跃，成为统治者管制士人思想的重点所在。四大臣辅政时期，继续贯彻前代的统治策略，在拉拢汉族知识分子的同时，也不惜以暴力的手段，镇压他们认为有可能影响国祚稳定的行为。顺治末年、康熙初年发生在江南地区的“哭庙案”“奏销案”“明史案”，就是以四辅政大臣为代表的清统治阶层，对汉人进行思想文化管制的例证。

“哭庙案”。所谓“庙”，指的是供奉孔圣人的文庙。“哭庙”是苏州地区的习俗。在明代，若地方官府不作为，或有不法之事，知识分子就聚集于文庙之中，作《卷堂文》，向“孔圣人”哭诉，并召集民众向上级官府申告。故而，“哭庙”虽然是江南文人表达政治意愿、监督官府的非暴力之举，带有请愿之意味，但因其非常有号召力，往往人多势众，使得明代地方官府不敢怠慢，多数情况下会认真对待，和平解决。清朝的苏州“哭庙案”发生于顺治十八年，世祖去世之后。吴县秀才讦告县令任维初用严刑催征赋税并杖毙一人，又私卖官粮向江苏巡抚朱国治行贿，巡抚朱国治嘱咐知府余廉贞严惩秀才。恰在此时，世祖哀诏抵达吴县。数百名秀才环聚于龙驭前，金圣叹撰《哭庙文》，申述县令任维初不法之状。朱国治大怒，先后逮捕十八人入狱。因《哭庙文》是金圣叹所作，其被定为首犯。金圣叹在狱中仍上书千余言，为民请命。朱国治密疏具奏，有“敢于哀诏初临之下，集众千百，上惊先帝之灵，似此目无法纪，深恐摇动人心”等语。四辅政大臣命钦差大臣前往江宁审讯查办，以儆效尤。结案时，十八人不分首从皆凌迟处死，没收财产，家人流徙尚阳堡（今辽宁开原东约40里）。

“奏销案”。因江南地区拖欠赋税数目巨大，顺治十八年三月，四辅政大臣下令清查，如有抗粮不纳者，从重治罪。最初，清查的范围只限于无锡、嘉定两县，后扩大到苏州、常州、镇江、松江四府及溧阳县，最终清查出未交完钱粮的文武士绅达万余人之多。四辅臣指令户部，对抗粮士绅严加议处，现任官概降两级调用，秀才、举人、进士，革去功名。随后，四辅臣又下令，对江南拖欠的钱粮，十年并征。“奏销案”在江南地区造成了极为消极的影响。县令、隶卒如虎如猘，读书人因欠钱粮而受笞辱，已是常事。吴文治曾以奏销案导致人才沦置为由，吁请四辅政大臣减轻催科。不久，令蠲免江南数郡钱粮之半，民困方得以苏。

“明史案”是清朝开国以来第一宗文字狱。所谓“文字狱”，就是以文字获罪，因著书立说触犯当朝之忌讳，或者统治者根据作者之思想倾向、言辞，捕风捉影而形成的狱案。清朝入关后，凡涉及满洲的兴起、明清关系以及南明史事等，都能触动统治者敏感的神经，打压唯恐不及。“明史案”发生在康熙二年（1663），因庄廷鑨的《明书辑略》而起。庄廷鑨是浙江湖州府南浔镇富豪庄允诚之子，以银1000两购得其邻朱家所卖《明史》稿本，欲仿效左丘明目盲而作传世之作。《明史》稿本尚缺崇祯朝及南明史事，庄廷鑨延请江浙名士及有志于修明史者，对书稿进行增删润色，增入《五芒纪事》和《明末启祯遗事》，编纂成书曰《明朝辑略》。庄廷鑨病死后，其父庄允诚为悼念其子，遂将此书刊印。为提高该书的威望，庄允诚在未得到他人允许的情况下，将名士查继佐、陆圻、范骧等人都列为参订者。此书后被湖州府学廪生俞世祯摘出违碍之处数十条，并被归安革职知县吴之荣揭发，他以“造写逆书”为题，进京状告，刑部收审此案。鳌拜责令刑部满官罗多等到湖州府勘查，同时将庄允诚等人押解京师，投入刑部大牢候审。庄允诚因惊吓和不堪刑法而病死狱中，凡为该书作序、校补、刻印、编撰者全部逮捕，达2000余人。康熙二年五月二十六日定案，处斩70人，凌迟18人，庄廷鑨剖棺戮尸，涉案人员的妻妾女孙等皆流徙，《明史辑略》被销毁。所幸查继佐将《明史辑略》的主体部分抄录留存，略有增删后，改名《罪惟录》，放置在墙壁内侧深藏。直到辛亥革命后，才见于世。

“哭庙案”“奏销案”“明史案”，在清初汉族知识分子的思想意识里，造成了深刻的影响，士人不敢议论朝政、不敢结社，汉官谨小慎微，只字片纸不敢留存，学者更是只能埋头于烦琐的考据之学。清朝统治者正是借此契机，以高压、暴力的手段，震慑汉族的民族情感和民族意识，以期巩固其在中原的统治，强化皇权专制。

吴三桂入缅征南明

吴三桂入缅甸追杀南明政权的最后一任永历帝，是康熙元年至关重要的军事事件之一。从表象上看，是清朝在与南明政权的军事对抗中的全面胜利，解除了南方地区的隐患。实质上，则是以武力的手段，根除了明朝余脉，再次确认了清朝的正统地位。

回顾“南明”

永历政权是南明的最后一个小朝廷。论及此，需先对南明史作一简单回顾。清军攻陷北京以后，南方的明朝旧官和有故国之思的士大夫，以恢复明室为旗帜，拥立朱氏宗室，相继建立弘光（福王朱由崧，定都江苏南京）、鲁监国（鲁王朱以海，定都浙江绍兴）、隆武（唐王朱聿键，定都福建福州）、绍武（唐王四弟朱聿𨮁，定都广东广州。该政权仅存一月有余，就被清朝两广总督佟养甲和提督李成栋攻破，朱聿𨮁被俘，自缢而死）、永历（桂王朱由榔，定都广东肇庆）五个小朝廷，延续明朝的统治，并以此与清朝相抗衡。史家习惯将这五个小朝廷合称为“南明”。其中，福王、唐王、桂王，又被后人称为“前三藩”。

弘光政权建立于顺治元年（1644）五月。崇祯帝自缢的消息传到南京之后，陪都各官立即着手选择新君。当时，有两种意见，一是立明隆庆帝朱载垕之孙潞王（朱常淓）；一是立明万历帝朱翊钧之孙福王朱由崧。后者在马士英、史可法的支持下，即帝位，定年号为弘光。弘光小朝廷自建立之初就显露败象。福王不才，幼名福八，宫女曾教鹦鹉呼其名，以谐谑之。马士英、阮大铖祸乱朝政，唯知张扬权势，小朝廷内各官内讧日甚。而此时，清军已驻于河南南部之归德，并欲自此进安徽，占领当时南北运输交会点之镇江一带，阻断南京之东面。而史可法固守淮河下游，在泗州、盱眙被清军攻破之后，使扬州陷入重围，史可法亦战死。五月初九日，清军乘大雾渡江，破京口。初十日，福王得到消息后，尚未终宴，半夜即骑马向北逃至太平。不久，福王就在芜湖被明朝降将田雄俘获，二年（1645）被杀，弘光政权灭亡。

鲁王政权建立于顺治二年六月。鲁王是明太祖朱元璋的第十世孙，封土山东兖州。清军攻陷北京后，他移住浙江台州。弘光政权灭亡之后，又移住绍兴，被张煌言等拥立，于二年六月即监国位。鲁王名声夙著，浙江地区义士，向鲁王输诚者不少，甚至黄宗羲兄弟亦前来投靠。但鲁王政权仍是一个短促的政权。三年，清军攻陷绍兴，鲁王避难于海上，经舟山，至厦门、南澳，最后至长垣。鲁王政权在故明将士的拥护下，维持六年而亡。鲁王最终转移到台湾，并于康熙元年（1662）死于此地。

隆武政权建立于顺治二年闰六月，与鲁王政权同时存在。清军占领南京，继续用兵于江苏南部，唐王朱聿键逃入福州，依赖郑芝龙。而郑芝龙并无恢复明朝之志，仅以目前形势为计，欲借此巩固其根本而已。遂于二年闰六月迎入唐王，与礼部尚书黄道周、都御史张肯堂等，奉唐王即帝位，改元隆武。唐王虽嗜文字之学，但是一个毫无政治作为之人。隆武政权内部矛盾重重，大权被郑芝龙等把持；在外，与鲁王政权互争伦序，各自为政，无法联合，极大地削弱了抗清的力量。清朝方面，以贝勒博洛为征南大将军，分两路进攻福建。唐王被清军追剿，以至居无定所。三年（1646）八月，清军在汀州擒获唐王，并于州府大堂将其斩首。隆武政权灭亡。

永历政权建于顺治三年，是南明最后一个小朝廷，也是维持时间最长（15年）的明朝余脉。福王死后之翌月，故明遗臣瞿式耜、丁魁楚等，拥立桂王（朱常瀛）之子朱由榔，于广西肇庆即帝位，定年号为永历。南明小朝廷似乎有着共同的宿命，无休止的战争、内讧，消耗着本就不甚强大的势力。永历政权亦不能幸免。当永历政权内部纷争不已之时，清军将领李成栋已趁机攻破潮州、惠州，进逼广州。金声桓之兵亦攻陷赣州，两军形成夹攻之势，广东不久就被攻陷。永历帝出奔梧州，继走平乐。李成栋进取肇庆，又遣将攻占梧州。永历帝逃至广西桂林，瞿式耜率众将士固守桂林。虽然清军节节进逼，但李成栋、金声桓叛归永历政权，使得东南形势大变。加之张献忠余部又来投顺，使永历政权声名大震，号令可及之处，可达云南、贵州、广东、广西、湖南、江西及四川七省。在众将士的襄助下，永历政权同清军展开多次激战，屡败清军，定南王孔有德、敬谨亲王尼堪都因战败而死。十二年（1655）以后，清朝遣经略洪承畴由南京移驻长沙，总督李国英驻保宁，陈泰及阿尔津前后屯荆州，尚可喜、耿继茂分守肇庆、广州。

清军入缅

观此形势可知，清军已在云贵地区形成外围包抄。在此生死存亡之时，永历政权却发生内变，孙可望投降清朝。清军探知内变实状后，令平西王吴三桂由汉中（今陕西西南部）、四川方面，都统赵布泰由广西方面，都统贝子罗托与洪承畴由湖南方面，分三面向贵州进围；以信郡王多尼总统三路大军向云南进军。

十六年（1659）正月，清军入云南，永历帝自云南腾越州逃跑，随后越囊木河，抵中缅边界，离缅甸仅有十里之遥。缅人派兵把守边界，拒绝永历帝及其随从官员入境。黔国公沐天波（明黔宁王沐英第十一世孙，崇祯年间袭封黔国公，镇守云南）先入缅甸，陈说事情经过，缅甸王才同意永历及其随从入境。但他们提出条件，永历君臣必须解除武装。

永历帝无奈，只得同意。他的近卫、宦官及随从人员，凡有武器弓、刀、盔甲、器械都从身上解下，丢至中缅边境，多如山积。永历君臣赤手空拳地进入缅甸。永历帝及其随从人员先抵达蛮莫，经蛮莫渡大金沙江，乘船至井梗暂驻。其间，缅甸王疑心永历君臣谋夺其国，遂发兵袭击，明将吏伤亡不少，被俘虏的人被缅人分到各寨，供人役使，另有一部分明朝宗室逃至暹罗（泰国）。缅甸王将永历君臣安置在阿瓦城附近的赭硁，派兵轮番把守。他为永历帝建草房十大间，外面以竹编成城墙作为宫垣。其他将吏自备竹木，建造房屋，为栖身之所。永历政权被逐出中国，流亡缅甸，已是国破家亡，身在异域。但大学士马吉、司礼监李国泰等人仍以把持权势为要务，醉生梦死。时势至此，还敢蒙蔽永历帝，党争伐异。就连缅甸一些官员私下也感叹，朝臣腐败到如此地步，哪有不亡国之理?

清朝方面，顺治十七年（1660），吴三桂奏请先讨伐永历政权，以息边患。吴三桂之请，另有所图。在云贵大规模的战事结束后，清朝为节省军费开支，决定将云南的满洲八旗撤回京师，绿旗兵裁撤两万。吴三桂手握七万重兵，自然不愿意朝廷裁减他的部属。他申辩道，此时边疆尚未安定，不应骤减兵力，仍应保持原来的驻兵规模。这只是吴三桂抵制裁军的借口而已，因为永历政权以及农民军余部的力量已消耗殆尽，铲除他们，已不需要如此兴师动众。此时，吴三桂的心腹、副都统杨珅为其出了一个主意：以剿除永历政权为名，动用军事力量，使裁撤军队的计划不能实施。吴三桂欣然接受，遂向朝廷上奏，疏请入缅追杀永历帝。经议政王大臣会议，清朝同意吴三桂之请。在出兵缅甸前，吴三桂通知缅甸方面清军的出师日期，命他们到猛卯迎接清兵，擒永历帝来献。十八年（1661）正月，吴三桂派副都统何进忠、总兵沈应时、马宁等率师出腾越，经陇川，抵至猛卯。由于缅甸方面发生政变，缅甸王莽应时之弟猛白弑兄自立为王，并没有赴吴三桂之约。吴三桂率兵挺进缅甸，檄令缅甸王交出永历君臣，否则就屠阿瓦城。但因遇到瘴气弥漫季节，吴三桂不得不下令退兵。与此同时，他又遣马宝秘往缅甸，与新篡位的缅甸王交通，以富贵荣华诱其将永历君臣交给清军。缅甸王同意，设计先铲除永历帝的随从。

六月十九日，缅甸以饮咒水盟誓为名，围杀永历文武官员42人，沐天波等人皆被杀害。后又派兵3000名围永历君臣住处，杀人搜财，百余名宫人、命妇自缢而死。永历帝与皇后亦欲自缢，随从总兵官邓凯以“太后年老，将谁为依”相劝，方才作罢，与皇太后等25人居住于一小屋中。随后，缅甸方面将永历帝一家移于沐天波旧宅，情状惨淡，有缅甸僧人心生怜惜，暗地里向他们赠予食物。缅甸方面害怕永历帝病死而无法向吴三桂交代，才稍加善待，重新供给银米等生活物品。九月，吴三桂调动满、汉、土司兵及降卒75000余人，大举向缅甸进军，必取永历帝而后罢兵。

清军由大理、腾越（今云南腾冲）出边，分两路进兵：吴三桂与内大臣、定西将军爱星阿出南甸（今云南梁河）、陇川、猛卯（今云南瑞丽）；马宁、王辅臣、马宝，出姚关。十一月初八日，两路大军进入缅甸境内，会师于木邦。吴三桂亲率军至腾越后，两度派人向缅甸发出通牒，令其执送永历，否则军临城下，后悔无及。十二月初一日，吴三桂驻兵缅甸之旧晚坡，距缅都阿瓦60余里，缅甸方面求降，同意执永历帝及马太后、王皇后等人，但同时也请求吴三桂暂将部队退至扎锡坡。初三日，缅甸方面将永历帝及其宫眷、随从等百余人，骗至吴三桂军营。吴三桂为防止发生意外，暗中派高得捷、官国泰、盛有功、徐伯率兵前去监视，随后又派出200人，前去接应。吴三桂没费一兵一卒，就将永历君臣全部擒获。初十日，吴三桂离开缅甸。康熙元年三月，吴三桂携永历帝回到昆明，将其安置在世恩坊——原明崇信伯李本高宅内，派兵严守，优礼有加。

擒获永历帝

如何处置永历帝，是一件要事，必须由朝廷来决定。但实际上，吴三桂在此事上起了重要作用。擒获永历帝后，他与爱星阿曾为此事有过商讨。爱星阿认为应献俘北京，由朝廷处置。但吴三桂则认为，从昆明至北京，路途遥远，地方不宁，万一中途被劫，责任重大。所以，他主张奏请朝廷，就地处决。康熙元年四月，朝廷批复下达，完全同意吴三桂的意见。但以何种方式结束永历帝的生命，则由吴三桂等人共同议定。吴三桂主张斩首，但爱星阿、安南将军卓罗则认为，永历帝也曾系君主，应给予全尸。四月，吴三桂亲自部署并执行对永历帝的处决。他派吴国贵率兵至永历帝住所，将永历帝和其子等人，逐一用弓弦绞死。绞死永历帝后，吴三桂又命昆明县知县聂联甲运薪木至城北门外，将他们的尸体焚烧，尸灰四扬，毁尸灭迹。随后，吴三桂又将马太后、王皇后及永历宫人李贵芳押赴北京，此三人在途中自尽。

清朝以擒获永历帝、南明覆灭告祭世祖，遣官告祭天地、太庙、社稷、福陵、昭陵。圣祖于太和殿受文武官员朝贺，并颁诏天下：

自古帝王乂安海宇，衽席生民，必使逆孽无有稽诛，庶几治化遐宣，兵民休息，此历代之隆规也。我世祖章皇帝宅中定鼎，混一四方，惟伪永历率逆贼奔窜遐荒，尚逋天讨。数年以来，大兵征剿，转运粮饷，地方困苦，生民弗宁，特命平西大将军·平西王吴三桂，同定西将军爱星阿等，统领大兵，出边进讨，直抵缅甸。于顺治十八年十二月初一日，擒伪永历及其眷属，伪巩昌王白文选及伪官全军投降。此诚天地祖宗之鸿庥，薄海内外之大庆也。捷书奏闻，朕心嘉悦，已命所司，虔行祭告典礼。念永历既获，大勋克集，士卒免征戍之苦，兆姓省挽输之劳，疆圉从此奠定，闾阎获宁干止，是用诏告天下，以慰群情。於戏！武列维扬，式惬观成之意；纶音载涣，聿昭求莫之心。布告万方，咸使知悉。①

圣祖因吴三桂擒获永历帝，远播国威，荡平逆孽，功莫大焉，特于康熙元年（1662）六月三十日晋封其为亲王。

南明是明清之际一个特殊的历史时期，从顺治元年五月弘光政权建立，到康熙元年二月永历帝被绞杀于昆明，与顺治一朝相始终。南明是明朝亡国的余音，也是怀有故国情结的明朝宗室与遗民的精神寄托。

吴三桂绞杀永历帝，对巩固清朝统治具有重要意义。清朝对此事甚为重视，特晋封吴三桂为亲王以荣其身。永历政权不仅是一股反清武装势力，更是汉人明朝情结的寄托。它不仅在东南地区与清朝进行军事抗衡，而且也吸纳有志于恢复明朝天下的义士，挑战着清朝作为中央政权的权威。明朝遗民正是以此种形式，寄托着他们的民族情感和王朝认同的政治观念。永历帝被绞杀，明朝从此绝矣，汉族王朝的象征形式，从此不复存在。

① 中国第一历史档案馆：《清代档案史料丛编》第六辑，第353页。

抗清夔东十三家

“十三家”抗清

有关“十三家”名号的起源，《明史·流贼传·李自成传》记载：崇祯八年（1635）正月，老回回、罗汝才、革里眼、左金王、改世王、射塌天、横天王、混十万、过天星、九条龙、顺天王及高迎祥、张献忠共十三家七十二营。最初的“十三家”的确是农民军十三个军事编制单位的统称，但后来逐渐演变成人们对李自成、张献忠等农民军的泛称，不一定必须足有十三家之数。

“夔东十三家”，清人毛奇龄《后鉴录》记载：夔东十三家，以全蜀剿绝，乘间窃发，仍仰借“二贼”（李自成、张献忠）游魂，或分或合。这是“夔东十三家”名称的出处。那么，“夔东十三家”的人员构成如何？大体上有三个组成部分：一是李自成死后，其部将刘体纯、郝摇旗、袁宗第、蔺养成、王进才、牛有勇率领的六部十余万人。起初，他们接受南明何腾蛟“招抚”，在全州曾与清军有过激烈的交锋，后因受到南明将领的排挤，陆续回到川、鄂地区，坚持抗清。二是曾与原明朝湖北巡抚堵胤锡合作的李自成嫡系部队，后转移到南宁、宾阳、横县间作战，再次因受到猜忌，最终回到四川、湖北地区，由李自成之侄李锦、妻弟高必正领导。李锦死后，其养子李来亨带领部众分据四川、湖北间，屯耕山田，每年收麦粟草棉，以供粮食衣履之用。后与刘体纯等部合并为一。在李来亨与刘体纯的领导下，以巫、兴、房、竹一带为根据地，开展抗清斗争。三是原明朝军官，有四川万县的谭洪、谭诣、谭文兄弟以及湖广界长江以南的王光兴，他们与李来亨等人相互联络声援。

顺治八年（1651），李来亨在湖北兴山县茅麓山建立根据地，与王光兴会合，共计兵力20余万。其势力范围，西到四川，东到湖北的宜昌，北到汉水以南的竹山和竹谿，南到清江以南少数民族地区，东北到保康，西南到利川，合大巴山、武当山、巫山、荆山四大山系之间，是一股不可小觑的军事力量。而湖北归州的兴山县，则是"夔东十三家"的领导核心所在，李来亨常屯驻于兴山县的茅麓山，即所谓"西山寇"也。关于"夔东十三家"各组成部分的名目，各史书记载颇为混乱。

概而言之，"夔东十三家"是以大顺军余部为主，活动在川东、鄂西地区的抗清武装力量。其各组成部分之间，没有制度条文的约束，彼此之间的联系多是自发性的。

从顺治三年（1646）到康熙三年（1664）的18年间，"夔东十三家"始终坚持与清军作战。顺治三年，李来亨部自广西开来，攻宜昌，过兴山、归州。四年，袁宗第、牛万才率部进攻兴山。五年，堵胤锡来到川鄂边区，他力主联合农民军抗清，与李锦、高必正等将领商讨进攻湖南清军事宜，农民军踊跃参战。由于各路军共同奋战，收复了湖南的全州、衡州等地。六年，刘体纯攻房县。七年，李来亨率诸部东攻宜都、枝江。八年，刘体纯向西南方向进军，过施州卫，攻利川。九年，郝摇旗与刘体纯合兵攻下房县、竹山、竹谿。十年，郝摇旗、刘体纯与清兵在会河湾、庙滩、白土关诸地作战。十一年，郝摇旗据房县、二竹之地，称“益国公”。十二年，刘体纯第二次向西南进军，攻施州卫与利川。十三年，桂王属下总督李全晟人郧阳，与郝摇旗密谋大举进攻。十四年，刘体纯又入施州卫，进攻远安。十五年，刘体纯合谭文、谭洪、谭诣等两度西进，攻重庆。十六年，谭洪、谭诣以私愤杀谭文。此时，永历朝大学士文安之率刘体纯、袁宗第、李来亨等部，由水道袭重庆，听闻谭文被杀的消息，欲讨谭洪与谭诣。此二人惧罪，率部众降于清朝。十七年，谭洪接受清朝官职，为川北总兵官。

清军合攻夔东十三家

“夔东十三家”虽然是一个松散的抗清军事联盟，但十几年间，在东南、西南地区牵制了清朝大量的兵力，同时也耗费了清朝巨大的人力、物力。“夔东十三家”是农民军的余部，更是清朝一统天下的隐患，从十八年起，清军已经逐渐开始对农民军形成合剿之势。康熙元年（1662），四川总督李国英奉旨统陕西、河南、广东三省兵将，向四川进剿，师驻万县。农民军弃夔州，李国英兵至夔州，道路榛莽，伐山开路，方可行进。二年，李国英奏言：“蜀寇逋窜川、湖、陕边界，偏攻则易遁，小急则互援，请三省会剿。”[①]四辅政大臣传旨，令其与西安将军富喀禅共同筹划。于是，以荆州、宜昌兵剿远安、兴山、巴东、归州，以兴安、郧阳兵剿房县、竹山，以四川兵剿夔州、建始、巫山、大宁、大昌，克期并进，截其逃路。

清军进夺羊耳山（奉节县北150里，废大昌县西南50里），袁宗第逃遁入深山。清军屯驻七里坝，袁宗第屯茶园坪，山势陡绝，清军将士攀藤而上，

① 魏源：《圣武记》卷1，第61页。

袁宗第败走巴东。大兵追至巫山，攻陷其城。攻取巫山后，清朝将领认为此地山势卑狭，谋划移守夔门。但督师认为巫山虽然驰骧不便，但可做固守之地。于是挖深沟筑堡垒，将炮石具备于城下，立梅花桩，桩外挑品字坑，防止农民军靠近。又于巫山城外高处立瞭望楼，以备侦探敌情之用。刘体纯、李来亨、郝摇旗等七家果然率领数万众急攻巫山，清军水陆诸将戮力战守，得以保全危城，刘体纯等败逃。清朝的陕西一路官兵至陈家坡后，攻占老木空，刘体纯自缢而死。清军又乘胜追至黄草坪，袁宗第等皆被擒斩首。

经过一年多的激烈战斗，十三家将领大多英勇牺牲。清朝先后招降十余万人，川东底定。此时，“夔东十三家”中的李来亨部仍坚守兴山县的茅麓山。茅麓山在郧阳界，毗连三省，广数千里。此山高险难攻，清朝以满汉兵20万立堡垒四面围攻。李来亨来往出入之处，名曰通梁，路径悬绝。清军冒着山雾，在层岩陡壁间攀缘荆葛而进，最终夺取通梁之地。攻打茅麓山的过程异常艰难，在事过境迁之后，清朝京师谚语中，若有描述事情险难者，仍曰“又上茅麓山耶”，由此可知当日之形势。由于孤军无援，李来亨力穷势迫，粮食殆绝。其知不能久存，招集诸将，分遣其各自逃散。三年八月初五日，他举火焚寨，与妻子、亲信等皆自焚而死。所部3万人，或死或散，被俘者仅150人。余众散入陕西、四川之深山中，不知所终。茅麓山破，马胜云、拓天变等俱向清朝纳款投诚。至是，在四川的大顺军余部，尽被清军剿灭。同年八月末，湖广总督张长庚奏报：“靖西将军都统穆里玛、定西将军都统图海等，率禁旅与三省绿旗兵，合剿西山巨逆，郝摇旗、刘汝魁等已经被俘处斩；李来亨自杀，其党陆续下寨归降。楚寇荡平，全师奏凯。”①

从康熙元年（1662）至三年（1664），清朝为征剿“夔东十三家”，付出了巨大的代价。兵力方面，清廷出动河南、湖南、四川、陕西等省的绿旗

①《清圣祖实录》卷13，康熙三年八月己卯。

兵，并不断派京师八旗兵增援。物资保障方面，为转运粮草，调动四川、湖南两省民夫数十万，从千里之外向前线运送粮草，民夫披蓑笠、攀缘绝壁，蚁行延绵，弥望不绝，死者甚众。四年（1665），清朝免湖广等省亡故之运饷人的同居父子兄弟一年丁差。

明朝崇祯末年爆发的农民大起义，跨越明清两朝，历40年之久。如果说，明朝时的农民军是为了推翻明王朝的腐朽统治，那么，清朝时农民军与清军的对抗，则又多了一份民族主义色彩，是汉民族对少数民族统治的抵触和排斥。也正是基于此，农民军才能和南明屡有联合，甚至奉其为正朔。

对清朝而言，无论是南明，还是农民军余部，都是王朝稳定的潜在威胁。从清廷动用的人力、物力规模，就可以看出其必欲除之的决心。“夔东十三家”被剿灭，意味着继南明之后，另一股势力较大的抗清武装被终结，“中原无寸土一民为明者”。至此，除盘踞在台湾的郑氏集团外，清朝基本完成了对敌对势力的大规模征伐战争。一统天下的局面，初步形成。

存续千年的土司败亡

说说土司制度

何谓“土司”？土，即当地土著居民；司，有管理之义。古代中国的南疆地区及西南地区，包括今云南、贵州、广西、四川等省（自治区）及与其相邻的湖南等地，是壮、黎、苗、瑶、彝等多民族的聚居地。其部族首领“各长其部”，互不统属，割据一方。中原王朝为加强对他们的管理，消除隐患，以土司封授少数民族首领，令其管理本族事务，世有其地、世管其民、世统其兵、世袭其职、世治其所、世入其流、世受其封。

这一制度，最早可溯源至周代。秦汉时期形成羁縻之制，以间接统治的方式，管理西南地区的诸少数民族。至元朝，始在西南少数民族地区设置土官。明朝在借鉴前代统治经验的基础上，规范对土官的各项规定，形成土司制度。具体来说，世袭的土官由朝廷赐予爵禄、名号，有宣慰司、宣抚司、安抚司、长官司等衔号；按劳绩多寡分尊卑；新土官袭替，须经朝廷批准，且须赴京师觐见皇帝，接受朝廷任命；地方府州县察看土司的任命凭证，由都指挥统一负责管理宣慰、宣抚等官。清朝雍正以前，西南少数民族地区，仍沿用此制，并进一步完备土司制度。同任命中原官员类似，清朝颁给土司印信与号纸，注明其姓名、年龄、职衔、世系及授职时间等；土官出现文武之分，文官称土府、土州、土县，由所属省份的布政司管辖，宣慰司、宣抚司、长官司、安抚司等则属武官，由所属省份的都指挥管辖；土司须向朝廷纳贡输赋，承担相当的征调义务；朝廷定期对土司进行考核，并依据考核结果定其赏罚。

明清两代皆以西南少数民族中的大姓世袭土官，并通过他们实现中央的间接管辖。但自古有治人无治法，土司制度仍有弊陋。少数民族地区的土官，名义上接受中原王朝的册封，但实际上却是割据一方。土司在各自的辖区内，对其属民有生杀予夺之大权，并征收赋税。他们假朝廷之威势，巩固自己的统辖权，借此树立其在属民心目中的威信。而且，他们与中原王朝的关系也很不稳固。当中原王朝皇权一统时，他们便与之保持隶属关系，定时进贡；若遭逢乱世，他们便各自为政，小则各部族之间互相攻伐，大则与中原王朝抗衡，制造边患。明末清初，云南阿迷州土司普名升及其妻万氏、安南土司沙定洲、元谋土司吾必奎，先后发动叛乱。这一系列的叛乱，不仅是“晚明一大事”，而且遗毒于清朝。康熙初年，由贵州水西土司安坤引发的土司叛乱，即是佐证。

“安坤之乱”始末

水西土司（安氏）是贵州最大的一个土司，管理苗民四十八部。元朝时，水西安氏的始祖阿画，因军功被授予昭勇大将军，佩三珠虎符，顺元等处宣慰司，加罗甸侯，世居水西。传至安坤，已是第十九代。顺治十五年（1658），经略洪承畴率师征剿云贵。同年二月，清军至沅州。此时，艾能奇、刘文秀等据守中路，清军无法向前进军。洪承畴遣使招抚安坤，并许诺按照阿画、霭翠之例，封爵封土。安坤大喜，立即派遣汉把曾经、熊彦圣二人，缴印投诚。此二人随后引清军由西路小径而进，清军势如破竹，于四月进入贵阳；十月，进师攻取云南。云贵底定。清朝从优议叙安坤向导之功，准其世袭水西宣慰使司，并赐袍、帽、靴、服及彩币20匹。此后，安坤渐蓄异志，与故明黔阳王皮熊合谋，藏匿亡命之徒，勾结党羽，制造军器，演练兵卒；土目察革喇、慕魁、周室，把总高揆，颇有响应安坤之迹象。巡道刘芳声、总镇刘之复遂令朱世爵前往水西侦探，探得情况属实后，向总督杨茂勋奏报，水西地方沃野千里，地广兵强，在云南为咽喉，在四川为户牖，在贵州则为腹心之蛊毒。应趁机讨伐，以防养痈为害。

十七年（1660）八月，平西王吴三桂复奏称：贵州水西土司安坤，久蓄异谋，近来杀牲祭鬼，恐怕要图谋不轨；马乃土目龙吉兆兄弟，私受李定国伪敕，制造军器，招募士卒，造反的迹象逐渐显露；乌撒土司安重圣，是顺是叛，也不可揣测；水西、马乃是用兵要路，从军事战略上考虑，不可因安坤、龙吉兆等人而受到梗阻。吴三桂向朝廷请旨，先发制人，乘其未动，事前将其剿平，以清除肘腋之患，并伸扬清朝国威。同年十月，议政王、贝勒、大臣回复吴三桂之请，令其悉心筹划，相机歼剿。

十八年（1661）三月，吴三桂遣马宝、高启隆、赵良栋攻马乃土司，龙吉兆兄弟坚守七十余日，兵败被俘。吴三桂讯问他们：“为何造反？”兄弟二人答曰：“我受国恩三百年，仗义守死，怎么叫造反呢？”吴三桂又问：“不害怕死吗？”龙吉兆兄弟讥讽吴三桂道：“我两人尽忠而死，不比你这种不忠不孝、苟且偷安之人更加贤达吗？”然后同声斥骂吴三桂。三桂大怒，割掉兄弟二人的舌头，随后斩首。康熙三年（1664）正月，水西土司安坤，打出南明的旗号，聚众数万，以其叔安如鼎为总统，联络贵州土司罗大顺等，相约共取云南。原明黔阳王皮熊也派遣四川人陈进才等，四处散发劄付。朝廷命吴三桂督云贵各镇兵，分东西两路进讨。闰六月，吴三桂向朝廷奏报军事部署情况及相关战况：他亲自率领官兵至毕节，由大方、乌西，直捣卧这；总兵沈应时、副都统高得捷、都统吴国贵、参领李良栋、总兵刘之复等由卧这、果勇、胧胯、大方等处，分路进剿；贵州提督李本深、总兵王友进等攻于搭寨箐，又自雪棚攻破阿哈箐；总兵李如碧、塔新策等进攻米歹河，直抵折落河；云南、贵州三路总兵王会、赵良栋等会同广西各将，合兵攻剿龙广、补岗等处；李本深击敌于六广河；都统吴国贵、总兵王辅臣等败敌于矣列，追至天生桥，安坤、安如鼎，丢盔弃甲，仅保全其身首。九月，安坤在大方之杓箐被擒；十月，在乌撒（后改称威宁府）擒获皮熊。皮熊绝食而死，安坤与安重圣皆被斩杀。安氏自济火据水西之地，经历1400余年，至安坤而亡。

平定水西土司安坤之乱后，朝廷允准吴三桂在水西旧地设置流官之请。水西地有十一则溪（彝语，本为“仓库”“粮仓”，后演变成为政治、经济区划和军事据点之义），设三府：将胧胯、的都、朵你、阿架四则溪设为一府，建知府衙署于比喇；将法戈、火著、木胯、架勒四则溪设为一府，建知府衙署于大方；将以著、则窝、雄所三则溪设为一府，建知府衙署于水西城。原设分巡毕节道，改为整饬三府分巡贵宁道，兼管永宁赤毕等卫，驻劄比喇。三府各设知府1员、通判1员、经历1员、司狱1员、儒学教授1员。比喇再设推官1员，承理三府刑名大案。新设的三府，由吴三桂拟定新名，康熙五年（1666）二月，改比喇名为平远府、大方为大定府、水西为黔西府，改比喇镇为平远镇，调云南曲寻武沾总兵官刘文进为平远总兵官。

新兴土司反清

就在吴三桂征讨贵州水西土司之时，云南再起烽烟。康熙四年（1665）

三月，云南省城迤东宁州土司禄昌贤，新兴土司王耀祖，嶍峨禄益土司王扬祖、王弄、王朔，蒙自土司李日森、李世藩、李世屏，八寨土司李成林，纠合纳楼普，率教化张长寿，枯木龙元庆，倘甸叶向阳、叶正昌，石屏龙韬、龙飞扬，路南的秦祖根，陆凉的资洪、弥勒昂复的祖维摩、沈应麟、沈兆麟、王承祖、王义、王先任、王先伦等谋叛，聚众至数万，占据新兴（今云南玉溪），建国号“大庆”，以图取云南。王耀祖遣其党羽王义、齐正攻陷易门，进攻昆阳（今普宁）、河西（今嶍峨西）；宁州（今云南华宁）土司禄昌贤攻陷宁州，进攻江川、通海、宜良，以窥澂江府；嶍峨县土司禄益陷嶍峨，赵印选攻弥勒；龙韬欲取屏城为巢穴，使其党龙飞扬扼海东，以绝屏城之外援，不久龙韬率众来攻，屏城绅士孙光祈、谢君符率领全城居民，奋力拒守，龙韬命人日夜赶制攻城之具，必得此城方才甘心；王朔、李世藩等攻临安府城。他们攻城略地，声势浩大，云南为之震动。总兵阎兴邦战败，仅以身免。云南总督卞三元、云贵巡抚袁懋功、提督张国柱等调兵分路剿捕。

吴三桂闻知此事后，一方面调兵遣将；另一方面拣选壮士500人，亲自率领，策马疾驰，十日后抵达通海。四月初七日，吴三桂在新兴擒获王耀祖，破其大营城，进援易门，收复其城、俘获王耀祖党羽王义等人。随后，吴三桂又分遣左都督何进忠等败敌于宜良县竹子山，收复宁州。总兵官王辅臣等增援弥勒，破木城九座，在弥勒城下擒赵印选。副都统高拱宸收复嶍峨，救出知县孙衍庆等。总兵官赵得胜从千里之外率兵赶来，夜半至屏城，黎明时就打败龙韬，解屏城之重围。赵得胜令兵士逾墙而入，争相砍杀龙韬之兵，龙韬败逃至阿泥山，被清军斩杀。总兵官严镇增援临安，土司李阿侧遣兵助战，大败王朔、李世藩，解临安之围。其余州县城池，俱获保全。

水西土司安坤与新兴土司王耀祖等的反清行动，在康熙初年的云贵地区，制造了不小的震动。他们要么假借南明之名，要么自立旗号，与清朝为敌，给边疆地区汉民族的农业生产以及生命财产安全构成极大的威胁。剿平云贵土司的反抗，是四大臣辅政时期又一次重要的军事行动，沉重打击了西南土司的势力，维持了较长时间的地区稳定，暂时缓解了土司同中央集权间的对立状态，维护了清朝边疆地区的统一安定。

二

圣祖亲政　乾纲独断

“满洲第一勇士”鳌拜专权

世祖临终之际不选懿亲辅政，是希望多尔衮专政的历史不在自己儿子的身上重演。但是，历史却以另外一种形式重复着以往的轨迹。

鳌拜专权，是探讨清初历史——尤其是康熙朝，永远无法回避的话题之一。鳌拜前半生军功赫赫，号称“满洲第一勇士”，于清王朝有功在先；后半生挟令幼君，专横跋扈，有过在后。毁誉参半的鳌拜，注定成为后世叙述康熙朝史事时不可回避的人物。

权势之争

四大臣辅政体制，强调的是辅臣对皇权的佐理与辅助。为防止在政务处理过程中某一个人专权，特别规定四辅臣必须协商一致，不允许任何人单独谒见皇帝或太皇太后，最终的协商结果需集体请示，再以皇帝的名义颁示天下。四大臣辅政初期，尚能按此原则办事。但事权所在，必有积重。四辅政大臣中，索尼、苏克萨哈忠梗，遏必隆缄口不语，鳌拜专横。早在初任辅臣之时，鳌拜就借机排斥异己，手段凶狠，不留余地。如他因与内大臣费扬古有仇，就以“擅乘御马及取御用弓矢射鹿”的罪名，将费扬古的儿子侍卫倭赫等斩首；随后又借口费扬古口出怨言，将费扬古及其子尼侃、萨哈连一并处斩，将籍没的家产分给其弟都统穆里玛。鳌拜处心积虑谋取权力，欲独占四辅臣之首。所以，辅政初期四大臣和衷共济的局面，很快被鳌拜打破。

鳌拜若欲把持大权，首先要解决的就是人事问题。依照《清实录》所载，四辅臣位序依次为索尼、苏克萨哈、遏必隆、鳌拜。索尼是四朝元老，在多尔衮摄政时，他坚决站在世祖一方，世祖对索尼存感恩之心，赐其册文。所以，鳌拜并不敢与颇有威望的索尼争锋。位居第二的苏克萨哈以额驸之子的身份入侍禁廷，承“皇恩”甚眷，为人耿直，论事多迕鳌拜之意，积以成仇。索尼年老，一旦去世，苏克萨哈很可能接替其首位辅政大臣的位置。遏必隆与鳌拜同属镶黄旗，遇事随声附和，处处退让。相较之下，苏克萨哈就成了鳌拜谋取权力过程中的障碍，必欲除之而后快。康熙五年（1666），鳌拜提出镶黄旗与正白旗互易已圈占的土地，苏克萨哈（属正白旗）与鳌拜（属镶黄旗）的个人矛盾公开化，势成水火。

圈地风波

清入关之初，京畿地区因战乱形成的无主耕地，明朝勋戚们的土地，连同当地部分汉人的有主土地，均被旗人圈占。清朝按八旗左右翼次序，将其分给新迁来的满洲贵族和八旗将士。多尔衮偏袒本旗，将本应拨给镶黄旗的永平地区的好地拨给了他所属的正白旗，而把应拨给正白旗的保定府、河间府、涿州等处贫瘠之地划给了镶黄旗。因惧怕多尔衮之权势，镶黄旗只能接受现实。鳌拜任辅政大臣后，旧事重提，强行要求更换正白旗与镶黄旗的土地。他如此做法，一方面是为了报本旗当年受欺压之仇；另一方面也是借机打击苏克萨哈。

康熙五年（1666）正月，鳌拜以土地不堪，呈请更换，移送户部。索尼因素来厌恶苏克萨哈，对鳌拜换地之请并不制止；遏必隆也附和鳌拜之意。鳌拜假传圣祖旨意，遣固山贝子温齐等前去勘查。二月，固山贝子温齐回奏：八旗沙压水淹、不堪耕种之地，镶黄旗最不好；其余各旗，有一半土地可耕种的，亦有过半不堪，或全不堪耕种的。根据温齐的勘查结果，制定出初步的换地实施方案，因各旗分均已立地界，不便更易，而永平府周围地亩未经圈出，应令镶黄旗移住。就圈换土地一事，户部提出两种处理意见：一是镶黄旗除就近圈占顺义、密云、怀柔、平谷四县之地，毋庸拨换外，其在右翼之涿州、雄县、大城、新安、河间、任邱、肃宁、容城等处地，应照旧例，从头挨次拨换。将正白旗通州、三河迤东大路北边至丰润县地、永平府周围留剩地，拨给镶黄旗。如不敷，将遵化至永平路北夹空民地圈给。正白旗所撤通州迤东之地，亦应于永平周围地内拨补。如不敷，将路北夹空民地，滦州、乐亭县民地圈给。一是镶黄旗既有顺义等四县地，应将所移涿州壮丁，于顺义等处民地圈给。河间等七县所移壮丁，将正白旗蓟州、遵化州地拨给。如不敷，将夹空民地圈给。通州、三河、玉田、丰润等处地，仍留正白旗。

经过商讨，镶黄旗涿州壮丁移于顺义等县之事，依后议；前议中，将正白旗通州迤东大路北边给予镶黄旗，南边留与正白旗之处，待秋收后，差员将正白旗满洲地、投充人地、皇庄地，丈量明白，取具实数、酌议分拨。具体的换地、移出事务，由户部料理。户部尚书苏纳海专门负责两旗圈换土地之事，直隶山东河南总督朱昌祚、巡抚王登联协理。但在实际的圈换过程中，镶黄旗与正白旗因圈占的土地肥瘠不均而相持不决。且故地业已安居20年，无论哪个旗的旗人，都安土重迁。而被夹空圈占土地的汉人，更是交困万状。旗地待换，民地待圈，皆抛弃不耕，荒凉极目，农事贻废。鉴于此，户部尚书苏纳海、总督朱昌祚、巡抚王登联力持不可，建议停止圈换。鳌拜对苏纳海等人怀恨在心，于十一月将苏纳海、朱昌祚、王登联逮捕。圈换土地事情，改派侍郎巴格前去办理。十二月，鳌拜以苏纳海等在圈换土地一事上，观望迟误，不尽心于圈换之事，俱革职，交刑部议罪。圣祖深知鳌拜因苏纳海不阿附其意，朱昌祚、王登联坚持旗民不愿圈换地亩，必欲置其三人于死地。圣祖特召四辅臣，赐座询问，鳌拜、索尼、遏必隆，坚持将苏纳海等置以重典，唯有苏克萨哈不语。四辅臣中有三人认为苏纳海等应治重罪，但圣祖最终并未允准。鳌拜却并不顾及圣祖的态度，捏造罪名，盗用圣旨，将苏纳海、朱昌祚、王登联处绞，籍没家产。且以苏纳海族人、已故额驸英俄尔岱系睿亲王党羽，令部臣尽削苏纳海世袭爵位，以泄其私愤。

治罪苏克萨哈

两旗换地风波，在康熙初年的政坛上引起了不小的震动。苏克萨哈意识到自己处境危险，遇事处处退让；朝中大臣对鳌拜的专横跋扈，亦心有忌惮。康熙六年（1667）六月，索尼去世，鳌拜更加肆无忌惮。其势力日炽，百官畏惧，强烈要求圣祖亲政。其实，早在五年八月，刑科给事中张维赤就上疏奏言：世祖章皇帝于顺治八年亲政，年为14岁。今皇上即位六年，年龄亦与世祖亲政时相符，乞请选择吉日亲政。索尼在去世之前，亦曾向圣祖提出归政于皇帝的建议，唯恐因其年老、鳌拜专横，耽误国家大事。苏克萨哈、遏必隆都表示赞同，鳌拜亦不敢反对。六年三月，四辅政大臣联名恭请圣祖亲政。但是，圣祖并未同意亲政之请，也未将此份奏疏颁示给朝中大臣。索尼去世后，鳌拜独擅大权，甚至诸王、宗室亦不敢与其抗衡。圣祖眼见其气焰嚣张，遂于索尼去世后一月有余之时，将先前四大臣恭请亲政的奏疏下发诸臣，并选定七月七日，举行亲政大典。圣祖亲政后，仍保留三辅臣的辅政地位与名义，并对他们加恩晋爵，以示“酬庸之典”。

就在此时，苏克萨哈突然向圣祖上了一道奏疏，其言：“臣才庸识浅，蒙先皇帝眷遇，拔授内大臣之职，夙夜悚惧，恐负大恩。在先皇帝（世祖）驾崩之时，唯愿身殉以尽愚悃。不意恭奉遗诏，臣名列于辅臣之中。臣分不获死，以蒙昧余生，勉竭心力，异图报称。不幸一二年来，身婴重疾，不能始终效力于皇上之前，此臣不可逭之罪也。兹遇皇上躬亲大政，伏祈睿鉴，令臣往守先皇帝陵寝。如线余息，得以生全，则臣仰报皇上豢育之微忱，亦可以稍尽矣。”①

苏克萨哈本欲以此举避让鳌拜，从核心权力的漩涡中引退。但令他没有想到的是，这份奏疏成了鳌拜置其于死地的口实与把柄。先前，鳌拜以圈换土地之事，沉重打击了苏克萨哈的气势。此时，他抓住奏疏中“往守先皇帝陵寝”“如线余息，得以生全”之语，大做文章，必欲除之而后快。鳌拜假借圣祖之名，质问苏克萨哈为何要奏请守陵，有何逼迫之处，在此何以不得生，守陵何以得生？并与其同党大学士班布尔善罗织苏克萨哈罪名，诬陷其有不愿归政之意，谋兴大狱，迅速将苏克萨哈及其子孙、本旗下弟兄，革职拿问。又以苏克萨哈在辅政之时，恣意欺瞒幼君；不遵守誓言，自行向太皇太后启奏；目无同列大臣，狂妄自大；滥用私人，背负先帝遗诏等为辞，共列罪状24款。

在鳌拜的指使与胁迫下，朝中大臣商讨出最终的处理意见：苏克萨哈所犯24罪，款款属实。作为辅政大臣，苏克萨哈有负世祖眷育厚恩，不遵守遗诏，以尽忠诚，反而存蓄异心、欺藐主上，种种任意诡饰之罪甚大。苏克萨哈“罪大恶极”，史无前例，应将其官职俱行革去，凌迟处死。鳌拜不仅要把苏克萨哈置于死地，而且也要对他的家属斩草除根。其子内大臣查克旦被定为“不加劝阻”之罪，被革职并判为凌迟处死。一等侍卫穗黑、塞黑里、

① 《清圣祖实录》卷23，康熙六年七月乙卯。

郎中那赛、候补塞克精额、苏克萨哈之侄图尔泰，俱定为革职。苏克萨哈之子达器、德器，孙侉克扎，亲弟苏吗喇之子海兰，不论年岁大小，一律定为斩立决。籍没苏克萨哈家产，妻孥一并交内务府。苏克萨哈之侄孙及家产，一并籍没为奴。白尔黑图系前锋统领，自别旗寻归，与苏克萨哈认为弟兄，知苏克萨哈为非作歹而不行劝阻，反而依附其势，结成党羽；苏克萨哈的叔叔护军参领额迩德、弟一等侍卫乌尔巴，亦因不行劝阻，与其串通为心腹，俱定为革职，斩立决。二等侍卫占布柱等37人，俱革职为兵丁。王府长史尼党系苏克萨哈一姓之人，因殴打郎中代度，曾经处分革职，苏克萨哈复行起用，亦将尼党革职为兵丁。

圣祖深知鳌拜因与苏克萨哈有仇，恶意构织罪款，必欲置苏克萨哈以极刑，故而坚决不同意这一判决。鳌拜被权力欲望冲昏了头脑，全然不顾君臣之别，在皇帝面前咄咄相争，累日奏请，强迫圣祖批准这一审判结果。在鳌拜的强势争辩下，圣祖被逼不过，不得不同意了对苏克萨哈及其亲属的判决，但是，坚持将苏克萨哈的凌迟处死改为绞刑，对其他人的判决仍旧。鳌拜表示同意，这一场关于如何处死苏克萨哈的君臣争论宣告结束。

鳌拜专权

苏克萨哈死后，圣祖仍履行先前晋爵之承诺，遏必隆于所有一等公外，再加授一等公；鳌拜于原有二等公外，授为一等公。鳌拜大权独揽，朝中大臣再无能与其抗衡之人。即便是在圣祖面前处理政务，鳌拜也很嚣张——凡事不依理进奏，多以旧时疏稿呈览，强迫年轻的皇帝允准其请；部院大臣稍有拂其意之处，立即大声喝叱；引见官员时，鳌拜则施威震众，高声喝问。用人行政，亦独擅大权，恣意妄为。如推补济世任工部尚书，并妄称其贤能；增设户部尚书满洲缺1员，并以马迩赛徇情补用；马迩赛、光泰、噶达浑三族，系太宗、世祖时不用为侍卫之人，鳌拜竟擅行起用。文武各官，所喜者荐举，所恶者陷害，皆出鳌拜门下。他独掌朝中大权，与穆里玛、塞本得、讷莫、佛伦、苏尔马、班布尔善、阿思哈、噶褚哈、济世、马迩赛、泰璧图、迈音达、吴格塞、布达礼等结党成派，势力遍于朝廷内外，甚至连圣祖的近身侍卫都是其亲信党羽。朝中政事，皆在家定议，然后施行。部院衙门各官在圣祖面前奏报政事后，又被带往鳌拜处商议。他甚至狂妄到目无纲常法纪的地步，曾托病不上朝，要圣祖亲自到其府上探疾。圣祖到其府第，入其卧室，御前侍卫和布托见鳌拜脸色大变，遂急趋至床前，揭席见刀，圣祖笑着说："刀不离身乃满洲故俗，不足异也。"①

太皇太后博尔济吉特氏要为圣祖选立皇后及妃，鳌拜竟激愤不已，认为未经辅臣会商过的事情，不可施行，竟上疏坚决反对。朝中大臣有上书议及朝政者，如翰林院侍读熊赐履在奏疏中有"急功喜事，但趋目前尺寸之利，以便其私图"之语，鳌拜看后很生气，认为这是在参劾他，于是就奏请圣祖禁止言官上书陈奏。又如因其马匹被偷，他竟将御马群头目以及偷马人自行批准处决。在会议此事时，蒙古都统俄讷、喇哈达、宜理布不依附鳌拜，鳌拜竟不允许他们参与会议。鳌拜等人虽然名义上已经归政，但圣祖有亲政之名无亲政之实，只是履行手续而已，成了鳌拜手中的"橡皮图章"。当时在清朝宫廷中供职的法国传教士白晋记载道："在圣祖十五六岁时，四位摄政王（即辅政大臣）中最有势力的宰相（即鳌拜），把持了议政王大臣会议和六部的实权，任意行使皇帝的权威。"②鳌拜的擅权，令朝中百官之为侧目。圣祖虽然年轻，但也深切地认识到君权正面临着来自权臣的挑战与胁迫。这是封建君主绝不能容忍的！解除鳌拜对君权的威胁，势在必行。

① 昭梿：《啸亭杂录》卷1。

② ［法］白晋：《康熙皇帝》，第5页。

一举擒鳌拜

智擒鳌拜

封建王朝的皇帝，以“天之子”的神化身份管理黎民，天子之权威神圣不可侵犯。可在中华五千年的历史长河中，偏偏有权臣弄权，挟令君主，且屡见不鲜。圣祖亲政之初，鳌拜擅权，气势甚嚣，不仅使君臣间的关系紧迫，而且也使圣祖深切地觉察到君权正面临着威胁和挑战。所以，年轻的皇帝决意铲除鳌拜及其党羽。

但是，鳌拜党羽已遍布朝廷内外，甚至连御前侍卫中都有他的亲信。圣祖虽然贵为天子，但要想依靠一道“圣旨”逮治鳌拜，是很难做到的。而且，若行动稍有不慎，意图微有透露，都可能酿成大乱。于是，圣祖挑选出一批身强力壮、与自己年纪相仿的亲贵子弟，整日在宫内陪他玩“布库之戏”。所谓“布库”，亦称之“撩脚”，即赤手空拳相搏，初则两两相对，俟机取胜；继之互相扭结，以足相掠，专赌脚力，以倒地先后定胜败。倒地一方，敛手而退，胜者跪饮一杯而去。玩“布库”之人，皆穿白衣短衫、窄袖，衣领及衣襟用布七八层密缝，使其坚韧，防止撕扯破碎。圣祖故意当着鳌拜的面，同这些少年一起作“布库之戏”，以此迷惑鳌拜。对于圣祖身边的这些少年，鳌拜起初还有所顾虑，暗中派人监视，但却看不出任何破绽，渐渐放松了警惕。他甚至还以为圣祖懦弱贪玩，易于操纵，擅权之心益加坦然。实质上，少年老成的圣祖正是借“布库之戏”培植自己的亲信，这些少年成为日后擒治鳌拜的重要力量。圣祖又以下棋为借口，召索尼之子、时任一等侍卫的索额图入宫谋划。

权势熏灼的鳌拜，此时仍沉浸于权力的迷梦中。却不知，没有被他放在眼里的小皇帝，已经开始着手铲除他。圣祖事先将鳌拜的亲信派遣出京，以此削弱其势力。如鳌拜胞弟、内大臣巴哈，被差往审理察哈尔阿布奈之事；鳌拜亲侄、侍卫苏尔马，奉差前往科尔沁；鳌拜姻亲、理藩院左侍郎绰克托，被差往苏尼特，编定札萨克事务；鳌拜党羽工部尚书、都统济世，奉差到福建巡海。康熙八年（1669）五月，在擒拿鳌拜之前，圣祖先召见诸少年，开言问道：“你们都是我的股肱重臣，是怕朕呢，还是害怕鳌拜？”众少年齐声答道：“只害怕皇上。”圣祖趁机公布鳌拜罪过，授以擒拿计谋，只待鳌拜入宫奏事。鳌拜毫无戒备，像往常一样，只身来到武英殿。关于擒拿鳌拜的具体过程，清人李伯元在《南亭笔记》中有详细的记载：内侍事先准备一把断腿儿的椅子，鳌拜觐见时令其坐于此椅之上，另有一内侍在其后扶持椅背。待鳌拜坐定之后，圣祖命赐茶。而盛茶之碗，则事先用沸水煮过，甚是烫手。鳌拜持之不住，茶碗砰然坠地。当此之时，鳌拜身后扶持椅背之内侍趁势将其推倒，鳌拜跌倒于地。圣祖厉声道：“鳌拜大不敬。”众少年纷纷跃起，擒住鳌拜。这位身经百战、颇通布库之术的权臣，竟被执于数少年之手。至此，鳌拜方知圣祖之用心。

铲除鳌拜集团

鳌拜被擒获后，其党羽亦纷纷被拿问。穆里玛、塞本得、讷谟、佛伦、苏尔马、班布尔善、阿思哈、济世、迈音达、吴格塞、布达礼、阿南达等，先后被捕定罪。莫洛、白清额、阿塔虽亦系鳌拜党羽，但圣祖念此三人任督抚之时剔除加派火耗等弊，宽免其罪，仍留原任。以鳌拜为首的政治集团，伴随着鳌拜被擒而顷刻土崩瓦解。

圣祖在擒获鳌拜之后，令议政王大臣等会议此事，并斥责他们对鳌拜的不法行径过于姑息，且态度懦弱。随后又命令康亲王杰书与其他议政王及大臣议定鳌拜及其党羽之罪。同时，圣祖还指示，遏必隆在鳌拜擅权之时，知而缄口，并未将鳌拜之罪奏报一言，将遏必隆严拿勘审。康亲王杰书等遵旨会商，结果如下：

开列鳌拜罪款有30条。因其所犯逆恶种种，情节重大，将鳌拜革职、立斩；其亲子兄弟亦斩首；妻并孙为奴，家产籍没；其族人，有官职及在护军者，均革退，各鞭一百，披甲当差。

遏必隆罪款12条。因其在接受审问时，供述不实，将遏必隆革职，立绞；未分家之子并妻为奴。其子所袭之公爵，原系图尔格所立，不可仍留与遏必隆之子，另选族人承袭。其族人，有官职及在护军者，均革退，披甲当差。

班布尔善罪款21条。其系宗室辅国公，却附和鳌拜，藐视皇权，悖负国恩，将班布尔善革职，立斩，因系宗室，改为立绞。其亲生未分家子孙革去宗室，妻子为奴。其子化色、塞图，侄萨木布、博尔都，俱革去辅国将军，为闲散宗室。

塞本得罪款6条。其系鳌拜之侄，内廷行走，依附鳌拜，将其革职，即行凌迟处死，其亲生未分家之子并妻为奴。

吏部尚书阿思哈、户部尚书马迩赛、兵部尚书噶褚哈、吏部侍郎泰璧图、鳌拜弟都统穆里玛等，均革职、立斩，其亲生未分家之子并妻为奴。马迩赛已故，应抛尸。

鳌拜之子那摩佛，侄子讷莫、佛伦以及鳌拜党羽希福、阿林、刘之源、刘光、阿南达、插器、布达礼、济世、迈音达、吴格塞、额尔德黑、郭尔浑等均立斩。鳌拜兄赵布太、塔赖虎等立绞。以上各犯，有亲生未分家之子并妻为奴，家产籍没。

硕代谄媚于鳌拜，革职、鞭责，披甲当差，家产籍没。

和硕敬谨亲王兰布，娶鳌拜孙女为妻，倚势得封。向其讯问鳌拜恶迹，竟狡称不知，革去其亲王，降为镇国公。

在得知自己被判处斩刑之后，鳌拜请求晋谒君主。圣祖降旨赐见，鳌拜请皇上看他身上因搭救太宗御驾而留下的伤疤。圣祖念及鳌拜在太宗时就效力御前，身历三朝，固然其结党作恶，但不忍将满洲旧臣立即加以诛戮，于是免除鳌拜斩刑，改为革职拘禁。

从前文可以看出，康亲王杰书等议政王大臣对鳌拜亲属、党羽及遏必隆等人的定罪，非斩即绞，圣祖对他们施予宽恩，免其死罪：免鳌拜兄赵布太、子那摩佛死罪，改为革职拘禁。鳌拜死于禁所后，圣祖释放那摩佛。免鳌拜党羽阿南达、赖虎、插器、佛伦、布达礼、刘光、阿林、希福等死罪，并免籍没家产。硕代、桑俄、那木塔尔、舒尔虎纳克、罗多等俱系微末之人，一时苟图进用，俱从宽免罪，照旧留任。遏必隆既无结党之处，免罪并革去太师及公爵，原有一等公爵留与其子。其族人内，有为内大臣、侍卫、护军参领者，俱行革职。有世职者，令随旗上朝。在骁骑营及部院衙门者，仍留原任。诸多罪臣中，对班布尔善、塞本得、阿思哈、噶褚哈、穆里玛、泰璧图、讷莫的判决，仍维持原判——处以死刑。这些人或系部院大臣，或系御前侍卫，却倚附权势、结党行私、表里为奸、擅作威福。圣祖认为此等人罪在不赦，必行正法，以儆效尤。因鳌拜结党案而受牵连的人不在少数。朝廷内外，文武百官，有迫于鳌拜之威势而屈从之人，有希图侥幸而主动依附之人。无论哪种情况，这些人并非鳌拜朋党的核心人物，多属微末之人。对这些人，圣祖皆宽宥其罪，从轻处罚，甚至还允许一些人仍任原官职。

“天子”亲政

铲除鳌拜集团后，圣祖立即下令停止两旗圈换土地之事，同时又为受鳌拜陷害的官员恢复名誉，生者恢复官职、世爵，死者从优祭葬。论及鳌拜迫害朝廷命官手段之凶狠，莫过于其矫旨斩杀苏克萨哈及其族人之事。圣祖当时也因对苏克萨哈判决不公与鳌拜发生过正面的冲突，但年轻的君主最终没能抵过权臣的蛮横，苏克萨哈一族惨遭不幸。所以，鳌拜集团覆灭后，圣祖特为其平反，谕吏部、兵部二部曰：“苏克萨哈虽系有罪，罪止本身，不至于诛灭子孙后嗣。此皆鳌拜等与苏克萨哈不和，挟仇灭其子孙后嗣。深为可悯。其子白尔黑图等并无罪犯，因系族人连坐诛戮，殊属冤枉。”[①]圣祖令恢复苏克萨哈及其子白尔赫图官职，苏克萨哈世爵二等子由其幼子苏长寿承袭。八年七月，圣祖在复审正白旗与镶黄旗换地事件时指出：原任户部尚书苏纳海、总督朱昌祚、巡抚王登联，在拨换地亩时，见民间困苦，因有地方守土之责，具疏奏闻。但鳌拜以拨地迟延，遽行拿问，百般诬陷。且不按律文，任意将无辜官员处死。此三人皆系国家大臣，并无大罪，冤死深为可悯，理应昭雪，以示仁恩。随后议定，赐苏纳海祭葬，敕部给予恩恤，加谥号襄愍，以其子瓦尔达为三等侍卫；朱昌祚官复原职，赐祭葬如典礼，加谥

① 《清圣祖实录》卷30，康熙八年六月壬申。

号勤愍，入祀直隶、浙江名宦祠，其子朱绂以荫生入国子监读书；恢复王登联原官，赐祭葬，加谥号悫愍，入祀直隶名宦祠，其子王盛唐以荫生入国子监读书。

虽然康熙初年的鳌拜专权，给君主专制体系带来不小的冲击，甚至给圣祖本人也留下很多不愉悦的经历。但圣祖及后世帝王，对鳌拜仍优礼有加。鳌拜死后，圣祖念其系满洲勋旧功臣，追赐其一等男爵，许其世袭。世宗即位后，赐鳌拜祭葬，复一等公，世袭罔替。鳌拜一身之功罪，载在册籍，昭然不爽。

铲除权臣，皇权重归一统。圣祖以其智慧和魄力，解除君主专制和中央集权的隐患，清理从中央到地方的官员队伍。鳌拜势力甚广，爪牙众多，圣祖处理得当而迅速，避免政局混乱，既稳定了人心，也提高了自己的威信。他由此真正开始天下独尊的亲政生涯，清朝也逐步进入一个新的发展阶段。

第一次东巡

东巡，是指清朝入关后的几位皇帝巡幸盛京地区。盛京是清王朝的发祥重地，是入关后的陪都。这对清王朝而言，有着至关重大的意义。

东巡背景

努尔哈赤在赫图阿拉（今辽宁新宾）创建后金政权后，于天命十年（1625）由辽阳迁都沈阳。太宗继其父之基业，以沈阳为留守之地，不断征伐明朝的辽东守军。天聪八年（1634），改沈阳城为“天眷盛京”。崇德八年（1643），太宗去世，其第九子福临即皇帝位，并改次年为顺治元年。1644年是中国历史上不平凡的一年：先有李自成进北京，推翻明王朝的腐朽统治；再有吴三桂拒绝农民军的招降，引清军入山海关；终有李自成败退，清朝入主紫禁城。对清王朝来说，顺治元年是新的历史篇章的开始，偏居东北的清政权开始进入更加广阔的中原汉族地区。盛京，在见证了后金政权由明朝的臣属部落发展成一个统治东北的地区性政权、并最终夺取全国最高统治权的全过程之后，亦随着1644年的到来，结束了它原有的历史使命，转而成为已经定鼎北京的清王朝的陪都。作为清朝的“根本之邦”及祖宗陵寝所在地（努尔哈赤的六世祖猛哥贴木儿、曾祖福满、祖父觉昌安、父亲塔克世、伯父礼敦、叔父塔察篇古葬于永陵，太祖及其皇后叶赫纳喇氏葬于福陵，太宗及其皇后博尔济吉特氏葬于昭陵），入关后的几代皇帝——自圣祖至宣宗（世宗除外），均曾次数不等地东巡盛京地区，祭祀祖陵。

圣祖即位伊始，就肩负着巩固清朝统治、根治天下之乱的重要历史使命，但冲龄即位的圣祖并不具备相应的执政能力。世祖在临终前也充分认识到了其继承者将要面临的困难，遂选定索尼、苏克萨哈、遏必隆、鳌拜四位勋旧大臣暂时辅政，待时机成熟，再把朝政大权交还给圣祖。四大臣辅政初期，尚能保持和衷共济、共同决策。但这一局面，很快就被暗蓄异志的鳌拜打破。鳌拜拉拢遏必隆，打击苏克萨哈。为达到大权独揽的目的，鳌拜置年幼的皇帝于不顾，肆意挑起事端、罗织“莫须有”之罪名，最终将苏克萨哈置于死地。朝中大臣畏惧鳌拜的气焰，多依附于他，甚至圣祖的侍卫亦是鳌拜的亲信。鳌拜的专横跋扈严重地威胁到皇权的稳定，最终被铲除。

圣祖粉碎鳌拜集团、惩治其亲信党羽，消除威胁君主专制的内部政治隐患，他也真正开始亲政。清入关后的顺、康两朝，先有多尔衮专政，后有鳌拜擅权，这两者都与皇权专制产生严重冲突。圣祖铲除鳌拜及其党羽，成功地保障了皇权的不可动摇，进一步巩固其作为天下之主的独尊地位。同时，年轻的圣祖也以他的政治魄力成功地维护了太祖、太宗开创的基业，认为这是值得用以告慰祖宗的重大事件。圣祖的首次东巡就是在此历史背景下开始的。

拜谒祖陵

早在康熙九年（1670），圣祖就欲赴盛京拜谒太祖、太宗陵寝，以“天下一统致告”，以展“孝思”。但因“盗贼”未靖、师旅繁兴，暂停往盛京恭谒祖陵。圣祖本欲先至太祖、太宗山陵祭拜，再至世祖陵前展谒，但因太皇太后有懿旨，以世祖升遐十年，未能至其陵前，遂于康熙九年八月先与太皇太后至孝陵（世祖之陵寝）展谒，随后再赴太祖、太宗山陵以告成功。自古封建帝王出京巡幸，乃是举国上下的重大事件。加之圣祖的此次东巡，是清朝入关后首度回关外拜谒祖陵，意义自不一般，遂下令议政王、大臣、九卿、科道等官详细商议东巡可行性及相关事宜。议政王、大臣等以当年各处多有水旱灾荒，且时间紧迫，来不及预备应用之物，具题暂行停止。

康熙十年（1671）正月，圣祖再次提及展祭太祖、太宗山陵之事，希望乘此海内无事之时，赴盛京谒福陵、昭陵。祭拜祖陵，关系重大，圣祖在得到太皇太后的支持后，随即谕令礼部拟定谒陵之礼，并令各衙门速行备办各项需用之物。东巡前夕，负责皇帝起居的总管内务府大臣奏称，盛京宫殿年久失修，一时难以修葺，可否令盛京佐领于崇德殿前厢房搭炕采棚，圣祖允其请。盛京内务府在崇政殿前建小厢房3间，只容皇帝一人居住。饮食方面，圣祖需用之物由皇庄及盛京内务府广储司备办，应备项目如下：腌白菜、满洲小芥菜、开心小酸菜、不开心小酸菜、大酱瓜子、清酱瓜子、韭菜、茄子、水萝卜、大红萝卜、葱、蒜、芥末面、做饽饽用的奶油、蜜、猪油、好白面、做麻花和撒糕的稷米及鹅蛋、鸡蛋、高粱炒面、小米炒面，日用小黄米二金斗、白小豆一金斗半、红小豆二金斗半、绿豆一金斗半、芝麻油1瓶、烧酒1瓶，70斤猪2头、50斤猪1头、仔猪2头、鸭4只、鸡10只、鹅6只。

九月初一日，圣祖以寰宇一统，亲至太祖、太宗山陵展祭，行告成礼。初三日，圣祖出午门，素服，不奏乐，不设卤簿，午门鸣钟，在京王、贝勒以下及文武大小各官出城远送。皇帝出朝阳门，当日驻跸三河县境内。自初四日始，经别山、沙里河、榛子岭、范家店、榆关，初九日出山海关，驻跸姜女祠。十一日，在烟台河地方，蒙古喀喇沁部多罗杜郡王班达尔沙、镇国公乌忒前来朝见。从十二日至十八日，圣祖由连山起程，经小凌河、榆林堡、盘山堡、小河山、双台，渡辽河驻跸。期间，蒙古土默特部、敖汉部、奈曼部、科尔沁部王公、台吉均前来觐见。

九月十九日，圣祖至盛京，盛京及守陵文武官员在城外十里跪迎。甫至盛京，皇帝就率诸王、贝勒及文武大臣先谒福陵，随即又拜谒昭陵，均行三跪九叩礼，三献爵举哀。随后，圣祖入盛京城内观看宫殿，当日在盛京城东北驻跸。二十日，又至福陵，率诸王、贝勒及文武大臣设牺牲酒帛等物，在隆恩殿前读祝，行告成礼。二十一日，复至福陵致祭，亦设牲帛几筵等物于福陵前，举哀、读祝如前仪。祭祀完毕，返回盛京城内，巡视盛京内外城池。自古封建帝王乃“九五之尊”，得以亲睹天颜，乃是举国称庆之事。闻知皇帝临幸盛京，盛京城内外百姓皆跪列道旁。圣祖令随侍大臣赏赐年老及鳏寡孤独之人银两，使其均沾恩泽，又令盛京将军阿穆尔图查验盛京披甲旗人中受伤老病及退甲闲散之人。二十二日，圣祖至昭陵，率诸王、贝勒及文武大臣设牺牲酒帛等物，在隆恩殿前读祝，行告成礼。二十三日，复至昭陵，设牲帛几筵等物，读祝致祭如前仪。祭毕，圣祖遣王、贝子、内大臣至永陵致祭，行告成礼。在拜谒福陵、昭陵礼成后，设骑驾卤簿鼓乐入盛京城，城内外文武官员及军民人等在道旁跪迎，盛京文武要员及守陵各官穿蟒服在大清门按左右翼序列。圣祖入盛京城，御清宁宫大清门，设仪仗奏乐，当面赏赐盛京将军、副都统、侍郎，年老致仕都统、副都统、侍郎及永陵、福陵、昭陵总管以下，现任、解任文武大小各官蟒貂裘、貂袍、狐腋袍、缎匹、镀金玲珑鞍辔、镶宝石玲珑撒袋、全付弓箭、镀金玲珑刀等物。宴毕，圣祖又召将军、都统、副都统、侍郎、总管等官至御前，亲自以金瓯赐酒；其余官员，命内大臣等遍赐之；又召八十以上耆民至前赐饮。宫宴之后，圣祖作七言律诗《告祀礼成宴诸臣于旧宫》以记其事：

阊阖门开玉座春，金支遍插绮筵新。

铿锵剑珮千官集，曼衍鱼龙百戏陈。

功定舞于歌靖乱，恩留过沛乐同民。

大风猛士何烦忆，仗下班联绛灌臣。

此次东巡，圣祖甚为感怀，他对随侍大臣说：“朕展谒山陵，惓惓在念。念得至发祥重地，拜谒陵寝，用展孝思。祭礼已成，朕怀大慰。”[①]其言也挚，其情也殷。随后又召披甲负伤老病及退甲闲散之人400余名至前，各赐银25两。圣祖唯恐此等之人不能均沾恩惠，令盛京将军阿穆尔图稽查，若有一二遗漏，即行查出，陆续具奏。随后，又赐披甲执役人等银两。将军以下各官员谢宴赏，行三跪九叩礼。

圣祖也对地方吏治提出要求，告诫将军阿穆尔图，副都统叶儿苏、鄂泰，侍郎纳桑阿、哈尔松阿、杭爱、敖色等：盛京地方民风淳朴，难理之狱讼不多，地方官要爱养军民。农业乃满汉人民生存之本，须多方劝谕，开垦耕种。圣祖要求守陵总管、副总管等务必诚敬，亲自检查一应祭品。又命赍银二万两，赏给宁古塔兵丁。盛京之行，圣祖频下恩诏，减刑减赋：奉天府宁古塔等处，除十恶死罪不赦外，凡已结未结死罪，俱减等；军流徒杖等，俱宽释。自山海关至奉天府所属地方，豁免康熙十年、十一年份正项钱粮。二十四日，圣祖以告祭礼毕，趁军士秣马之暇，周览盛京畿内地方形势，经铁岭县、开元县往宁古塔方向巡视，并于二十八日派侍卫往宁古塔，赏赐宁古塔将军巴海貂帽、貂袍、天马皮褂、镀金刀等物。

十月初二日，圣祖驻跸于达溪达尔巴地方，宁古塔将军巴海前来觐见。初三日，召巴海入见，询问宁古塔及瓦尔喀、胡尔哈、人民之风俗，并谕令

① 《清圣祖实录》卷36，康熙十年九月辛未。

巴海："瓦尔喀、胡尔哈，人皆暴戾奸诡，尔其善布教化，以副朕抚绥远至意。"[①]当日，圣祖在行营进午膳，随后又令巴海射箭，并于当天回盛京。十一日，至盛京城北教场，圣祖周览盛京城内各处，又赐年老男妇银两不等。十三日，因欲回京，皇帝率诸王贝勒、大臣等至福陵、昭陵行三跪九叩礼。复至盛京大清门，命扈从部院官及盛京将军阿穆尔图以下文武官较射，圣祖亦亲射数矢。

圣祖在巡视过盛京、宁古塔的地理形势后，对东北地区的多民族杂居及战略意义，有了更为深刻的认识。在宁古塔召见过巴海后，圣祖仍不放心，回京前再次召见巴海，在肯定了巴海的贤能之后，又殷切地嘱咐他："飞牙喀黑折虽服，然其性暴戾，当善为防之。尤须广布教化，多方训迪，以副朕怀远至意。罗刹虽云投诚，尤当加意防御。操练士马、整备器械，毋堕狡计。至于地方应行大事，即行陈奏，毋得疑畏。"[②]

十月十四日，圣祖回京，盛京将军及陵寝总管以下文武各官及宁古塔将军离城十里跪送。临行之际，圣祖命年老致仕之原任都统道拉等近前，无限感慨道：朕来发祥之地，谒太祖、太宗山陵，祭告礼成，又见尔等年老旧臣，朕心甚为安慰，卿等当亦愉快。道拉等自念年老解任，自然与朝廷终身疏远，不承想今日能在盛京一睹"天颜"，又蒙皇帝亲赐美酒，受宠若惊，不胜欢忭。当日，驻跸于老边地方，圣祖再次召见盛京将军阿穆尔图，令其黾勉行事，镇守地方。

从十月十四日始，圣祖一行由盛京城出发，经辽河、白旗堡、头道井、广宁县、榆林堡、小凌河、连山、宁远、东关站等地，于二十六日进山海关。十一月初二日，至蓟州。初三日，进朝阳门，在京王、贝勒以下文武各

① 《清圣祖实录》卷37，康熙十年十月壬辰。

② 《康熙起居注》第1册，康熙十年十月十四日壬辰，第64页。

官在午门前跪迎。圣祖至太庙，行告至礼毕，回太皇太后宫问安。初九日，皇帝以谒陵礼成，至太和殿，王以下文武各官行庆贺礼。颁诏天下，诏曰：

> 朕惟帝王诞膺天命、抚育万方，皆由祖功宗德，缔造维艰，俾后人克享成业。所以天下一统之后，必展告成之礼，甚钜典也。我太祖高皇帝创建鸿图、肇兴景运，太宗文皇帝布昭功德、式廓丕基。至世祖章皇帝统一寰区，大勋既集。即欲躬诣山陵，展祭告成，未遑修举。朕缵承隆绪，上托祖宗洪庥，天下底定。仰体皇考未竟之志，躬诣福陵、昭陵，虔修祀事，以告成功。礼竣旋京，湛恩宜沛。于戏！继述无疆，永著显承之盛。升平胥庆，益彰乐利之休。布告天下，咸使闻知。①

此次东巡，无论对圣祖本人还是对盛京地方官来说，都是精神与情感上的慰藉。圣祖亲临祖宗的发祥之地，切身地体会到创业的艰难，更加感到肩上责任艰巨。对于盛京地方官而言，原以为道里窎远，不承想得以在盛京本地目睹皇帝真容，加之圣祖亲赐洒爵、衣帛等物，怎能不令其终生难忘！

① 《清圣祖实录》卷37，康熙十年十月丙辰。

裁撤『三藩』

铲除鳌拜集团之后、吴三桂叛清之前，圣祖正引领着清朝国家机器沿着正确的轨道一路向前。他体恤民情，虚心纳谏，劝诫百官廉洁爱民，力图保持社会秩序和政治环境的稳定。但是，在孜孜图治的同时，其内心也越来越真切地感受到来自东南地区的严重威胁。乾清宫的宫柱上悬挂着圣祖亲笔书写的三件大事——三藩、河务、漕运。后两者关乎国计民生，“三藩”的存在则与中央集权的巩固息息相关，这也是圣祖夙夜廑念的重大事件。

何谓“三藩”？在清朝历史上，有“前三藩”“后三藩”之说。据魏源《圣武记》的记载，南明的福王、唐王、桂王被称为“前三藩”；“后三藩”则指平西王吴三桂、平南王尚可喜（后由其子尚之信袭爵）、靖南王耿精忠（初封耿仲明，其子继茂继之，后由其孙精忠袭爵），通常简称为“三藩”。

册封汉人

清朝历史上，曾册封过五位汉人异姓王，分别是孔有德、耿仲明、尚可喜、吴三桂、孙可望。“三藩王”正是由此演变而来。

孔有德、耿仲明皆为辽东人。耿仲明，字云台，生于明万历三十二年（1604），卒于顺治六年（1649），辽东盖州卫（今辽宁盖州）人，祖籍山东。孔、耿二人原为毛文龙部下，文龙被袁崇焕杀害后，陈继盛代领其原部下。有德不服，与仲明等走至山东登州，投靠登莱巡抚孙元化。元化久在辽东为官，所以重视辽东人，遂命有德、仲明二人为游击。太宗围攻大凌河之时，有德奉命前去增援。但行军途中，钱粮缺乏，兵士食不果腹，又遇地方官阻梗，以致士兵激奋哗变。有德率军回攻登州，仲明与同为辽东人的都司陈光福及杜承功、曹德纯、吴进兴等15人为内应，引导有德自东门入，登州城陷。后旅顺副将陈有时、广鹿岛副将毛承禄亦来投靠有德。有德兵势渐强，众人推举其为都元帅，仲明称总兵官。天聪七年（1633），仲明与有德遣副将刘承祖、曹绍中二人，致投降书于后金。随后，率家眷、士兵万余人自登州渡海降清。

耿精忠，耿仲明之孙、继茂长子，生于顺治元年，康熙十年（1671）袭靖南王爵，娶肃亲王豪格之女，封为和硕额驸。二十一年（1682），卒。

尚可喜，字元吉，生于明万历三十年（1602），卒于康熙十三年（1674）。祖籍河北真定府之衡水，曾祖时迁居辽东海州（今辽宁海城）。天命六年（1621），可喜随父亲尚学礼居辽河之西，其母及兄、嫂、弟、侄仍居辽河之东。后金兵攻陷辽阳以后，家人皆散失。可喜之父因故里已化为废墟，走投无路，遂投明辽东抚军王化贞门下。王化贞非常器重学礼，令其与毛文龙进据东江。天命七年（1622），后金兵攻破广宁（今辽宁北镇），关外纷扰。时可喜独居松山，因思父心切，遂于天命八年（1623）至山海关，请求入关。守关者因可喜系辽人，坚决不允其入关。可喜恸哭返还，怎料归途多梗、凶险万状，“为自存计”，由海路“投水师，编于卒伍”。其后，可喜得知其父与毛文龙退据皮岛，即往投之。文龙甚倚重可喜，拨置左右。在尚学礼战死于楼子山之后，文龙即擢可喜为列将，并令接管其父原属部下，可喜时年21岁。

在后金不断冲击明朝辽东军事防线的危急时刻，辽东守将们仍在内讧。当袁崇焕杀死毛文龙后，副将黄龙与沈世魁就为争夺总兵官之位尔虞我诈。沈世魁在黄龙任东江总兵官后，竟煽动皮岛兵变，试图推翻黄龙。可喜率兵斩杀为首之人，解救黄龙出危难之中。黄龙大赞可喜为“驭变定乱，济世才也”，擢为副将，管理后军，可喜之威名遂震于军中。但是，可喜助黄龙平定事变，使沈世魁的计划破败，世魁遂对其怀恨在心。解黄龙之危，成为日后可喜被世魁等陷害之由。

天聪六年（1632），孔有德、耿仲明率军乘船渡海，拟由旅顺登陆归降后金。可喜奉黄龙之命前往堵截，激战于海上，迫使孔、耿放弃登陆旅顺的计划，从海上绕道至镇江登陆降后金。可喜因功晋升广鹿岛副将。孔、耿二人归降后金，极力鼓动攻打旅顺。七年（1633），后金将领孔有德、耿仲明进军旅顺，黄龙率军固守。城陷，黄龙战死，可喜之妻妾及家口数百人皆投海自尽。黄龙战死后，沈世魁继任东江镇总兵，驻皮岛。明将王廷瑞、袁安邦、孙奠邦嫉妒可喜之威名，在新任东江总兵官沈世魁面前进谗言。沈世魁因前仇未报，便趁机频频檄调可喜至皮岛，欲加谋害。可喜不知是计，遂率军赴皮岛。行至长山岛，海上起飓风，舟师不得进，世魁及亲信遂令人前来迎接。可喜发现，凡与之亲密的朋友毫无信息，也没派人来接，遂生疑。遣使侦探，始知沈世魁假借公事之名调其来岛，实为加害。可喜拊膺叹曰：“吾束发行间，海上立功，血战十余年，父母兄弟妻子先后丧亡。出万死一生，计不过为朝廷追亡逐叛。而妒功嫉能之人，乃出力而挤之死地。今权归世魁，欲杀一营将，如疾风卷箨，特易易耳。大丈夫将扫除天下，宁肯以七尺之躯俛首就戮乎？”[①]可喜回顾自己的浴血奋战之路，拳拳赤子之心无非为朝廷效忠，却被小人因个人私利而被排挤、陷害，他的忧愤、无奈之情溢于言表！是继续效忠于腐败的明王朝，甘愿俯首就戮，做政治斗争的牺牲品？还是归顺后金，打拼出一番新天地？这是一个艰难的选择。这一选择所包含的政治立场，主要是其中暗藏的民族向背问题。弃明投向异民族的后金，不仅成为当时人论评可喜功过是非的道德标准，而且也是今人对其褒贬不一的根源所在。可喜决然选择后者。他冲破中原汉族王朝“华夷之辨”的民族偏见，选择正在崛起的后金政权。史载可喜听说太宗豁达神武，延揽英俊，视汉人如同体，遂决策输诚。

天聪七年（1633）十月，他密遣卢可用、金玉奎赴盛京输诚纳款。十一月，太宗遣卢可用、金玉奎回广鹿岛，并修书一封转交可喜，其言：“满洲国皇帝致书尚将军暨诸将，诸凡情事，前书已悉。将军与诸将，可速为筹度，即来归我。傥荷天祐大事克成，功名富贵，皆可图也。机会一失，悔之何及？幸无犹豫，速赐回音。”[②]太宗甚为重视可喜的投诚，在未得到确切的归顺消息之前，于天聪八年（1634）正月，派承政车尔格及文馆范文程、喀木图率官8员，每牛录下兵2名、厮役1名，前往侦探可喜的投诚消息。不久，可喜抚定广鹿、大小长山、石城、海洋五岛，率所属将吏、兵民近万人入朝。可喜时年31岁。太宗大悦：“不费一弓不折一矢，而王（此处称尚可喜为王，乃是其后人在修家谱时对他的尊称，此时清朝并未赐其封爵）率众卷甲倾心归命，首建大勋，为国家肃清海岛，此识时务之俊杰，宜以优礼

① 《尚氏宗谱·先王实迹》，辽宁沈阳尚氏家族刊刻，第1页。

② 《清太宗实录》卷16，天聪七年十一月甲辰。

之。”[①]二月，特遣吏、礼二部贝勒多尔衮与萨哈廉前往迎接。四月，授可喜为总兵官，称其所部为“天助兵”，命驻海州。

吴三桂，字长白，又字月先，生于明万历四十年（1612），卒于康熙十七年（1678），明朝辽东中所（今辽宁绥中）人，祖籍安徽徽州。三桂自少年起就是明朝辽东边将，至明末已累迁至宁远（今辽宁兴城）团练总兵官，镇守宁远城。李自成进攻北京时，三桂奉命回京勤王，受封平西伯。但北京很快就陷于农民军之手，三桂未能入卫京师，率部返回山海关屯驻。李自成认识到山海关重要的战略地位，有意招抚三桂。他入北京后的第三天，就派唐通率部携犒师银四万两，前去山海关赏赐三桂。接着，又逮捕三桂的父亲吴襄，令其劝降三桂。三桂出于保全父母身家性命及亟切需要补充军饷等考虑，有意投降农民军。恰此时，他闻得父亲吴襄被拷打追赃，爱妾陈圆圆被霸占。一怒之下，改变初衷，杀农民军使臣唐通等，公开与农民军为敌，转而向清军请援。三桂派副总兵郭云龙、游击杨坤携带书信赴多尔衮军前，表示愿开山海关迎接清军入关，共同进兵北京，剿灭农民军。吴三桂也由此开始了他的另一段人生旅程。

孙可望，原张献忠部将，顺治十四年（1657）降清，诏封义王。他一直闲居北京，十七年（1660）病死，其王爵由子徵灏降袭慕义公。

在这五个人中，孔有德、耿仲明、尚可喜三人，早在后金时期就已归顺。他们的到来，加强了后金的军事实力，大大削弱了明朝从海上制约后金的实力。明朝的腐败将他们推到后金一边，太宗对他们三人优礼有加。孔、耿二人来归时，太宗亲率诸贝勒出德盛门十里，迎于浑河右岸，并与孔、耿二人行抱见礼。又设宴款待，太宗亲举杯斟酒与其对饮，赐蟒袍、貂裘、撒袋、鞍马等物。可喜来归时，太宗又遣吏、礼二部贝勒多尔衮与萨哈廉亲

① 《尚氏宗谱·先王实迹》，辽宁沈阳尚氏家族刊刻，第2页。

迎。太宗还向他们颁发敕书，对其所报的头衔均予以认可。

天聪十年（1636），太宗去汗号称帝，改国号为清，改元崇德。同时，又封赏功臣，因孔、耿、尚三人自归顺以来，随八旗兵征讨，多立战功，分别封他们为恭顺王、怀顺王、智顺王，时称“三顺王”。这在汉官所获爵位中，是最高级别的，仅比宗室中的亲王爵位低一级。吴三桂的归顺，对清朝历史的影响是极为深远的。顺治元年（1644），三桂投降清朝，引清军入山海关，联手打败李自成农民军，清军攻占北京城。三桂向清军敞开山海关的城门，为清朝打开了一道进取中原、君临天下的希望之门。睿亲王多尔衮为嘉奖其功，在山海关战役结束后，立即加封三桂为平西王。

界定“三藩”

清初满汉关系紧张，为尽可能避免冲突，往往用汉官招降、镇压汉人，此法也确实事半功倍。清朝迁都北京之时，东南大部分疆域尚未统一于版图。永历政权仍盘踞云贵；李自成、张献忠的农民军余部仍在东南、西南地区与清朝对峙；台湾郑成功对内地也虎视眈眈，伺机进取；西南土司也心怀异志，蠢蠢欲动。为真正实现天下一统，巩固清朝在中原的统治，顺治六年（1649）五月，改封孔有德为定南王、耿仲明为靖南王、尚可喜为平南王、吴三桂仍为平西王。随后，命大学士洪承畴经略五省，以定南王孔有德镇广西，尚可喜、耿仲明镇广东，吴三桂镇四川与云南。清朝改封的目的，就是调此四人南下，以宽南顾之忧，并以其所部补充满洲八旗兵力之不足。十一月，耿仲明因部属隐匿“逃人”，畏罪自杀。原部下由其子继茂统领，并袭其靖南王之爵。九年（1652），孔有德兵败桂林，自焚而死，因无子承袭，定南王爵位被朝廷收回。至此，清朝派往东南地区的汉人藩王只有吴三桂、尚可喜、耿继茂三人。东南地区的气候不同于北方，自然条件恶劣，满蒙八旗兵丁水土不服，不宜长期驻防。鉴于此，在南方略定之后，朝廷命洪承畴及出征的宗室洛托、信郡王多尼率八旗兵回京，将吴、尚、耿三人留镇南疆。

十六年（1659）至十七年间，朝廷重新调整三藩王的镇守之地，命吴三桂驻镇云南兼辖贵州，尚可喜镇广东，耿继茂移镇福建。“三藩”驻地由此确定下来。此时，三藩王统辖的兵力情况大致如下：尚可喜、耿继茂各有15佐领，绿旗兵各六七千人，丁口各20 000人。吴三桂所属有53佐领，一佐领有甲士200，此为常备之劲兵。若五丁出一甲士，则有丁口50 000余人。另有绿旗兵12 000人。依清朝官制，吴三桂设左右两都统管辖兵丁，都统等高级将领皆系三桂死党。不仅如此，他还将投诚之兵分为忠勇营、义勇营，每营又分中营、前营、左营、右营、后营，共计10营，每营1200人。以吴应麒、吴国贵、夏国相、胡国柱等为都统，以马宝、王屏藩、王绪等10人为总兵官，四方精兵猛将多归其麾下。由此可见，“三藩”中兵力最强者，非三桂莫属。

撤藩起因

“三藩”军饷、粮饷仰赖清朝国库供给，稍有迟延，“三藩”就连章上奏需索。若有盈余，户部却不得稽核，这种情况给中央财政造成沉重的负担。其实，有关“三藩”的军费问题，早在顺治朝就有朝臣提及：云南省一年的俸饷超过900万两，加之福建、广东二藩之饷，每年需2000余万两。起先，朝廷命就近省份补给；其后则不得不收江南一带地方之课税，以充其军饷、粮饷。天下财富之半，都耗于“三藩”。于是，朝廷开始商讨裁撤“三藩”兵丁事宜。三桂拥兵最重，裁兵之事首当其冲。为阻止朝廷的裁兵计划，三桂以边疆未宁为借口，先除永历，后攻贵州之水西、乌撒土司，以武功震耀朝廷。圣祖即位后，四辅政大臣仍重用“三藩”，但裁兵之议未止。康熙四年（1665），裁云南绿旗兵5000余人。事实上，三桂减弱兵而增精兵，向朝廷要求兵饷，丝毫未改。

清初命汉人藩王镇守南疆，实有不得已之情势。如前所述，南明及农民军余部仍然活跃，清军反复征剿，此顺而彼复叛，迫使清朝动用三藩王的军事力量。三藩王的镇守之地，并非朝廷封赐之地，中央可随时调遣，另镇他处。但是，三藩王的发展势头却与清朝的主观愿望和政治初衷相违背。

戎马倥偬之时，朝廷给予“三藩”一些临时性的特殊权力。他们在各自的领地上，拥有很大的权力和自主性。军事上，各自统有一支实力雄厚的军队，拥有绝对的军事指挥权。政治上，“三藩”与地方督抚间的公文往来，由原来的“平衔”改为“照会”，已经暗含其地位、权力凌驾于督抚之上。不仅如此，他们控制藩属地的人事权。藩属地官员的任免与选举，均由三藩王操控，吏、兵二部不得过问，只履行手续而已。在这方面，尤以三桂为最。贵州由三桂兼辖，两省督抚皆受其节制。他广置死党于云、贵两省之处，并把自己选取的人派到外省为官，名曰“西选”，吏部根本无权更改。当时有无数“西选”之官，布满四方。相传若由三桂任命的官职出缺，吏部选取之官到任，往往遇“西选”之官先到的情况，前者则不得不原路返回京师。经济上，户部无权稽查“三藩”之财用，以免迟滞贻误之虞。“三藩”不仅向中央索取巨额的粮饷和军费，而且在自己的辖区内还拥有征收赋税之权。如三桂在其驻守之地征收关市、盐井、金矿、铜山之税，派遣官员转运辽东之人参，四川之黄连、附子，获取巨额贸易利润。尚可喜在广东，不仅征收田赋，而且连日用的蔬菜、水果等免税之物，亦一概征收杂税。耿继茂在福建横征盐课，逐户勒索银米，并利用海运之便，无视朝廷的禁海令，大搞走私贸易，掠取巨额财富。

吴、耿、尚三藩王世守边圉，自视为藩镇，拥兵自重。“三藩”之中，尚可喜以年老有病，将军事指挥权委托于其长子之信，之信向来桀骜不驯，动辄违犯礼法。可喜当初曾遣其人宫侍奉，后来担心其触犯法网，又奏请让之信仍回广东。回到广东后，之信暴横日甚，招纳奸宄，布为爪牙，罔利恣行，官民怨言。之信嗜酒，醉辄杀人，常于其父前持刀相向，所作所为日益不法。耿精忠袭爵后，以苛敛横征于福建。其喜好结纳，闽中人多出入其府中。吴三桂功最高，独称宿将，列重镇于西南，跋扈最甚。他以原明朝黔国公沐天波庄园700顷为藩庄，以永历帝的华山故宫为藩府，增修二十余年。

为聚敛财富，三桂不仅向当地土司征收赋税，而且还遣使与达赖喇嘛互通，设茶马贸易于北胜州。由西藏入云南的西藏、蒙古之马，每年有数千万匹，均由其征收关税。他还以重金笼络中央官员，使他们成为自己的耳目。即便是极微细之事，朝议如何，三桂亦能迅即知晓。其子吴应熊（娶世祖妹和硕公主）亦将京中朝政飞报告知其父。三桂更能散财结士，吸纳士大夫为宾客，为其出谋划策；又挑选诸将子弟，演习武事。文武材技尽成为三桂门下之客，人人愿为其效死力。三桂专制云南十余年，日练士马器械，水陆冲要皆置其私人，甚至各省提镇亦多为其心腹之人。三桂气焰甚盛，朝臣微有指责，即严辞抗辩，朝廷不得不惩治上章参劾者，以示抚慰。在吴三桂叛乱前，朝中敢于参奏他的官员，寥寥无几。纵有忠梗之人，亦因得罪三桂而被处分。早在顺治十七年（1660），四川道御史杨素蕴就疏言，吴三桂题补云南各道的候补人员中，竟有奉差部员。选官用人，乃人主大权，臣子怎能以其他行省及现任官坐缺定衔？即便是云贵新经开辟，经理乏人，藩臣亦应请旨，令吏部签补。他擅自拟用，有轻名器亵国体之嫌。康熙七年（1668），甘肃庆阳府知府傅弘烈又密奏三桂“必有异志”，提醒朝廷“宜早为防备”。

清朝对三桂的擅权，不可谓毫无察觉。苦于心存忌惮且没有直接证据，只依凭朝官弹劾他的奏章，不敢轻易触动吴藩，只能惩治参劾之人。杨素蕴被革职处分，罢官归家，十年内闭门不出；傅弘烈则险些因此丧命，初被判斩刑，后改判充军，发充广西梧州军中效力。此后，朝中再无敢指责三桂之人，他亦不可一世，大有世据云南、割土封王之态势。

撤藩过程

无论顺治朝还是康熙朝，清朝统治者始终强调，留三藩王镇守南疆是临时之策，并无封土之意。但是，"三藩"的发展趋势越来越成为祸乱的隐患，已悖离了清朝的政策轨道，不仅成为与中央抗衡的割据势力，而且也是清朝财政上的沉重负担。圣祖自铲除鳌拜集团后，已亲政数载。国内大规模的征伐战争基本结束，清朝政局趋于稳定，军事活动逐渐让位于政治上的治理，尤其是加强皇权与中央集权已成为清朝政治生活的主题。圣祖认识到，吴、尚、耿三位汉人藩王的存在，已经成为中央集权道路上的障碍，鉴于前代方镇之祸，他已将解决"三藩"问题提上议程，只是没有合适的契机，故迟迟不下撤藩之令。不仅君王认识到"三藩"问题的严重性，清朝的封疆大吏亦有此同感。时任福建总督的范承谟（范文程之子）就曾在其卧榻旁悬一小牌，上书时事数则，首条就是"三王宜撤"。

康熙十二年（1673）二月，圣祖派遣一等侍卫顾对、二等侍卫米哈纳至平南王尚可喜处传达皇帝的慰问之言，又赐御用貂帽、团龙天马裘、蓝蟒狐腋袍各一袭及束带一围。圣祖不远万里遣官赐物慰问，客观上说，是对镇守边疆的三藩王赫赫战功的重视、表彰与奖励。但是，从另一角度来看，又是朝廷对三藩王的笼络之策。汉人藩王的存在，使得清朝统治者寝食不安，尤其是到了康熙朝，三藩王势力日益做大，越来越成为皇帝的后顾之忧。朝廷的这些举动，使尚可喜意识到朝廷对三藩并不放心。谋士金光也向他进言，自古异姓封王没有一个长久的！为宽释朝廷的猜疑，亦为子孙万全之计，可喜遂于同年三月，具疏告老。

从圣祖遣官赐物，到可喜主动请求撤藩、告老辽东，时隔不过一个月。这两者之间，或多或少有着某种内在的联系。无论真相如何，可喜主动撤藩，给圣祖解决三藩问题提供了难得的机会。议政王大臣及各部经过商讨，以“藩王见存，子无移袭之例”，拒绝尚可喜仍留其子之信于广东的请求，并称“该王之子尚之信，仍带领官兵，住居粤东，则是父子分离。而藩下官兵、父子兄弟宗族，亦至分离。今粤省已经底定，既议迁移，似应将该藩家属兵丁，均行议迁”①。圣祖随即下诏，撤去尚可喜父子之藩兵，所有官兵随可喜回归辽东。他又对可喜大加赞赏：“王自航海归诚，效力累朝。镇守粤东，宣劳岁久。览奏年已七十，欲归辽东，情辞恳切，具见恭谨，能知大体，朕心深为嘉悦。今广东已经底定，王下官兵作何搬移安插，议政王大臣等会同户、兵二部确议具奏。”②

这些举动已经表明圣祖的政治态度，即：要从根本上取消三藩及其领地。尚可喜主动要求撤藩，只是其个人行为。对于吴三桂与耿精忠二人来说，这一消息却过于意外。但是，在朝廷看来，尚可喜的选择，为吴、耿二人何去何从指明了方向。

在圣祖与朝臣讨论尚可喜的撤藩请求时，吴三桂之子、额驸吴应熊探得朝廷意图，迅速密派亲信前往昆明传送信息，并让其父也呈递请求撤藩之疏，以此打消朝廷的猜疑。经过与幕僚、亲信的商酌，三桂尽管满心不情愿，但还是采纳其子的建议，主动向朝廷申请撤藩。他命幕僚刘玄初起草请求撤藩的奏疏，刘玄初力持不可。因为圣祖早就有意将三桂调离云南，若此疏一上，必定“朝上而夕调”。但三桂并未听从刘玄初的劝告，自恃功高，

①《清圣祖实录》卷41，康熙十二年三月丁酉。

②《清圣祖实录》卷41，康熙十二年三月壬午。

认为朝廷一定不能将其调离。十二年七月三日，三桂呈上了一道自请撤藩的奏疏。七月九日，耿精忠也被迫表态，请求撤藩。

吴、耿二人的请撤并非出于自愿，实为形势所逼，以此举窥探朝廷态度，与尚可喜的主动请辞有着本质的区别。在接到吴三桂与耿精忠请求撤藩的奏疏后，圣祖召集朝中大臣会商此事。朝臣一致认为耿藩可撤，但在是否也令吴三桂“归老”辽东的问题上，出现了严重的分歧。多数大臣认为，云贵地区的少数民族反侧不定，若撤藩，必要从京师或他处调派八旗劲旅前去驻防，多费军饷，不如勿徙“三藩”，仍令其镇守原地。吴三桂自己也希望朝廷对其慰留，并仿照明朝黔国公沐英世守云南之例，继续让他留镇云南。朝臣中，只有户部尚书米思翰、兵部尚书明珠、刑部尚书莫洛首言其兵可撤。圣祖又命议政王、贝勒、大臣等再议，但会商的最终结果，仍持此两议。圣祖认为，吴、耿等蓄谋已久，若不及早除掉，养痈成患将如何收场?更何况藩王的势力愈加壮大，割据之势已成，撤藩与否不会打消他们反叛朝廷的野心，倒不如先发制人。圣祖撤藩决心已定，果断地批准了吴、耿二人的“请求”，吴、耿二藩所属官兵及家口全部迁至辽东。

八月间，圣祖向兵部、吏部、户部连发谕旨，指示具体的撤藩事宜。“三藩”本系镇守南疆之军事部署中的一环，若撤藩，地方兵马之事需筹划周详。清廷遣官至广东、福建、云南，会同藩王及当地督抚、提镇商榷，以布置官兵防守地方。同时，为加强地方行政事务的管理，还令吏部在原三藩驻守之地增设地方行政官员。如因云南地属远疆，控制需人，令专设云南总督一员，专管料理地方民事。还指示户部在三藩新迁到的地方，安排所需房屋、田地，务使三藩官兵到辽东之日就有住处，生活不致困顿。

部署完上述善后事宜，于八月十五日，清廷选派礼部右侍郎折尔肯、翰林院学士兼礼部侍郎傅达礼为钦差，专程前往云南。为重事权，圣祖将自己所佩带的刀分赐给两位钦差，并赐良马各两匹。同时，还御笔亲书手诏一道，交由钦差携带至云南，向吴三桂宣读。随后，又派户部侍郎达都前往盛京，会同盛京户部侍郎、奉天府尹查看划给吴三桂的土地、房屋，并指示达都，凡有开垦田地、皇庄、马场，诸王与大臣、侍卫等人的庄田房屋以及空闲之地，都要详细查看。又令户部郎中席兰泰、兵部郎中党务礼、户部员外郎萨穆哈、兵部主事辛珠前往贵州，处理吴三桂搬迁时所需夫役、船只和人马、粮草事宜。此外，圣祖另派户部尚书梁清标往广东，吏部右侍郎陈一炳往福建，经办各藩撤兵启程事宜。

三

『三藩』乱起 平定天下

SHUDU QINGSHI
YITONG TIANXIA

『三藩』乱起

天下初定，南疆新服。骤而解散三藩军事编制，强迫在南方生活十几年，多少有些家业的藩下官兵，抛弃所有、扶老携幼，返回辽东务农，必会生出一番扰乱。且从入关后到康熙初年，各藩官兵，尤其是吴三桂所属，征战南北，已经将习武视为本业。以骄悍之武夫，荷锄执镰，已非易事。

历史常以出乎意料的结果示人。吴三桂假意请求撤藩，自信满满，认为朝廷一定会将自己与尚可喜、耿精忠区别对待。但令他没有想到的是，短短一月之内，他就接到了朝廷决定撤藩的命令，封土云南、世代为王的政治幻想被击得粉碎。

三桂反清

撤藩令使吴三桂对朝廷心怀不满，但还没有决心造反。怎奈其部下对撤藩之事充满了极度的排斥和反感，“谓王功高，今又夺滇”。三桂的侄子吴应贵、吴应麒，女婿胡国柱、夏国相、郭壮图、卫朴也认为吴三桂的威望和兵势堪称天下第一，若能保证世子、世孙（即吴应熊及其四子）安全返回云南，就敢与朝廷画地讲和。他们担心的是迁居辽东后，虽有爵位但无兵权。若朝廷故意制造事端，只能俯首就戮。若果真如此，倒不如变被动为主动，举兵反清。

吴三桂反复权衡利害，最后决定派心腹李恕、张镳将应熊及诸孙接回云南后，再计议此事。在得知父亲拒绝撤藩并要起兵叛清的消息后，应熊对自己是继续留在京师，还是随李恕等人回到云南一事，徘徊不定。由于时间紧迫，李恕与张镳见其无意南下，遂密带其庶子世璠返回云南。三桂因有孙嗣，稍得安慰，开始考虑起兵事宜。他先对自身及清朝实力进行估量，又与方光琛谋划进兵方略及人事任用，以方光琛专掌帷幄，以女婿胡国柱掌军政。

九月初七日，钦差折尔肯一行抵达云南伴随着朝廷钦差的到来，三桂也加紧密谋起兵的相关事宜。自古兵事，讲求师出有名，三桂召集诸将士会商举兵反清的口号。刘玄初认为，应以恢复明朝为旗帜，明亡未久，人心思奋，故明老臣宿将必愿效力。但方光琛力陈不可，他认为三桂绞杀南明永历帝在前，今日又以恢复明朝故土为辞，实在是授人以笑柄。三桂听后，心中悚然，不用刘玄初之策，决定自立国号。十月初一日，他秘寻工匠铸造印信，印文曰“天下都招讨兵马大元帅”。

但事出有巧，铸印的铸工是清军厅吏毕某之子，将此事密告于云南同知刘昆，刘昆又先后密报于云南按察使李兴元和云南巡抚朱国治。李兴元密商于朱国治，认为此事紧急，应同折尔肯会商，向朝廷请旨，延迟撤藩时间，以缓和吴三桂与朝廷间的紧张关系。同时，请朝廷速派重兵扼守川西、镇远、常德等处，将吴三桂围困于山中，使其不得为出柙之虎。如此，纵有不测，也易制服。但遗憾的是，李兴元的建议并没有得到重视。事隔多日，朱国治才上奏朝廷。不料，奏疏又在途中被吴藩下的巡逻兵截获，三桂见事机败露，遂加紧起兵的步伐。事态发展至此，朝廷仍被蒙在鼓里。

十一月，三桂为迷惑朝廷，非常恭敬地上疏皇帝，请将关外至锦州一带区域再行增扩，以使部下官兵均有居所。随后，他又对折尔肯等人谎称于十一月二十四日全藩启程北迁。随后，他扣押奉命预备粮草的云南知府高显辰，分遣心腹把守云贵各军事要塞，严密封锁消息，只许进，不许出。

30年前，三桂屯兵关上，引清军入关，受封清朝爵禄；30年后，他奉命居守云南，违撤藩之令，降清复叛清。

十一月二十一日，三桂召集四镇十营总兵官及云南地方官到王府议事，宣布起兵反清，扣押不愿投降的官员。后云南巡抚朱国治被胡国柱乱刀砍死，按察使李兴元服毒自杀，知府高显辰发配永昌卫，同知刘昆发配腾冲卫，钦差折尔肯仍被扣留。在处理完云南地方官和钦差大臣后，三桂自称“天下都招讨兵马大元帅”，以次年为周元年，蓄发易衣冠，改穿汉服，旗帜皆白，特发讨清檄文。在这篇檄文中，吴三桂掩盖真相、虚构事实，判明之臣又以“兴明”为口实。清朝靖寇大将军贝勒尚善就曾以此嘲讽吴三桂在明叛明、在清叛清的人生轨迹。

为扩大影响，三桂派人奔赴各地传送檄文，还亲自致书平南王尚可喜与靖南王耿精忠，以及贵州、四川、湖南、陕西等省武将，动员他们起兵响应。云南本就是他的势力范围，巡抚、总兵以下闻檄后降者居多，如提督张国柱、永北总兵官杜辉、鹤庆总兵官柯泽、布政使崔之瑛、提学道国昌皆以叛清响应三桂的号令。在掌控云南大局后，三桂重新部署“周”朝的文武官员建制。文官设六曹；武官设金吾前、后、左、右四将军，左右两翼将军、左右两腋将军、铁骑前后左右将军、骁骑前后左右将军，各路总管、征朔等八大将军。以上官职皆以亲信任之。

十二月初一日，三桂自云南发兵北伐，向清朝展开战略进攻。他先派王屏藩率部独取四川、陕西，又派吴国贵、夏国相率步骑为前驱，兵锋直指贵州，自率马宝等诸将随后进发。贵州提督李本深叛清，朝廷钦差俱因不屈于叛军而被杀。初五日，贵阳兵变。云贵总督甘文焜闻兵变欲拒守，但督标以下兵皆不听其调遣。无奈之下，他带十余名随从连夜行至镇远府，计划扼守此地。但知府张惟坚、副将江义先已受三桂逆命，率兵围攻文焜。文焜力不能支，亲手杀死其子，随后自刎。笔帖式亚图、华珊亦自杀。传说文焜未入仕时，曾问卜于朱山人。山人曰：一路功名到吉祥。在镇远府受阻时，文焜曾逡巡于桥边，忽见一寺，名曰“吉祥寺”，文焜愕然感慨此为命中注定之事，遂自缢而死。至此，云贵地区被三桂所据，并成为他北上的根据地。

调整政策

三桂公开举兵叛清后，先前差往贵州备办吴藩夫船刍糗事务的兵部郎中党务礼、户部员外郎萨穆哈，费尽周折逃出贵阳，驰驿十二日，于十二月二十一日到京，向朝廷奏报吴藩反状。此外，另有一份奏报三桂叛清的奏疏于二十二日抵达京师。甘文焜与贵州巡抚曹申吉曾将三桂造反及贵州提督李本深叛清的情况，手书密报于四川湖广总督蔡毓荣。蔡毓荣立即调沅州总兵官崔世荣等迅速赶赴贵州守御，令彝陵总兵官徐治都、永州总兵官李芝兰各率兵陆续前往。考虑到湖南兵力薄弱，蔡毓荣复檄调南汝总兵官周邦宁赶赴湖南增援。文焜死后，曹申吉降于三桂，叛军逼近镇远府，渐近湖南界。形势危急，蔡毓荣立即将情况上报，并向朝廷提供了有关吴三桂的国号、贵州提督李本深叛清、钦差被扣押、云贵总督甘文焜自杀等最新的情况。

党务礼、萨穆哈与蔡毓荣向朝廷汇报的情况，令举朝震惊。大学士索额图奏请诛杀建议撤藩之大臣，圣祖不许，并称：“此出自朕意，伊等何罪？”闻变后的六天内，圣祖迅速在政治、军事等方面做出详细部署。

首先，驰诏停撤平南、靖南二藩。仍令耿精忠和尚可善固守地方，并召前去办理撤藩事宜的钦差大臣梁清标、陈一炳回京。

其次，调兵防守战略要地：派前锋统领硕岱率兵兼程前往荆州（今湖北江陵），保守长江南北之咽喉要地，据守常德（今湖南常德），以遏制叛军兵势。

再次，任命统帅，以多罗顺承郡王为宁南靖寇大将军，贝勒察尼等9人参赞军务。桑峨、鄂善、蔡毓荣防守湖广，孙延龄、线国安守广西，瓦尔喀、赫叶等进兵四川，副郡统马哈达率兵驻防山东衮州，扩尔坤率兵驻防山西太原。

最后，恩威并用。宽宥吴藩属下散处直隶各省官员，即便有父兄仍在云南者，并不株连，仍令各安本业。拘禁三桂之子应熊及其随从官员，防止其与三桂内外勾结，互通消息。下诏削除吴藩爵位，宣告讨吴之令。

值得一提的是，清朝开国之初就确立的满蒙同盟，当此危急之时，表现出积极的、令朝廷欣慰的态度。蒙古察哈尔和硕亲王布尔尼、巴林多罗郡王鄂齐尔、科尔沁多罗冰图郡王额济音、敖汉多罗郡王扎穆苏、扎鲁特多罗贝勒扎穆等，听闻三桂反，争相向朝廷进献所携马匹，以助军需，更表示愿率所部兵随大兵进讨。圣祖甚为感动，对蒙古诸王、贝勒说："朕与尔等，亦同一体。如有需用尔等之处，可俟春回草青时，再听调遣。"①

起兵不久，吴三桂就迫不及待地抛开"兴明"的幌子，自称"周王"，本年称"周王元年"，改元"利用"，废康熙制钱，自铸钱币，名曰"利用通宝"。三桂的做法，有悖于其起兵之初发布的檄文。有儒生向其建言：应仍奉明朝为正朔，自称"前平西伯"，以永历帝之事，缟素待罪，以谢天下。忠臣义士，孰不倾心！但若新建王朝，丢弃"复明"的旧名号，就会失去对天下汉人的号召力，对有故国之思的明朝遗民，也会造成消极的影响，

① 《清圣祖实录》卷44，康熙十二年十一月甲子。

因此失去更多人的支持与合作。但是，三桂并未采纳这个建议。

从康熙十二年（1673）底至十四年（1675）底，他发动战略进攻，引发其他叛乱，致使清朝应接不暇，屡屡败退。

十二年十二月，吴三桂部将马宝率兵入湖南境，逼近沅州（由云南入湖南的门户）清朝仅以总兵官崔世禄一人带兵把守沅州。吴军进展迅猛，没等清朝援兵抵达，沅州就已于十二月二十九日失陷，崔世禄被俘。沅州失陷，湖南各要镇岌岌可危。圣祖马上认识到要加强武昌的军事防御力量，急命都统觉罗珠满领兵速往武昌，并授以方略。令顺承郡王勒尔锦、都统巴布、护军统领伊勒都齐等率兵驰赴荆州。令硕岱、巴尔布严守常德，副都统阿晋泰等镇守岳州，又将原守武昌之珠满、守常德之巴尔布移驻长沙。

清军各路兵马分别于十三年正月、二月间抵达荆州、武昌、长沙等处。清军以荆州为中心，屯兵于常德、武昌、岳州等处，东扼岳州，西守常德，但因畏惧吴之兵势，逡巡不进，竟无一人敢撄三桂兵锋。

三桂继续挥师北上，康熙十二年底至十四年四月间，先后令总兵官杨宝应取常德，夏国相攻澧州，张国柱攻衡州、长沙、辰州，吴应期与张国柱合兵取岳州。以上重镇皆被攻陷，湖南全境为三桂所有。吴三桂叛乱又诱发了一系列反清事件的发生，使全国陷入一片混乱。

“伪朱三太子案”

当吴三桂在云南举兵叛清的消息传到京师后，怀有“复明”之志的人蠢蠢欲动。京中人杨起隆伪称朱三太子（即明崇祯帝第三子），纠集张子房、金玉环、郑得胜、李株等人聚众起事，秘密串通京城内的下层百姓——主要是满洲贵族及官员家中的仆人，暗中策划在一夜之间把他们的满洲主人全部杀掉，被杀官员的官职即由刺杀者充任，同时在京城的四角放火。参与者头裹白布，身束红带为暗号。

明清易祚时日未久，“反清复明”的政治理想与民族情感在汉人群体中仍具有号召力。清朝官方史书中并未公布此次叛乱的规模和人数，据《朝鲜李朝实录中的中国史料》记载，杨起隆聚众约万余人。在参与者中，有镶黄旗监生郎廷枢的仆人黄裁缝。黄裁缝酒后乱言，泄露了机密，郎廷枢将其捉拿，并向本旗旗主告发，镶黄旗副都统纪哈里等亲领官兵往郎廷枢家捕拿黄裁缝等人。与此同时，正黄旗周全斌之子周公直也察觉到其家有素不相识之徒，约30余人。周公直也向正黄旗旗主告发了此事，正黄旗都统图海、祖永烈等亲领官兵包围周公直家，其仆人陈益等人放火拒捕。拜他喇布勒哈番鄂克孙首先入内，其余官兵继之进入，拿获陈益等人。随后又广为搜捕，共捉拿李株等谋叛者数百人，杨起隆逃走。

康熙十三年（1674）正月，刑部等衙门议定审判结果。圣祖因牵连过多、杀戮过重，将刑部的量刑结果改判：黄裁缝等12名主谋仍按原判处置；其余从犯改为即行处斩；各犯家属从宽免死；各犯人口家产，亦免籍没入官；其余受牵连之千余人，一概不予追究。郎廷枢因告密有功，圣祖特旨对其从优议叙。

虽然杨起隆的计划以失败告终，但在京师还是引起了不小的骚动。听闻朝廷下令关闭城门，严行搜捕，很多城内百姓准备搬到城外西门躲避。圣祖不得不宣谕抚慰民情，同时禁止虚假诬告。杨起隆后被捕处死。

处死吴应熊

杨起隆等人居京为乱，使清朝统治者感受到，吴三桂之乱引发的政治震动是如此近迫而又危险。这使他们想到三桂之子应熊。应熊娶世祖福临之妹——太宗皇太极第十四女，受封和硕额驸，是圣祖的姑父。在三桂起兵之初，圣祖就将应熊与其子世霖拘禁，防止其与三桂暗通消息。但他的存在对清朝来说，始终是个隐患。十三年（1674）三月，兵部尚书王熙及户科给事中顾图奏请将应熊等人速正典刑。

圣祖何尝不知吴应熊问题的严重性，但是让他做出最终的死刑判决，却是一个艰难的情感抉择。对吴应熊的处理方式，直接影响到长公主后半生的幸福。圣祖反复思考，始终未做决定。继王熙之后，议政王、大臣等又奏请将吴应熊、吴世霖及其余幼子俱凌迟处死，以寒吴三桂之心，杀其威风。正当圣祖犹豫不决时，吴三桂却从湖南常德给朝廷写去一封信，并释放先前扣押的礼部侍郎折尔肯和翰林院学士傅达礼，令此二人将信带回京师。三桂此信，并无降意，倒是要求清朝释回其子孙，并划江分土而治。此举激怒了年轻的皇帝，三桂不但没有保住儿孙性命，反倒加速了他们的死亡。圣祖下令将应熊、世霖处绞，其余幼子籍没入官。处死吴应熊后，圣祖又颁布谕旨以说明情况。

按照三桂的预设，朝廷必不能杀应熊，只可能将其作为人质，以作要挟之资。当应熊被处死的消息传到云南时，三桂正在饮酒，闻讣脸色大变，惊呼“皇上少年，乃能如此作为”。他放下酒杯，流着眼泪说：“今日乃真骑虎矣！”而圣祖杀应熊，实则是向吴三桂表明，朝廷无所瞻顾，平叛乱的决心是坚定的！

孙延龄据桂林叛

由吴三桂叛乱引发的混乱，已远远超出圣祖所能估量的最坏程度。吴三桂据有湖南以后，置官爵，受劄书，引诱四方，响应者颇多。

康熙十三年（1674）正月，陕西总督哈占奏报，四川提督郑蛟麟与川北总兵官谭洪合谋反叛，谭洪自称“川北将军”，郑蛟麟自称“总督将军”。

不久，川湖总督蔡毓荣又向朝廷紧急奏报，四川巡抚罗森、总兵官吴之茂投顺吴三桂，四川尽为叛军所有。郑蛟麟、谭洪、罗森、吴之茂等声言，将率领所属官兵，一部分出汉中，一部分下夔州。圣祖命彝陵总兵官徐治都回彝陵防守，以备不虞。

二月二十七日，孙延龄据桂林叛变，投顺吴三桂。孙延龄，辽东人，定南王孔有德部将孙龙原之子。孔有德无子，仅有独女名曰四贞，嫁与孙延龄为妻。孙延龄之父随孔有德战死于阵中，清廷准孙延龄袭其父二等男爵并加一等云骑尉。因其岳父之功，延龄被任命为广西将军，掌理定南王藩下军事，移镇桂林，以王永年、孟一茂、戴良臣为副都统。他以原明朝靖江王府为府邸，不视军事，每日学围棋、鼓琴、临池摹榻古帖，或挟弹弓、鱼网捕取鱼鸟为乐。副都统王永年、孟一茂因延龄起家寒微且庸劣无大才略，对其甚为不屑。而延龄却骄纵无忌，不知收敛，屡次傲侮王、孟二人，他们之间的间隙日深。后来，王、孟等人向广西总督金光祖揭发孙延龄贪污国帑、擅杀人命等罪状。金光祖据实奏闻，圣祖派兵部侍郎勒德洪赴桂林审理此事。勒德洪经过调查，确认王永年所揭发均属实情。圣祖根据兵部的调查结果，罢孙延龄之职。吴三桂举兵叛清后，圣祖顾念广西毗邻云南、贵州，战略位置重要，重新起用孙延龄，授为抚蛮将军，令其统兵与王永年等人一同固守广西，等待机会进兵云南。但因与王永年等人有仇，孙延龄内心既不服气也很不安，担心再次被参劾。

恰在此时，吴三桂遣人送信，劝他在广西举兵响应，事成后共享富贵。孙延龄本就对朝廷心存恐慌，得此书信，立即转投吴三桂麾下。他谎称议事，把王永年、孟一茂等人骗至府中，杀王、孟二人及浔州知府刘浩、富川知县刘钦邻、平南知县周岱生。随后又发兵围攻巡抚马雄镇的衙署，要挟其投降。马雄镇在多次自杀不成的情况下，秘遣其子世济、孙国祯向朝廷奏报情况。

孙延龄自称“安远大将军”，据守阳朔、大榕溪隘口，隔绝桂林与外界的联系。又招集万羊山土寇，与其原部合为五镇兵，不久又改称“安远王”。广西总督金光祖将此等情势火速奏报朝廷，圣祖先下诏削夺其官爵，又命平南王尚可喜、总督金光祖、提督马雄等会同商酌进剿事宜。如有可剿之势，即议进剿；如未可速进，则待大兵至，协力剪灭。圣祖特谕马雄，若抵御不住，可率官兵赴广东，与尚可喜协守广东。

耿精忠据福建叛

福建是靖南王耿精忠的驻地，当初主动请求撤藩，非其本意，只是箭在弦上不得不发。及至吴三桂因撤藩而反，精忠内心抗拒撤藩的情绪或多或少受到了一定的鼓舞。但因他畏惧太妃周氏，并未立即响应吴三桂的号召，表面上仍听命于朝廷，暗中却谋划与台湾郑氏集团联合，有“孤忠海外，奉正朔而存继述；奋威中原，举大义以应天人，速整征帆，同正今日疆土；仰冀会师，共成万古勋业”之语[①]。康熙十二年（1673）底，清朝因云南、贵州、四川三省及湖南有变，通行各省督抚增修武备。精忠心有疑虑暗蓄粮糗，私造兵器。后其部下以“七星于拜真天子，分明火从耳边起，杀尽二山牛出血，身骑白马军中止”之语加以迷惑，他叛意渐决。

十三年（1674）三月十五日，精忠据福建反，佯召福建督抚以下各官议事，趁机拘禁总督范承谟（十五年被杀），杀福州知府王之仪、建宁同知喻三畏。他自称“总统兵马上将军”，驰檄属郡，其文同样以恢复明室为辞。精忠遣黄镛至台湾与郑经会师，以全闽沿海战船许之，并与郑经相约，由郑氏负责海上进攻，由耿藩从陆路进攻，江浙可轻取。郑经以陈永华留守台

① 邵廷采：《东南纪事》卷12。

湾，令冯锡范督水师先行，自率薛进思、刘国轩等至厦门。随后，他又遣曾养性取福宁、略平阳，清朝平阳总兵官蔡朝佐降，潮州总兵官刘进忠秘密请兵。精忠令刘炎与其会师，攻打续顺公沈瑞，兼并其军。至此，耿氏声势大振。三月三十日，杭州将军图喇将耿藩反状奏报朝廷。四月，精忠据福州称帝，蓄发并改服易冠，称次年为“裕民元年”，铸“裕民通宝”钱。

耿精忠据福建叛变后，圣祖即令副都统胡图率江宁满兵，副都统马哈达率所部官兵及江宁左翼察哈尔官兵，速赴杭州，同将军图喇等商酌行事；令安南将军华善在所部汉军内选择马肥者500名，令夸兰大2员率领奔赴杭州，听图喇等调遣；又移安庆右翼察哈尔官兵守江宁；令华善速回京口驻防；命副将军哈尔噶齐、将军希尔根率兵赴江西。四月二十七日，圣祖下诏削夺精忠官爵，拘禁其在京的兄弟昭忠、聚忠（此二人为额驸）。

六月，又命亲王、贝勒等率兵前往浙江镇压。

耿精忠叛清后，不仅杭州将军图喇向朝廷奏报此事，当时家居福建安溪的翰林院编修李光地，亦秘密遣人以蜡丸向朝廷密报耿藩反状。正是李光地的蜡丸密疏，引发了其与陈梦雷之间的一段恩怨。李光地与陈梦雷皆为福建人士，同年考取进士，同官翰林院编修。精忠据福建叛乱后，遍寻天下名士，以壮声势。而此时，陈梦雷恰家居福州。精忠将其拘禁于寺庙之中，胁迫其接受官职。陈梦雷不得已，称病拖延。李光地此时身处安溪，遣其叔李日（煜）暗中到陈梦雷处打探消息，陈梦雷将耿精忠虚实尽告予李日（煜），同时与李光地相约，一同具疏密陈破贼之法。但李光地并未遵守约定，独自遣使以蜡丸密疏，其言：“闽疆褊小，自二贼割据，诛求敲扑，民力已尽，贼势亦穷。南来大兵宜急攻，不可假以岁月，恐生他变。方今精忠悉力于仙霞、杉关，郑锦并命于漳、湖之界。惟汀州小路，与赣州接壤，贼所置守御不过千百疲卒。窃闻大兵南来，皆于贼兵多处鏖战，而不知出奇以捣其虚，此计之失也。仙霞连浙江，杉关连江西，漳、潮连广东，此三方各有大军守御，足以制贼。宜别选精兵万人，或五六千人，诈为援广之兵，道经赣州，遂转而向汀，计程七八日可达。二贼闻，急趋救，非月余不至，则大军入闽久矣。贼方悉兵外拒，内地空虚，大军横贯其腹，则三路贼不战自溃，且可解漳州黄芳度之围。其小路崎岖，宜乡兵在大兵之前，步兵在马兵之前，庶万全无失。”[①]李光地所遣之人将蜡丸交于内阁学士富鸿基，富鸿基将此密疏奏报圣祖。圣祖阅后，随即令兵部将此信抄录，寄予康亲王军中施行。正是因此密疏，李光地备受圣祖宠眷，而陈梦雷却以“附逆”的罪名被逮至京师，下狱论斩。至此，李光地才向圣祖陈奏他与陈梦雷先后两次密约之事，圣祖免除陈梦雷死罪，将其流放奉天给新满洲披甲人为奴。陈梦雷虽幸免一死，但因李光地不早将此事向康亲王杰书说清，使自己蒙受如此之冤而愤恨至极，与李光地绝交。陈梦雷颇负文才，通晓满语，在关外十余年的流放生涯中，常有公卿子弟向其执经问字。圣祖东巡盛京，陈梦雷献诗称旨，蒙恩召还京师。圣祖令其侍从诚亲王允祉。随后，他又奉命纂修《古今图书集成》3000余卷，圣祖亲笔书“松高枝叶茂，鹤老羽毛新”赐之。雍正朝，因受诚亲王允祉的牵连，再次被戍边外，最终卒于戍所，其后世子孙遂定居辽阳。

蔡禄、马雄归顺吴三桂

十三年四月，即破获“伪朱三太子”案的四个月后，近畿之地再次发生谋叛事件。安塘笔帖式向侍卫关保透露，河北总兵官蔡禄与襄阳总兵官杨来嘉策划响应吴三桂叛清。蔡禄与杨来嘉原系郑成功部将，后投顺清朝。吴三桂在云南起兵后，蔡禄就暗中制造兵器，训练士卒。关保在得知此消息后，

① 魏源：《圣武记》，第91页。

立即回京奏报圣祖。圣祖马上派内大臣阿密达率兵奔赴蔡禄驻地怀庆（今河南沁阳）。阿密达到达怀庆后，出其不意，直奔蔡禄衙署，将其子侄及其他同谋者一并逮捕，随后解送京师，蔡禄父子及同谋者都被处以斩刑。怀庆紧靠畿辅，毗邻山西、陕西、山东、湖南，在地理位置上属“四达”之地。若此地叛服吴三桂，那么中原及京畿之地就暴露于吴军的兵锋之下，局势就将更加不利。阿密达速擒蔡禄等人，阻止了这场叛乱的发生，圣祖在感到欣慰的同时，内心的危机感也日益加重。不久，襄阳总兵官杨来嘉叛变，将谷城献给吴三桂。

八月，继孙延龄之后，广西提督马雄亦降吴三桂。起初，马雄拥兵驻广西要地柳州，孙延龄叛清后曾劝诱马雄从叛。在遭到拒绝后，孙延龄遣其兄延基与总兵官陈全进攻马雄。马雄坚守柳州，后因寡不敌众，奏请朝廷增援。圣祖速令平南王尚可喜、总督金光祖，调广东兵前往接应。孙延龄又遣总兵官侯成德前去攻打柳州，为马雄所败，马雄自己亦为流矢中伤脸颊。此时，吴军兵锋已进入广西境内，马雄势单难支，不久就与左江总兵官郭义放弃抵抗，投降吴三桂。三桂授马雄为怀宁公，广西全省骚动。圣祖立命和硕安亲王岳乐为定远平寇大将军，率每佐领护军一人，侍卫坤巴图鲁所带每佐领骁骑二人，并王所属包衣佐领、护军、骁骑，速赴广东；令都统觉罗霍特、伯郎素，副都统吉图堪珠拉禅一同前往，以郎素为署护军统领。大兵至江西后，是由袁州（今江西宜春境内）进取长沙，平定广西，还是直接进军广西剿灭叛逆，悉听大将军王与都统等商酌以行。又每佐领出骁骑一人，由侍卫坤巴图鲁带往汝宁（今河南驻马店汝宁镇）。不久，又命辅国将军瓦山随大将军安亲王进讨。

王辅臣据宁羌州叛

十三年末，陕西提督王辅臣据宁羌州（今陕西宁强）反清。王辅臣初为明将姜瓖部下降清后成为睿亲王多尔衮的侍卫。多尔衮死后，辅臣被籍入辛者库（清朝臣工获罪，籍没资产，其家口入辛者库，在官府及各王属下当最苦极贱之役）。世祖亲政后，曾向鳌拜询问辅臣下落，希望得其人并加以任用。后辅臣路遇鳌拜仆人，得以谒见鳌拜，鳌拜遂携其觐见世祖。世祖喜其壮健，授为御前一等侍卫。洪承畴经略河南时，世祖命辅臣随行从征。后又随洪承畴征云南，屡立战功，被授予援剿右营总兵官，驻曲靖府，管辖云南迤东地方。洪承畴搬师回京以后，辅臣隶平西王吴三桂藩下。

康熙九年（1670），王辅臣升迁陕西平凉提督。圣祖也甚为赏识他的才略，在去平凉赴任前，特命钦天监为他选择吉日起程，并将世祖留给自己的一对蟠龙豹尾枪赐给辅臣。辅臣所率之军，士马精强，与甘州提督张勇并称陕西名将。且其所据守的平凉之地位于陕西与甘肃两省之间，系边庭重地，经平凉可迅速接近京师，战略位置极为重要。吴三桂在起兵叛清后也认识到，如能拉拢王辅臣、张勇，则可控制西北，不仅能对京师形成直接的威胁，而且可以牵制清朝大量兵力，迫使其东南、西北两线作战，置清朝于多面受敌的不利境地。

吴三桂遣与辅臣交好之听用官汪士荣，携带书信两封和任命札两道，间道赴平凉交给辅臣，令辅臣将其中的一封信和任命札转交给甘州提督张勇，不另遣使。辅臣在收到吴三桂的伪札后，并未接受任命。他感念皇帝对自己的知遇之恩，立即扣押汪士荣，遣其子继祯携带书信及任命札，同时解送汪士荣连夜赶赴京师。圣祖大喜，将汪士荣处以极刑。同时，他感念辅臣之忠贞，特命给其三等精奇尼哈番世职，并留继祯于朝，授为大理寺少卿（四品京官）。辅臣向朝廷呈交吴三桂的书信、伪札，本与甘州提督张勇无涉。但张勇却认为，他与辅臣同守陕西、甘肃之地，事同一体，此事关系重大，应一同上奏，方可避朝廷对自己的猜忌。辅臣独奏，不仅有邀功请赏之嫌，更是将自己置于不仁之地。他愤愤地说："我看汝作忠臣者，做至几时！"从此，张、王二人嫌隙渐生。

吴三桂攻陷云南、贵州、四川，又有窥视陕西之意，令清朝警惕不安。虽然陕西各督抚提镇尽忠职守，但此地军务繁重，需置一大臣统领其事，相机行事。圣祖特授曾任陕西总督的莫洛为经略，率领满兵驻防西安，将军、总督、巡抚、提镇以下各官悉听其节制，兵马、粮饷听其调度，邻省各驻兵亦听其调遣。

在任命莫洛为陕西经略后，圣祖对陕西进行了新的军事部署：

密授甘州提督张勇方略，令其关注陕西方面情势，严防逆乱发生，并特授谕旨一道："秦省边陲重地，恐奸宄窃发，尔乃封疆大臣，朕所简任，可率所部总兵等官，固守地方，有为乱者，严行缉治，以副朕倚任股肱之意。"①

遣副都统科尔昆进四川、马一豹赴汉中，将军席卜臣、提督王辅臣赴荆州。不久又改令辅臣不必发兵荆州，或随将军赫业等进取保宁（今四川南部以北的嘉陵江流域和平昌以北的渠江流域），或仍驻军平凉，听经略莫洛调遣。后因吴军三路来犯，包围宁羌州，圣祖令莫洛调遣副将雷继宗与辅臣固守宁羌州。

莫洛以满洲贵族大员的身份自居，轻视汉将，欺压汉兵。他与辅臣间的嫌隙，自其入陕西之初就已产生。当初，辅臣先后多次向他陈述用兵计议，劝其吸取经验教训，但莫洛都置若罔闻，不以辅臣之言为忠言，反以其言为

① 《清圣祖实录》卷48，康熙十三年七月丁卯。

忤谬之词。莫洛的随从官员在辅臣面前也倨傲无礼，完全无视其平凉提督的身份。不仅如此，当辅臣向莫洛请求增添兵丁时，莫洛竟百般阻挠。最后不得已，才给辅臣添设马兵2000名，同时将原属辅臣的好马尽行调去，代以疲瘦之马。更有甚者，马还未到，莫洛就一再逼催辅臣起程赶赴四川。当时，清朝输运军粮军饷之路被吴三桂部将王屏藩截断，清军缺饷已两月有余。辅臣所部粮饷不济，马力不足，而从陕西至四川，间关甚远，行军的艰难程度可想而知。这不仅令辅臣深怀不满，更激怒了其属下部将。十三年十二月初四日（1674年12月30日），辅臣叛于宁羌州。

听闻辅臣及其标兵叛变，吴三桂与圣祖都甚感震惊。对吴三桂来说，王辅臣叛清是意外之喜，因为他的政治立场有可能影响到整个西北战局的走向。所以，吴三桂立即拨出犒师银20万两，铸“平远大将军陕西东路总管”印，交付已叛降的秦州知州巴三纲转赠辅臣；又令在四川的部将王屏藩、吴之茂由汉中出陇西（今甘肃东南部）援应。对圣祖来说，震惊之余又有所质疑。他不能确信，十个月前还曾揭发吴三桂煽诱的王辅臣，会突然背叛朝廷。在接到董鄂疏报的当天（十二月十一日），圣祖谕令兵部传谕陕西总督哈占：“据报王辅臣兵变，其反与否，尚未得实。即王辅臣果反，或出一时迫胁，亦未可定。其妻子俱善存抚，勿遽加害。”[①]因辅臣之子继祯尚在京师，圣祖立即诏见王继祯，将陕西地方官奏报的情况传示与他。继祯战栗，噤不能言。圣祖反倒宽慰他：“你不要害怕，朕知道你父亲忠贞，绝不至于背负朝廷，实因经略莫洛不善调度，才导致平凉兵变。你父亲也是遭受胁迫，不得不从。现命你前往陕西，宣示朕的旨意。朕不怪罪你的父亲，杀经略之罪在标兵。你前去劝慰你的父亲竭力破贼立功，朕赦众罪，绝不食言。”遂遣礼科给事中苏拜与王继祯一同赍敕前往陕西招抚。十二月十六

①《清圣祖实录》卷51，康熙十三年十二月庚子。

日，圣祖传谕陕西总督哈占安抚倡乱之官兵："蜀道险远，粮饷不继，以致畏死情迫，顿生变乱。谁肯甘心从逆，自造衅殃？朝廷理解你们的不得已之情，故特遣官前来安抚，如能回转心意，官职、恒产仍旧如故。愿为兵者，仍许入伍；愿归农者，令回原籍安插。"[①]可见，圣祖并不想以强硬态度对待辅臣及其部下，而是以招抚为主，力争和平解决。尽管圣祖对辅臣表现出一定的信任和宽容，但他仍不能确定，辅臣在顺逆之间会如何选择。为防不虞，圣祖也在西北部署重兵：

令副都统鄂克济哈率兵赴西安，副都统色格率兵驻防河南，侍卫坤巴图鲁、副都统德业立率兵赴西安。

令理藩院员外郎拉笃祜、图尔哈图、鼐满代调鄂尔多斯蒙古兵3500名、归化城土默特兵700名，视路途远近，或赴西安，或赴兰州。

由京城发兵，前去接应保宁、广元的清军。

调江宁扬威将军阿密达率兵速赴河南府，与副都统塞格之兵暂时驻守，待各佐领调遣之兵到达后，同赴西安。

因陕西兴安州西近汉中，北接潼关，东南直逼郧阳（今湖北十堰）、襄阳（今湖北襄阳），最为要地，令云贵总督鄂善、副都统希福率领副都统穆舒浑带至襄阳之兵及蒙古甲兵赴兴安，保固汉中诸处。

令都统范达礼、副都统李林隆、提督胡拜等镇守襄阳、谷城（今湖北西北部），与兴安形成掎角之势。如襄阳兵力单薄，大将军顺承郡王等酌量遣兵协守。

以山西提督周卜世率兵驻平阳府（今浙江平阳）。

此时，长江以南被叛军据有，南方战事已经牵扯了过多的兵力。如若西北烽烟再起，局势将更加混乱，清朝将陷于左右顾及不暇之境地。和平招

① 《清圣祖实录》卷51，康熙十三年十二月乙巳。

抚王辅臣，避免西北用兵，是圣祖心目中最理想的解决方案。十二月二十二日，经略莫洛标下中军官吴石珊自栈道逃回，向陕西总督哈占陈述兵变情形："经略莫洛驻兵宁羌州南教场，王辅臣标兵突然叛变，袭击兵营。莫洛的亲随满兵拼力击退叛兵。随后，王辅臣亲自督战，叛兵再次攻击经略兵营。炮矢齐发，经略莫洛中鸟枪死，章京、笔帖式或逃或死。初七日，王辅臣率叛兵至沔县（今陕西勉县西）时，其所收服的莫洛标下兵五百及各处运粮兵，共计2000余人，纷纷逃散。王辅臣势力孤单，退守略阳。"由莫洛之行径观之，宁羌州兵变实因莫洛之激而起。背叛清朝，并非辅臣本意。其部下谋变时，辅臣多次以死自誓，宁可被杀也不背负朝廷。但当变局已成，辅臣亦无可奈何，无法挽回。二十三日，圣祖继派出苏拜及王继祯后，再次下诏，恳切劝抚王辅臣。

为和平解决王辅臣叛变而引发的危机，圣祖表现出极大的气度和耐心，只要王辅臣重新归服朝廷，一切事情既往不咎，仍令其回平凉提督之任。古今中外的政治家，历来都是两手出拳，圣祖也不例外。他在先后两次遣使赉敕劝抚辅臣的同时，也令贝勒董额简选军中愿效忠朝廷之人，付与贤能大臣，跟踪辅臣。如辅臣归顺，即令此兵仍回汉中；如辅臣仍与朝廷抗衡，则相机剿定，毫不留情。在战场、官场上磨砺多年的王辅臣，怎会预料不到圣祖有此筹划与安排。当圣祖第二次遣郎中祝表正前去宣谕时，辅臣杀使臣，决计与清朝进行武力对抗，并在陕甘地区展开军事行动。他成功劝降秦州（今甘肃天水）副将陈善后，由略阳移至秦州，并毁掉陕甘两省边界的凤州（今陕西凤县西南）偏桥，派其部将王好文率众把守栈道，致使清兵粮道不通，军粮不得运送。凤县的清朝守兵因缺粮，突围弃城而走。由于饷道被切断，清军被迫退回西安。辅臣则留兵守秦州，率旧部仍归平凉。

王辅臣的叛变，引发了陕甘地区一系列的骚动。他向各地发出信函和任命文件，约会起兵，陕西各郡邑叛乱纷起。除甘肃提督张勇、总兵孙思克，西宁总兵官王进宝，宁夏总兵官陈福未叛外，绝大多数的地方将吏都参加了叛乱。陕西全省只剩下西安一府及邠、乾二州，甘肃仅有河西走廊一狭长地带，仍归清朝所有。

尚可喜守节与其子之信“叛清”

当清朝的东南、西北、中原骚动不安时，平南王尚可喜始终选择站在清朝一方。吴三桂叛清之初，就曾约可喜一同起兵。在此形势骤变之际，叛与不叛又使可喜面临一次艰难的选择。他迅即表态，明确而坚定地站在清朝一边，把吴三桂的使臣和书信一并解往北京，报告给朝廷。随着吴三桂的叛变，耿精忠据福建反，广西桂林驻防将军孙延龄亦叛。孙延龄在布告四方的檄文中称“三藩并变”言外之意是尚藩亦叛。可喜立即上疏自辩：“孙延龄伪檄中有‘三藩’之语，福建又倏告变，臣与耿精忠本系姻娅，不能不踧踖于中。臣蒙恩封赐王爵，年已七十有余。虽至愚极陋，岂肯向逆贼求功名富贵乎？唯知捐躯矢志，竭力保固岭南，以表臣始终之诚。”[①]欣慰中夹杂着顾虑，应是圣祖看到尚可喜这份奏疏后最真切的感受。三藩中至少还有一藩未叛，但尚可喜又能坚持多久呢？广东地处广西与福建之间，北与湖南、江西相邻，实际是处于叛军的包围中。尽管圣祖疑虑重重，但他仍然在上谕中表达了对尚可喜的“依任之意”，“两广军机调遣及固守地方事宜，著尚可喜与总督金光祖同心合力，务酌万全而行”[②]。与此同时，圣祖又令副都统根特巴图鲁、席布等率所部官兵赴广东，同可喜商酌行事。

虽然广东有尚可喜镇守，但不久就传来广东潮州总兵官刘进忠叛清的消息。刘进忠事先派其心腹杨希震至福州与耿精忠联络，以献潮州为条件，换

①②《清圣祖实录》卷47，康熙十三年四月甲辰。

取将军封号。在得到耿精忠的同意后，刘进忠于十三年四月在潮州城内发动叛乱，把耿精忠所部迎入潮州城。刘进忠此举直接威胁广东的安全，可喜派其子都统尚之孝、副都统尚之节、部将王国栋率兵进讨刘进忠。尚之孝先后收复程乡、镇平、平远等地；尚之节恢复大埔县，抵达三河坝，逼近潮州；王国栋等则攻破潮州城南凤凰州木城两府，歼灭叛军5000余人。为使可喜在复杂形势下相机行事，圣祖特谕：广东督抚提镇以下各官俱听平南王节制；补授文武官员，亦听平南王选补奏闻；一切调遣兵马及招抚事宜，亦听平南王指挥。圣祖晋封其为亲王，增加俸禄，令其子之孝袭封，广东文武事务仍令可喜照旧料理。正当其次子之孝围剿潮州时，刘进忠因屡战屡败，转而向台湾郑经求援。郑经遣兵万余人前来救援，之孝所部寡不敌众，退至普宁。随即，高州总兵官祖泽清叛，纠集马雄、董重民、李廷栋、王洪勋、郭义等叛将率部众数万人，攻陷雷、廉、德庆、开建诸郡县，直抵新会、潮州。十四年（1675）十二月除夕夜，刘进忠等人率众攻破普宁大营，直追至惠州的博罗。可喜“以封疆重大，寇逆猖横，身病难以卧理”，连续两次上疏请求圣祖遣亲王、大臣统率大兵入粤，加以弹压。圣祖为表示对其“依任之意”，并未允其清令其于诸子中“择才略秉伏者”整理军务。

广东虽有尚可喜、之孝父子镇守，但局势亦不乐观。在可喜在世时，吴三桂就加紧调遣军队进攻广东，加之可喜所属总兵官苗文秀、副将吴启镇等叛变，广东局势岌岌可危，“十郡已失其四”。与此同时，吴三桂又利用可喜长子之信与家族间的矛盾，不断挑拨、诱惑之信，并允诺他功成后封其世守广东。据《圣祖实录》记载，康熙十五年（1676）二月二十一日，尚之信受吴三桂“招讨大将军”伪号，派兵看守其父之府第，封锁内外，倡兵作乱。听闻之信叛，其弟和硕额驸之隆率尚氏家族在京子弟，诣阙请罪。圣祖因可喜矢志忠诚，宽宥之隆等尚氏族人及其属下人员。

一直以来，尚之信是否主动投顺吴三桂，一直颇有争议。尚之信“叛清”的消息是由江西总督董卫国首先向朝廷奏报。清朝官方政书，无论是康熙朝修纂的《平定三逆方略》，还是后世修订之《清圣祖实录》《八旗通志》等书，对尚之信投顺吴三桂一事，仅略记数语，且不做任何价值判断。清朝统治者的种种反应，都说明朝廷并不认为尚之信是主动背叛清朝，而是另有隐情。不仅如此，尚之信的举动也能说明其真正意图。在他宣布投顺吴三桂之后，按兵不动，并未与清军发生正面冲突，以至吴三桂多次催令，甚至威逼他出兵庾岭。尚之信在确实无计应付后，出库金10万两犒劳吴军。尚之信假意屈从吴三桂之意，使广东获得暂时的安定，清朝亦可把主要兵力用于江西、湖南主战场，待清军攻入广东后，再作响应。

蒙古、西藏地区骚动

十四年（1675）三月十七日，蒙古察哈尔部亲王布尔尼叛。明清之际，将蒙古族按各自游牧区域之不同，分为三大部——漠南蒙古（即内蒙古）、漠北喀尔喀蒙古（即外蒙古）、漠西额鲁特蒙古。察哈尔部是漠南蒙古的一支，系元朝宗室后裔。后金时期，其首领林丹汗积极经营，大有统一蒙古诸部，恢复祖宗洪业之势。察哈尔部的壮大，逐渐成为后金征伐漠南蒙古的障碍。太祖先后两次攻打察哈尔部；太宗在位不到十年之内，先后三次用兵察哈尔，终使林丹汗西逃青海，病卒于大草滩（今甘肃漳县东南部）。太宗征服察哈尔部后，林丹汗福晋及其子女投降后金，并献上元代的传国玉玺。太宗念林丹汗为元朝后裔，加封其子额哲为和硕亲王。额哲死后，由其弟阿布奈袭王爵，清朝将皇室公主嫁给阿布奈为妻。后因阿布奈屡失外藩朝贺之礼，且不养公主所生之幼子等因，圣祖削去其亲王爵位，将其幽禁于盛京，改选其子布尔尼袭封和硕亲王，并将端重亲王博洛的第九女嫁给布尔尼，此女出嫁时被封为郡主。

吴三桂兵变时，布尔尼及巴林部落多罗郡王鄂齐尔、科尔沁部落多罗冰图郡王额济音、敖汉部落多罗郡王扎木素、扎噜特部落多罗贝勒扎木等，来京朝贺元旦。听闻吴三桂反，布尔尼等人奏请率所部兵跟随大军征讨吴三桂，并争相进献马匹助军。圣祖命他们暂回，如有需用之处，再听调遣。但是，当布尔尼看到北京城守空虚时，便暗生异志。他试图利用这个机会摆脱清朝的统治，报太宗三攻林丹汗之仇，劫其父出盛京之狱，再次统一自己的祖先曾经统治过的中原。布尔尼与其党羽缮造兵器铠甲，暗中拉拢毗邻部落首领。清朝陪嫁到察哈尔蒙古的公主府长史辛柱，察觉到布尔尼暗蓄异志，意图不轨，暗中遣其弟阿济根向朝廷奏报情况。由于布尔尼反叛之事尚未公开，不便立即发兵征剿，圣祖奏知太皇太后后，遣侍卫塞楞等故意到漠南蒙古遍召巴林王鄂齐尔兄弟、翁牛特王杜楞兄弟及察哈尔布尔尼、罗不藏入京，以窥布尔尼兄弟虚实。果然，诸王闻诏皆至，惟布尔尼兄弟未来。三月十七日，布尔尼扣押侍卫塞楞，定于二十五日举事。公主府长史辛柱闻讯，亲自带其弟巴勒米特赴京奏报，其余陪嫁之人俱挈妻带子奔回锦州，奉天将军倭内巴图鲁据情将布尔尼叛乱之事奏报朝廷。察哈尔部邻近部落的王、贝勒等获悉布尔尼叛清后，也先后遣人赴京报告。圣祖命大学士图海率兵出征。

布尔尼叛变时，京师城守空虚，由于劲旅八旗皆南征吴三桂，各城门宿卫也只能以年幼兵丁把守。图海拣选八旗家奴中的健壮勇敢之人，约计数万人，令于翌日聚于德胜门外。次日黎明，图海整装至教场，检阅完毕，立即率师昼夜疾行。每到州县村堡，图海就令众家奴略掠金帛，所获之物不可计数。图海所部很快就抵达察哈尔，他又以察哈尔的财帛诱惑八旗家奴，言道：“前此所掠皆士庶家，不足为宝。今察哈尔承元之后，数百年之基业，珠玉货宝不可胜计，汝等如能获取之，可富贵终身。”[1]众家奴果然踊跃响应。

布尔尼在起兵之前，说服同属元朝后裔的奈曼部札木山共同举兵叛清，喀尔喀公垂札布亦附布尔尼叛清；起兵后，又遣使拉拢土默特贝子滚济斯札布，滚济斯札布遣三等护卫舍布来京告发。奈曼王札木山在依附布尔尼后，遣护卫巴地至喀喇沁多罗杜楞郡王札什处，约其共同叛清。札木山虑其不从，谎称科尔沁十旗及札鲁特、阿禄科尔沁、乌朱穆秦、蒿齐忒、阿霸垓诸部落都起兵响应。札什遣归使者，派护卫达喇世入朝表明心迹。此后，奈曼王札木山又使人召本部落台吉鄂齐尔等叛清，鄂齐尔率九佐领兵与其妻子逃奔到敖汉，后又到喀喇沁。不久，奈曼二等台吉吴勒木济与其母率所属二佐领兵，避居土默特。值得清朝暗自庆幸的是，除布尔尼与奈曼札木山、喀尔喀垂札布外，别无叛者。圣祖厚赏忠于朝廷的蒙古各部王、贝勒、台吉等，同时命理藩院郎中马喇、员外郎塞冷赴蒙古诸部调兵。令科尔沁和硕卓礼克图亲王鄂辑尔管领五旗。和硕额驸沙津、阿禄科尔沁多罗郡王朱尔札哈、翁牛特多罗杜楞郡王毕礼衮达赖、多罗达尔汉贝勒搜色、巴林多罗郡王鄂齐尔、固山贝子乌尔占、敖汉多罗杜楞郡王札穆苏、喀喇沁多罗杜楞郡王札什、镇国公乌忒巴喇、土默特多罗达尔汉贝勒赵图、札鲁特多罗达尔汉贝勒巴达里、多罗贝勒札穆等所属兵马以及各部院调派的官兵、马匹，悉与马喇同行。

四月初六日，抚远大将军多罗信郡王鄂札率师自京师启行。临行前，圣祖嘱咐鄂札：趁蒙古马瘦之时速行进兵，师出山海关后，要将朝廷厚待布尔尼及不忍加诛之意广为宣传。

二十一日，鄂札等驻营岐尔哈泰，侦知布尔尼屯达禄地方。鄂札以轻骑前进，于次日至达禄。布尔尼猝不及备，仓促应战，在山谷中设伏，鄂札、

① 昭梿：《啸亭杂录》卷2。

图海等率满洲、蒙古官兵进击。布尔尼亲领大队，摆列火器相拒。清军奋力还击，布尔尼渐不能支，察哈尔都统晋津率其族人在阵前投降。布尔尼复收残兵，接战两次，清军乘胜追击，连败布尔尼，斩获甚多。布尔尼、罗不藏兄弟仅率30人逃遁。未战之前，清朝令科尔沁和硕额驸沙津率所属五旗兵，与清军会剿布尔尼。但达禄之战，沙津失期未至，驻兵于贵勒苏特。布尔尼兄弟败逃至山后，沙津率兵至山后围之，罗不藏前来投降。沙津对他说，你若欲求生，当招你兄前来。遂遣30人与罗不藏一同前往。怎知罗不藏投降是假，暗中遣副都统布达里通知其兄布尔尼逃走。沙津兵内有名孟克者，追及布达里，被其刺杀。沙津大怒，亲率兵追射，罗不藏与布达里皆被杀。沙津率兵猛追布尔尼，次日追及，布尔尼率12名骑兵全力拒战，最终被沙津射杀。

征讨察哈尔的军事行动异常迅速，未及一月，鄂札等就奏报大捷。布尔尼甚至还来不及了解清军的部署，更没有时间集结自己的全部兵力，也没有可能和奈曼部采取联合行动。他只好尽量搜罗本部人马仓皇应战，被清军追赶至蒙古中部。结果，他一败涂地，与其兄弟一同被杀。圣祖念此兄弟二人系公主所生，不忍将其首级悬示，令收葬于公主坟旁。布尔尼兵败被杀后，其父阿布奈被判处绞刑，妻郡主归伊父安亲王，其他子于军前正法，女儿籍没入官。奈曼部札木山势力穷蹙，自缚请罪，圣祖免其死罪，革去王爵，并留给家口牲畜，令其自给。喀尔喀公垂札布亦来军前投诚，因其附逆助战，待败遁无归时方率属乞降，圣祖令革其爵，所属人口分给其他台吉。

清朝平布尔尼之叛后，将察哈尔部故地改为牧马厂，将其部众迁至宣化大同边外，令其在此游牧，分其八旗为左右二翼，统隶于理藩院。此次叛乱后，清朝将察哈尔八旗列于蒙古四十八旗之外，官不能世袭，事务不能自专，与蒙古各札萨克之“于部落为酋长、以部民为子”者，迥然各异。

境外势力蠢动

到康熙十三年中旬，吴三桂叛乱引发的混乱，已经波及外邦属国。南部的交趾（今越南）与广西界连，孙延龄叛后，该属国在边界陈兵，大概是为了防止清朝内战蔓延到本国。两广总督金光祖据情密报，圣祖令平南王尚可喜及广西地方总督、提督等严饬边将，不时侦察，防止交趾乘机入侵，并增派官兵防守险隘。

东北的朝鲜李氏王朝，也密切地关注着清朝局势的发展。明清易祚之际，朝鲜迫于清朝的武力入侵而被迫臣服，但对故明王朝仍一直怀有深刻的感情。吴三桂叛乱的消息传到朝鲜后，一些大臣和儒生认为这是一个好机会，他们上疏朝鲜国王，建言练兵屯粮，配合吴三桂的军事行动，“大可以复仇雪耻，小可以安国保民”。甚至还有大臣规划出了一套进取方略：北取燕山，以袭清朝后方；联合台湾郑氏集团，扰清朝腹里之地；传檄燕蓟之地，通山东、两浙以至四川。朝鲜国王面对这些奏言，采取谨慎的态度，静观战局发展，再做定夺。

从康熙十二年到十五年初，清朝一度陷于狼狈境地，局势混乱到已有不可收拾之势。吴三桂叛旗一举，海内响应者颇多。孙延龄、耿精忠、王辅臣据要地而叛，他们的向背对整个战局走势起着至关重要的影响，清朝的西南、西北几省，不数月间即归吴三桂所有。吴三桂以“兴明”为旗帜，深深触动了汉人的民族情感，也在一定程度上得到了一些汉官汉将的情感认同。战局的发展，就如同吴三桂起兵之初预测的那样，兵出云贵之后，势如破竹，所遇之汉人官兵多数都服从了他的指挥，其兵锋直抵长江南岸的松滋（今湖北境内松滋北），控制了清朝的半壁江山，隔江与清军大本营荆州相望。而在清朝统治区域内的叛清事件亦是此覆而彼起，致使清朝几无可调之兵。察哈尔叛乱时，竟以图海率八旗家奴随多罗信郡王鄂札前去征讨。朝廷曾遣使至达赖喇嘛处，欲借其力号召信仰黄教之青海、蒙古，由西边攻四川、云南之西，又下诏令四川、云南、贵州诸从乱之省供应军粮。但达赖喇嘛并不出兵相助，反而对吴三桂抱有同情之心，并向朝廷奏言以割地来平息这场叛乱，被圣祖严词拒绝。战争还在继续，吴三桂仍在向北用兵，清朝“东南西北，在在鼎沸”。不仅如此，吴三桂叛乱的军事震动也波及了清朝的藩属国，成为威胁清朝国祚稳定的潜在隐患。当此危急之时，圣祖的意志、智慧正接受着前所未有的挑战。他必须依靠自己的判断、指挥和不懈努力，来应付各种复杂的局势。

到康熙十五年前后，由吴三桂引发的一系列叛乱已经在清朝的版图上形成三个重点战场——福建、浙江、江西的东南战场，四川、甘肃、陕西的西北战场，以湖南为中心的中原战场。湖南地处全国中心，且吴三桂在此集结精锐部队约20万人，并在长沙、岳州、萍乡、松滋、常德、澧州等重要战略据点部署兵力。

在此关键时刻，吴三桂的战略决策却出现严重失误——拥兵屯驻松滋三个多月，未能强占先机渡过长江。他自云南起兵，将已苦心经营十余年的云贵地区视为根本之地，“欲出万全，不肯弃滇、黔根本”。对吴三桂来说，渡江北上，风险极高，万一中途受挫，将陷入进退失守之境地。如果屯兵长江以南，巩固阵地，即使北上失利，亦可与清朝划江而治。正是出于此考虑，他依江浙之财富、山陕之武勇，驻兵松滋，按兵不动。长江对岸就是清军大本营，而此时，清朝四方兵力尚未集结。吴三桂若能迅速渡过长江，独占长江之险，就意味着将军事主动权操控在手，并将进一步扩大政治影响力。长江北岸及黄河流域的汉官、汉将，极有可能易帜响应他。如此，清朝将更加无法控制局面，势必会继续退至黄河北岸，以图固守。

关于吴三桂因何坐失渡江良机，坊间曾有一段传说。吴三桂甚是迷信，曾对是否渡江一事，屡行占卜。衡山岳神庙里有一只白色小龟，形如铜钱，占卜吉凶之事颇为灵验。当地人“以为鬼神之使”，视其为神灵，藏在帏中，按时敬祀。吴三桂进驻衡阳后，就以自己的前途问卜于小龟。他将小龟置于地图之上，小龟始终在长沙、常德、岳州之间盘桓，然后回转至云南。占卜三次，结果均是如此。吴三桂信以为真，遂在军事部署上，不敢轻出湖南，亦不敢渡江。

对于吴三桂的这一战略部署，随其北进的将领们甚是不解。部将中有人建议他疾行渡江，挥师北进。也有人建议应直下南京，扼守运河，以绝南北粮道。还有劝其据巴蜀之地，塞殽函以自固。留守云南的吴三桂集团的核心人物对军队停顿不前，也甚感诧异。闻知此势，刘玄初急书劝进。他提醒吴三桂，荆州、襄阳、长江、汉水之间，已经聚集大量财力、兵力，与清朝交锋，贵在行动迅速，切勿久持。吴三桂起兵之初，以极为恭谨之态度对待刘玄初的建议，但此关键时刻却没有听从刘的劝告。无论是随吴三桂北进的部将还是谋士刘玄初，他们的主张虽各有侧重，但都力主进兵，而不能停驻于松滋。但吴三桂对这些建议一概置之不理。战略决策上的保守和瞻前顾后，使他在战略部署上犯下致命错误，而这个错误正是导致他最后彻底失败的渊薮。

吴三桂的失误对于清朝而言，却是最大之幸事，圣祖得以从容地调兵遣将，集结兵力对重要战略地点进行布防。圣祖深知湖南对吴三桂而言具有重大意义，他将长沙视为叛军的根本，若长沙一破，敌势瓦解，荆州清兵即可乘机进取。所以，圣祖以荆州为中心，在长江中游与下游地区，如武昌、彝陵、郧阳、襄阳、汉中、西安、京口、江宁、安庆，山东、河南、江西建昌等地重点布防。镇南将军尼雅翰、都统朱满、巴尔布等率师由武昌水陆进取岳州、长沙，直入广西；都统宜里布等率师驻彝陵，都统范达礼、副都统德叶立等率师驻镇郧襄；安西将军赫叶、副将军胡礼布、西安将军瓦尔喀等率师由汉中进取四川；副都统扩尔坤、吴国祯等率师驻防汉中；镇西将军席卜臣等率师驻防西安；镇东将军喇哈达等率师于山东、河南、江南要地驻防；安南将军华善等率满汉官兵同镇海将军王之鼎等在京口水陆驻防；扬威将军阿密达等率师同江宁将军额楚等防守江宁、安庆沿江险要；平南将军赖塔率师由浙江平定福建，浙江将军图喇率师驻杭州，兼防海疆；定南将军希尔根、副将军哈尔哈齐等率师由江西建昌、广信进兵福建；平寇将军根特巴图鲁、席布等率师赴广东。上述地区的防守，互有延伸交错，形成一道颇为严密的军事攻守防线。

吴三桂虽在松滋固步不前，但采取了另外的军事举措：一是在岳州、澧县水陆要冲部署重兵，对抗屯集于荆州的清朝大军，防止其渡江。二是由长沙分兵，进入江西，力图打通与福建的通道，与耿精忠会合。三是遣王屏藩、谭弘、吴之茂三路进攻陕西，沟通兴安、汉中，进而与王辅臣会合，并令云南土司总兵陆道清率苗、倮兵千余人进入平凉，最终逼近京师。圣祖对吴三桂的军事举动也采取了种种防范措施，并积极调兵遣将，荡平西北、东南战场之乱，以剪除吴三桂的羽翼。

平定天下

平王辅臣之乱

前文说到，除甘州提督张勇、总兵官孙思克、西宁总兵官王进宝、宁夏总兵官陈福外，陕甘的大部分地区都降于王辅臣。陕甘地区是清朝的西北重地，且近京师，关系最重。圣祖认为，陕西不能平定，皆因王辅臣叛军仍盘踞平凉之故。所以，在对陕甘地区的重要武职部署完毕后，圣祖令大将军贝勒董额、将军张勇、总督哈占速剿王辅臣，断其饷道，绥靖地方。

清朝从全局出发，将秦州作为陕甘地区的第一个战略突破口。秦州地处兰州、巩昌、平凉、汉口等战略要地之间，若清军能够攻取此地，就意味着叛军的消息通道被切断。十四年（1675）三月至六月间，定西大将军多罗贝勒董额抵秦州城下，围攻其城，总兵官孙思克自巩昌前来增援。经过多次交战，秦州城内叛军惊惧不已，伪总兵官陈万策率兵民投降。闰五月三十日，清军攻克秦州，继而恢复礼县、清水、伏羌、西和等县。在围攻秦州的同时，西宁总兵官王进宝、甘州提督张勇已分别率兵进攻兰州、巩昌。随后，平逆将军毕力克图又恢复延安府属之保安、安塞、宜川、安定、定边等县。这一局势使得吴三桂联络陕甘王辅臣叛军的计划落空。虽然清军在西北战场取得很大突破，但兴安游击王可成降而复叛，与四川叛军会合，进逼西安，且有与王辅臣会兵之势。十二月二十二日，宁夏兵变，陈福被乱兵杀死。形势再次不利于清朝方面，加之清军将领董额等拥兵不进，西北战场的战况已影响到进剿湖南的战略部署。

陕西问题迟迟得不到解决，叛乱有扩大的趋势，大将军贝勒董额又观望不前，圣祖遂于十五年（1676）二月间任命大学士图海为抚远大将军率兵亟赴陕西，总辖全省满汉大兵，断叛军粮饷通道，剿灭平凉叛军。

图海与王辅臣在虎山墩激战，清军获胜。六月，图海招降王辅臣，王辅臣献军民册、缴伪敕及伪印，剃发来降。圣祖对其父子仍采取宽大态度，恢复王辅臣原官，加太子太保，擢升为“靖寇将军”，令其立功赎罪。其部下官兵照衔给劄，兵民酌量安插。

清朝收复平凉后，西北战场局势为之大变。吴三桂派来与王辅臣会合的吴之茂从秦州退出，振武将军佛尼勒、张勇、王进宝率军追剿，吴之茂仅率十余骑越山逃遁。吴三桂另一部将王屏藩被将军穆占击败于红崖，礼县、固原、庆阳、嘉峪关、关山、阶州诸地先后被清军收复，吴之茂、王屏藩叛军被逐出陕西。除汉中与兴安两处仍被叛军据守外，西北威胁基本解除。

圣祖原计划令图海选精锐官兵奔赴湖广，进剿吴三桂叛军。图海认为，虽然平凉、庆阳已经底定，但投诚官兵之心尚未服帖，且汉中、兴安尚未恢复，若此时自己带领精兵赴湖南，恐有不肖之徒，心怀叵测。圣祖采纳其建议，令图海仍留陕西，改由前锋统领穆占率兵奔赴湖广。后又因栈道运饷不易，圣祖敕令诸将暂缓进军四川，把守险要，以分叛军之势，令大兵得以专力进剿湖南。

在平定王辅臣之乱中，图海功不可没，以张勇、王进宝、赵良栋为首的汉将、汉兵也发挥了重要的作用。圣祖曾说过，“自古汉人逆乱，亦惟以汉兵剿平”。在宗室王公贝勒屡屡失利的情况下，圣祖毅然起用汉将，委以重权，给予其完全的信任。张勇、王进宝、赵良栋因其骁勇善战，被并称为“河西三汉将”。

王辅臣降清，解除了朝廷西北防线的威胁，削弱了吴三桂的西北羽翼。清朝得以从西北战线抽调精锐，开赴湖南战场，进一步加强清军在湖南的军事进攻能力，从而加速吴三桂的失败。

平定两广、福建之乱

耿精忠起兵后，派兵进攻江西、浙江地区，企图与吴军会合，以形成犄角之势。他兵分三路：一路以曾养性进军浙江，先后攻陷温州、台州、处州等地；一路以白显忠进军江西，广信、建昌、饶州等地先后被耿军占据；一路以马九玉出仙霞岭，进攻浙江金华、衢州，并联络严州、徽州。圣祖为阻止耿精忠意图得逞，先后派平南将军贝子赖塔、大将军康亲王杰书、宁海将军贝子傅喇塔赴浙江，定南将军希尔根赴江西，并以杭州、镇江水师驻防海口，防止耿精忠叛军北上与西进。清朝方面对战局的清晰判断，有效地抵挡住耿精忠的进攻，也阻挡住其进入湖南的步伐。但到十三年（1674）底，耿精忠还是占领了江西、浙江两省的二十多个州郡。在耿精忠起兵之初，圣祖曾颁敕招抚。他不但拒不授抚，反而联络台湾郑氏集团，使清朝的东南战场面临双重威胁。圣祖为防止郑氏袭扰东南沿海地区，令康亲王杰书、将军希尔根分别由浙江、江西，迅速进剿福建。十四年（1675）正月至八月间，清军先后恢复江西的建昌、宁州，浙江的永康、缙云、处州、黄岩、衢州、金华等处。

清朝与耿精忠的交锋，各有胜负，总体形势是朝着有利于清朝的方向发展。圣祖趁此机会再行招抚，令安亲王岳乐派使者前往福建。在连连遭遇兵败后，耿精忠已无起兵之初的锐气，并透露出悔罪归顺之意。为给自己留下后路，他把谋反的责任都推卸到闽浙总督范承谟身上。尽管如此，十四年八月二十四日，圣祖再颁招抚敕谕。

命其弟耿聚忠携带敕谕亲赴衢州招降其兄。但耿精忠自知罪孽深重，朝廷不会轻易宽赦，再次拒绝以和平的方式解决福建问题。

在此情势下，圣祖只能再次采取军事行动，调遣援军增强进剿福建清军的实力。当年冬，清军在江西、浙江两省的多处地方击败耿精忠所部，大批叛军投降。此时的耿精忠，军饷匮乏，部将罗元生、彭世勋等亦不听调遣，并暗通清军，愿做内应。十五年（1676）二月，圣祖依浙江总督李之芳之计，以衢州作为防守与进攻的重心，从江、常之间的间道进袭，使叛军首尾不能相顾。衢州，位于浙江省西部，南接福建，西连江西，北邻安徽，东与浙江金华等地相交，是浙、闽、赣、皖四省的交通门户，也是进入福建的捷径。耿精忠在此集结重兵，全力阻止清军入闽，甚至试图夺取衢州。圣祖令李之芳率兵镇守衢州、金华，傅喇塔进攻温州、处州，康亲王杰书从金华移师衢州并进征福建。

正当清军欲举兵进闽时，台湾郑氏集团与耿精忠在漳州、泉州二地的归属问题上，发生内讧。郑氏不问清军、耿军守地，乘乱略取，攻漳州城。海澄公黄芳度坚守漳州城六个月，郑氏始终未能得手。就在援军即将赶到时，黄芳度部下吴淑叛变，趁黄芳度登城巡视北门时暗开东门迎入敌军。黄芳度率兵巷战，最终力不能支。他仰天呼曰：“反奴负臣，臣死不敢负国。”随后，投开元寺水井自尽，年仅25岁。其母赵氏、妻李氏俱自缢而死。郑氏攻占漳州后，戕黄芳度尸体。其家人及诸将士皆被杀害，异常惨烈。

继而，郑氏又进逼建昌，耿精忠的叔父耿继善被郑军逼迫，焚毁营盘，从建昌、新城撤走。随后，郑氏又夺取泉州、汀州、邵武诸府。耿郑之间交恶，实给予清兵可乘之机。十五年（1676）六月，圣祖令康亲王杰书，将军贝子傅喇塔、赖塔，总督李之芳等，速剿耿精忠叛军，切勿坐失良机。八月，耿精忠部将马九玉等率兵数万人，据守衢州河西，林福等扎营于大溪滩，负责挽运粮饷。康亲王杰书迅速进兵至衢州，召集都统赖塔等会议，以赖塔等率满汉官兵趁夜至大溪滩，先断耿军粮饷通道，以夺其声势。林福毫无防备，被清军大败。马九玉闻知饷道被截后，弃营逃遁。康亲王杰书遣副都统胡图等率兵追击，大败马九玉兵，收复常山县。与此同时，康亲王杰书又派将军赖塔、副都统马哈达等进至仙霞关，分路夹攻，马九玉只率三十多名随从兵丁逃跑。八月二十一日，据守仙霞关的耿军参将金应虎献关迎降，清军长驱直入。二十二日，固山贝子傅喇塔令副都统倭申巴图鲁，总兵官陈世凯、温处道姚启圣等，带领满汉官兵分路进剿浦城县之石塘。石塘是由浙入闽之要隘，耿精忠令其部将连登云等率重兵把守，以阻止清军进入福建。二十三日，清军连破九营，杀敌甚众，兵锋直抵石塘耿军兵营，焚毁木城，缴获伪关防、马匹、铳炮等。至此，由浙江通往福建的交通要道被打通，康亲王杰书率大军直入福建。此时的耿精忠早已势孤立蹙。其部将白显忠被清军将领希尔根击败，投降清朝；台湾郑氏集团乘虚逼其后方，侵扰福州、兴化等地；清军进入福建后，势如破竹，先取建阳，后夺建安，耿精忠部众要么投降清朝，要么闻风逃散。圣祖顾念福建百姓遭罹战祸，困苦至极，指示康亲王杰书以时事晓谕耿精忠，劝其投降，以安辑民生。

耿精忠表示愿意归诚，但仍心怀疑虑，希冀圣祖再下一道赦诏，方肯放心投降。康亲王杰书没有理会耿精忠的要求，立促大军继续向福州进军。十月，康亲王杰书率大军抵达延平（今福建南平），伪将军耿继美等献城投降。得闻延平失守，耿精忠惊慌失措，先派其属下刘蕴祥赴延平，献伪总统将军印，后遣其子显祚去迎接康亲王大军来福州府，侍读学士尹泰赍免死敕谕先行前往。十月初四日，耿精忠率文武官员出城投降，向康亲王杰书进献所属官兵册籍，并请求随大兵立功赎罪。进入福州后，康亲王杰书将耿精忠投诚的消息迅速奏报圣祖，圣祖甚为欣喜，遂下谕旨：仍保留耿精忠靖南王爵，率其所属官兵随大军征剿台湾郑氏集团；藩下官员及两镇标下武弁，仍留原任；兵丁有愿效力者，分隶提镇各标，愿归农者，令回原籍安插。耿精忠投降以后，福州分兵留守事宜以及管理藩下官兵家口等事，乏人管辖，圣祖应康亲王杰书之请，命都察院左都御史介山、兵部左侍郎吴努春襄助康亲王处理军务，以额驸耿昭忠为镇平将军驻守福州。

以投靠吴三桂图自保的尚之信，在耿精忠投诚后，于十五年（1676）十二月，遣人赍密疏至扬威大将军和硕简亲王喇布军前乞降。简亲王喇布将这一消息奏报朝廷，圣祖敕谕尚之信：

> 昔太祖高皇帝肇造鸿业，尔父航海归诚，功猷茂著，后命驻防粤省平定海疆。自吴逆叛乱以来，益矢忠荩，屡建功勋。故特封尔父为亲王，授尔为讨寇将军。正期克奋勇略，扫除逆贼，不图粤省变乱，道路梗阻。今览尔密奏，称父子世受国恩，断不敢怀异念，愿立功赎罪，来迎大师。知尔父子不忘报国，念笃忠贞。因事出仓卒，致成变异，朕心深为恻悯。今特降旨，将尔已往之罪，并尔属下官兵，概行赦免。倘能相机剿贼，立功自效，仍加恩优叙。尔当益竭悃诚，勉图后效、以副朕始终曲全至意。①

十六年（1677）三月，尚之信再次上密疏纳款。圣祖将之信等原疏，抄发康亲王杰书等，令速进广东。由于福州系闽省重地，康亲王杰书不可轻离，加之福州与漳州相距甚远，炎暑时节更难进兵，议政王大臣等最终商

① 《清圣祖实录》卷64，康熙十五年十二月丁巳。

定，由镇南将军莽依图率军速进广东。莽依图于四月自江西赣南统兵奔赴广东，并于本月抵达南安。清军入广东境后，取南雄，至韶州，傅弘烈迎降。尚之信于五月初四日率省城文武官员及兵民归诚，并派其弟尚之瑛到韶州迎接莽依图之师。圣祖为嘉奖其归诚之功，令之信承袭其父的亲王爵位，并赐金册。在他的带动下，广东文武大员纷纷投诚。清军几乎没有遇到任何抵抗，就以和平的方式平定广东的叛乱。

广东、福建既定，平定广西、扫荡云贵就指日可待。叙及广西之归附，傅宏烈功不可没。傅宏烈，字仲谋，号竹君，江西进贤人。顺治十四年（1657），任韶州知州。康熙二年（1663），迁庆阳知府。七年（1668），因疏陈吴三桂不轨之状，被谪戍梧州。吴三桂叛清后，广西布政使李迎春苦劝其从叛。傅宏烈投水自尽，漂流十余里，遇救才幸免一死，后投孙延龄麾下。傅宏烈表面上投身叛军，实则从中反间。他以忠孝之义劝说孙延龄，并言吴三桂必败，延龄稍有悔意。延龄之妻孔四贞感念太皇太后深恩，不愿屈从吴三桂，亦力劝其归附朝廷。延龄遂遣傅宏烈至南宁，入思州、泗城、广南、富川诸土司及交趾界，联络义勇，接应清军，以图归正。十六年（1677），傅宏烈遣人至赣州镇南将军舒恕处，备述孔四贞不忘国恩、孙延龄可招抚之情。同时，他又致书督办广西军务麻尔吉，建议大兵速进安南，他从韶州策应，广东、广西计日可定。舒恕、麻尔吉先后将傅宏烈信函内容奏报朝廷，圣祖为嘉奖其忠诚，授傅宏烈为广西巡抚，继又加授抚蛮灭寇将军，并令尚之信速遣所属官兵与傅宏烈一同平定广西。傅宏烈本欲与尚之信共取平乐，乘孙延龄已有归顺之意直赴桂林驻守。但尚之信以防守广东为由，拒不出兵，并拒绝出借大炮及军马。而此时，吴三桂已经得知孙延龄不再依附自己，遂遣吴世琮及马宝等率兵进攻桂林，擒杀孙延龄，孔四贞督兵御敌。吴世琮留其部将李廷栋守桂林，自率兵出掠平乐、浔州、横州、南宁。孙延龄原部将刘彦明、徐洪镇、徐上远等擒斩李廷栋，向清廷投诚，孔四贞回京。

至此，东南沿海地区，除兴化、泉州等处仍被台湾郑氏集团占据外，总体局势基本稳定下来。十六年（1677）正月，副都统穆赫林等率领官兵追剿台湾郑氏武装，恢复泰宁、建宁、宁化、长汀、清流、归化、连城七县及汀州府城，招降伪官73员、兵丁2500余名。正月二十六日，宁海将军喇哈达、平南将军赖塔等率领大兵进剿兴化，连破26营，阵斩伪总督赵得胜、伪总兵副将等62员，恢复兴化府城。二月初九日，宁海将军喇哈达等统领大兵攻克泉州府，郑氏官兵溃遁，阵斩伪虎卫将军许耀、伪总兵6员、伪副将31员。在清军的强大攻势下，郑氏再次退回台湾。闽地悉平，东南战场的威胁被消除，清朝得以全力进剿吴三桂。

剿灭吴三桂

在收复两广、福建前，简亲王喇布和江西总督董卫国率兵基本平定江西。为防止两广联络，吴三桂分湖南兵力以攻尚之信与孙延龄。清军趁此机会，于十七年（1678）由安亲王岳乐恢复浏阳、平江，并在湘潭招降吴三桂水师将领林兴珠；由将军穆占恢复永兴、茶陵、攸县、酃县、安仁、兴宁、郴州、宜章、临武、蓝山、嘉禾、桂阳、桂东13城。时局至此，吴三桂已经失去陕西、福建、广东、广西、江西之地，湖北、湖南又屯集了清朝重兵，加之因其屡屡调兵，财用耗竭，四川、湖南赋税已经不足以供应兵饷，只能靠搜求，甚至掠夺来满足军需。吴三桂起兵之初扶植的“周”政权，已经渐失民心。

在吴军政治与军事情况日益困窘的情况下，部将们一方面为安抚涣散的军心，另一方面也是为取悦三桂，纷纷劝其即皇帝位，建立新国号。三桂深知，此时称帝已无实际意义，但他考虑到自己的势力范围日蹙，恐见轻于四方，欲借帝号以自重，所以还是接受了部将们的建议。十七年（1678）三月初一日，三桂宣布即皇帝位，国号为大周，改元昭武，定都湖南衡州，改称为定天府，册封其妻张氏为皇后，陈圆圆为妃，其孙世璠为太孙《号称端王》。设置职官，改易官称，册封诸将，制定新历法，铸造新钱币“昭武通宝”。又在云南、贵州、湖南、四川举行乡试，选拔举人。

民间舆论对吴三桂的年号进行各种消极的解读。民谣传唱道：“横也是二年，竖也是二年。”更有人将“昭武”二字拆析：析“昭”字为“日”和“召”两部分，“日”为“斜日”，“召”为刀口。日已过午，不可久照；而斜日又在刀口之侧，主凶兆，意即吴三桂不久必死。析“武”字为“止戈”，制止干戈，即停止战争之意。此字亦暗示吴三桂败亡之日可待。

吴三桂定都衡州以后，占据永兴就显得尤为重要。永兴是衡州的门户，两城相距仅百余里。六月，三桂召回马宝、王绪、胡国柱等主力部队，进攻永兴城。永兴位于茶陵、安仁、郴州、桂阳之间，清朝亦深知永兴之重要，迅速调兵遣将加强防守。叛军进攻耒水（永兴依耒水而立）河外清军营垒，清军万余人被歼，都统宜理布、前锋统领硕岱、护军统领哈克山等抵御失利，宜理布、哈克山战死，清军河外军营被占领。继而，吴军据此三面环攻永兴，昼夜不息，同时又派大队人马偷袭郴州。简亲王喇布屯留茶陵不敢前往救援，将军穆占派来的援兵亦不敢进。永兴城城墙被叛军炮火击坏，守城之兵囊土补修，且筑且战，苦守20日，几度濒临城破之危。马宝等人的军事进攻，打乱了清军的部署，郴州岌岌可危。圣祖与简亲王喇布、将军穆占急忙重新调整兵力，加强对茶陵、攸县、安仁各处的防守，以保江西无虞。就在清军手忙脚乱时，八月二十一日，围城的叛军忽然拔营而去。清军起初未解其故，后才得知系因吴三桂之死。围攻永兴的吴兵退去后，简亲王喇布由茶陵赴安仁，进逼衡州。

据《清圣祖实录》记载，吴三桂患中风噎嗝之症，尚不甚重。传说此时有犬窜到他的桌子端坐，他惊吓之余又甚为忌讳，病得更加厉害，口不能张，且腹泻不止。三桂自知时日无多，授意他的心腹大臣带其孙世璠来衡州，托付后事。但世璠尚未到衡州，三桂已于八月十七日病死（现存的吴氏家族史秘传人称其死于八月十五日）。三桂死后，部将关闭衡州城门，暗地里召马宝、胡国柱等核心人物回衡州。四天后，马宝、胡国柱等人自永兴回至衡州，才开启城门，照常通商旅。十月初，世璠从衡州起灵，当月下旬回到云南。十一月，郭壮图等奉三桂遗令，立世璠为帝，改次年为洪化元年。随着吴三桂的病亡，吴周政权已失去核心，政权颓败之势已显。

从康熙十七年起，清朝开始转入战略反攻阶段，采取先分进而后合击的战略战术，分为广西路、四川路、湖广路三路大举反攻吴周政权。岳州之战，是关系吴周政权生死存亡的关键之战。岳州是湖南的咽喉之地，吴应麒率兵把守此地，并依恃洞庭湖之险，往来于湖南湘阴、常德之间，以补给军需。清军虽有水师驻于君山，却无法加以扼制。此时，投诚清朝的吴军将领林兴珠献夺取岳州之策：以一半水师战船泊于君山，截断岳州与常德间的水路；以一半水师战船泊于扁山、香炉峡、布袋口诸处，并沿九贡山安营扎寨，截断岳州与长沙、衡州之间的陆路交通；冬天湖水干涸时，决河堤灌水以通船只，水陆绵亘百里，吴军援兵不敢进；水陆兼围岳州，即使城内有粮米接济，而薪刍器用等物必致匮乏，可不战而胜。五月，安亲王岳乐向朝廷奏报此策，圣祖批准，并嘱咐水陆大军克取岳州之后，务要乘虚进取常德、澧州等城，切不可使叛军再有所防备。五月十八日，按此军事部署，安远靖寇大将军尚善、湖广总督蔡毓荣、提督桑格等统帅水师驶入洞庭湖，发起对岳州的总攻。六月初三日，吴军乘风进犯柳林嘴、君山两处。清军水师用火炮攻击，毁其大半战船，又于陆石口歼其官兵5000余口。八月初四日，贝勒尚善病死军前，圣祖令贝勒察尼赴岳州代统其军，贝勒鄂鼐统领水师。虽然清朝方面在岳州地区集结之兵力达六七万人之多，但前线将领畏缩不前，岳州城迟迟未能攻下。

圣祖指示岳州新统帅贝勒察尼等人，务必水陆共同夹击，速取岳州。在圣祖的督促下，清军加紧对岳州的围困，岳州城内粮食来源断绝，饥馑日益加重。十一月，城内吴军全部出动，试图打通粮道。十二月，岳州城内的吴军情况日益恶化，吴应麒中清朝反间计，错杀数位将领，使城内人心惶惶。十八年（1679）正月十八日，吴军总兵官王度冲、将军陈珀率舟师及家口数千人，在高脚庙一带登岸投降清军。吴应麒弹尽粮绝且无后援，窘迫之下，丢弃岳州城，率数万人逃跑。十九日，蔡毓荣、桑格等率清军进入岳州城。清军历时五年，最终收复岳州城。岳州的归属，对整个战局有着至关重要的影响。自此以后，清军由岳州而长沙，由长沙而衡州，一路长驱直入，直至最终剿灭吴三桂叛军。虽然吴应麒逃跑，清军得到的只是一座空城，但圣祖仍感到很欣慰，特赋长歌一首，以舒其怀。

清军收复岳州后，长沙、衡州、常德等地的吴军极为震恐。十八年（1679）正月二十九日，马宝、王绪弃长沙逃走，清军收复长沙。同日，宁南靖寇大将军多罗顺承郡王勒尔锦率兵渡江。简亲王喇布乘胜进取衡州，安亲王岳乐收复湘潭。二月十五日，护军统领希福利用节令之际吴军防备松懈，暗夜偷袭，一举攻下衡州城，胡国柱等人弃城而逃，清军收复衡州，城中叛军弃城出逃。吴应麒、马宝等人弃岳州、长沙后，俱会兵于常德。圣祖催令贝勒察尼与顺承郡王勒尔锦会师，共同进取常德等处。二月十八日，清军收复常德。清军一路南下，吴军闻风即逃。吴国贵、马宝、吴应麒、胡国柱分别至辰州、武冈，依险据守。八月，安亲王岳乐遣将军林兴珠、提督赵国祚等率兵进攻盘踞于武冈的吴国贵、胡国柱等人，大败吴军，吴国贵中炮而死，其余叛军弃城而逃。贝子章泰等又率兵追击溃逃之兵，于木瓜桥大败之，清军收复武冈及枫木岭。十九年（1680）初，贝勒察尼向辰州发动进攻。辰州地近川、黔，水陆均可抵达贵州。此地的辰龙关，是辰州门户，更是沟通云贵的孔道。辰龙关地势险要，树木茂密，山路狭窄，仅容一人骑通行。吴应麒在此布兵驻守，跨隘口立五营兵以拒清军，企图阻止清军进入云贵。三月十三日，贝勒察尼率兵攻取辰龙关，抵辰州，胡国相逃至贵阳。到四月，湖南全境恢复，吴军残部已退至云贵地区。同年，图海、佛尼勒、赵良栋、徐治都、王进宝等人恢复四川一带。

既失湖南、四川，吴军残部只得退守云贵。圣祖选拔新帅，乘胜追击：以定远平寇大将军贝子章泰、绥远将军湖广总督蔡毓荣统领一路大军由湖南入云贵；以征南大将军贝子赖塔统领两广满汉官兵，由广西南宁出师云南；以赵良栋为勇略将军兼云贵总督，统领四川与陕西满汉官兵进剿云南。十九年九月二日，圣祖下令，各路大军，如期进剿。就在清军即将出师时，四川再生叛乱。胡国柱、马宝等人出兵突袭四川，以牵制准备进剿云贵的清军。这一突发事件打乱了由四川进军云贵的军事部署，但没有影响到其他两路军的出师，圣祖仍督令贝子章泰、赖塔，将军蔡毓荣按原定计划进军。十月二十一日，湖南大军自平越至贵阳，吴世璠与吴应麒逃至云南。十一月，章泰与赖塔率军先后恢复遵义、安顺、石阡、都匀、思南等府。吴军旧部及普安土司、永宁土司先后投诚，贵州基本平定。

二十年（1681）二月十九日，贝子赖塔自广西向云南进军，屡败吴军，首先进入云南。二十一日，与湖南大军在曲靖会合，两路大军齐进，屯兵于昆明城外的归化寺。郭壮图带领胡国柱、刘起龙等人率兵万余人，列象阵，迎战三十里外。经过激烈战斗，在双方都付出重大代价的情况下，郭壮图引兵败退。

清军自归化寺列营直至碧鸡关，长围数十里，郭壮图也移诸官兵家口于五华山宫城内，分门把守。在围攻昆明城的数月间，临安、永顺、姚安、大理诸路总兵官相继投降。加之赵良栋率兵分路剿杀前来救援之吴军，昆明城很快就成为一座孤城。吴军核心人物之一马宝在回援途中，屡被清军击败，为掩护陈圆圆与吴应麒等人隐蔽，他于五月初五日在镇南州阿扎鲁地方投降（七月初十日被押解至京师，九月二十五日被凌迟处死，枭首示众）。吴军中的另一核心人物夏国相亦兵败投降，于五月二十一日在北京顺城门外处决。

昆明城在被围8个月后，食尽援绝。十月，赵良栋与章泰、赖塔两路大军会合，开始对昆明城发起总攻。吴世璠见城池不保，自刎而死，其原配妻子卢氏携带两幼子随其兄卢之芳从后宰门逃走。郭壮图起初仍带兵搏杀，兵败后，与其子自焚于府第。二十九日，吴军残部打开昆明城门，向清军投降。三十日，将军穆占、马齐奉命进入昆明城，其余各部人马分守各城门。吴世璠家产被没收，其首级被传送京师示众，谋士方光琛、方学潜等人在军前被处死。至于吴三桂的尸首，清军一入城就四处搜求而不能得，后据他的一个侄子供称，吴三桂的尸体已经火化，骨灰匣藏在安福园石桥水底戽水。清军照此挖掘，果然找到一个骨灰匣，将吴世璠的头与这个骨灰匣一同送到京师。至此，洪化小朝廷彻底灭亡。由吴三桂引发的，长达8年之久的叛乱，最终被清朝平定。

最终裁决

吴三桂的骨灰传到京师后，圣祖于康熙二十一年（1682）命将其分发各省。实际上，清军找到的骨灰并不是吴三桂的。在陈圆圆等人的密谋下，吴三桂的遗骸被安葬在思州古城的山上（今贵州黔东南州马家寨狮子山绣球凸山腰居中处）。

吴氏后人也并未被赶尽杀绝。他们在陈圆圆的保护下，隐身于马家寨300余年。现在马家寨的吴氏族人，就是吴三桂儿子吴应麒的后人。

吴三桂引发的叛乱，使清朝在长达8年的时间里，一直处于危机之中。吴周政权覆灭，他的族人、同盟当然也难逃惩治。虽然平叛期间，圣祖以极其优厚、宽大的条件招抚吴三桂的同党及附逆之人，但这只是特殊时期的政治怀柔手段而已。一旦生死予夺的大权掌握在朝廷手里，圣祖和他的朝臣们对那些曾经背叛自己的人绝不会心慈手软。吴三桂及其族人的下场就是明证。因牵涉人数过多，下文仅以耿精忠、尚之信、王辅臣为重点叙述对象。

在吴三桂引发的一系列叛乱中，耿精忠据福建反，无疑是仅次于吴三桂起兵的大骚乱。耿精忠投降时，圣祖既往不咎，不仅恢复其王爵，其藩属也官职仍旧，而且还允准他随大军进剿台湾郑氏。耿精忠归降后，极力表达自己的忠心。为消除朝廷对他的猜忌和疑虑，他将儿子耿显祚送入京师“侍奉”皇帝，实为人质。

尽管如此，朝廷始终将其视为心腹之患，寻找时机欲除之而后快。十六年，耿藩部下参领徐鸿弼等赴兵部揭发耿精忠降后仍蓄逆谋，并罗列其罪状六款：不遵康亲王杰书之命，包庇“奸党”人员；与台湾郑氏暗中联络；与叛将刘进忠密谈，有“乞降非所愿”之语；私藏铅药，以备他日取用；遣散旧部，并分发武器，不留给前来纳降的清军；在投诚前杀害闽浙总督范承谟。耿精忠的弟弟昭忠也向圣祖汇报了相同的情况。因时机未到，圣祖将上述密报留中未发。

十七年，吴三桂病死，康亲王杰书疏请诛杀耿精忠。圣祖担心突然诛杀耿精忠，会使其他投诚之人寒心。如果他自请来京，那么一切可保无虞。十九年，耿精忠请求入京觐见。其弟耿昭忠、耿聚忠又在此时先后上疏弹劾精忠。圣祖见时机成熟，批准了耿昭忠兄弟的请求，并将先前徐鸿弼的揭发材料一并交给法司，按律审讯耿精忠。铲除耿精忠已是朝廷的既定方针，无论他如何辩驳，都是无济于事。二十一年（1682），大学士勒德洪、明珠奏请圣祖将耿精忠凌迟处死。经议政王大臣等会议，革去耿精忠王爵，立即凌迟处死；其子耿显祚，革去散秩大臣，立即处斩；其党徐文耀、王世瑜、白显中、江元勋、曾养性、王振邦、刘进忠，俱凌迟处死；黄国瑞、林芳孙、廖廷云、李似桂、夏季旺、吕应斗、武灏、司定猷、沈伟、郭景汾、罗万里、祖弘勋、陈仪、陈斌、吕八，俱著处斩。耿精忠、刘进忠，枭首示众。田起蛟、金镜、李学诗、陈梦雷，俱从宽免死。耿精忠处死之日，曾被其杀害的福建总督范承谟之子时崇，寸磔其肉、攫其心，在承谟墓前致奠[1]。

平定吴三桂叛乱后，尚之信亦是备受清朝警惕的对象。十九年三月，尚之信的护卫张永祥、张士选赴京揭发之信谋叛。与此同时，之信的两位母亲舒氏和胡氏，都督王国栋，总督金光祖亦揭发其有不轨之举。圣祖密令刑部侍郎宜昌阿等人以巡视海疆为名，赴广东调查此事。宜昌阿到广东后，密令总督金光祖、提督折尔肯等人前去逮捕之信。之信毫无防备，随即被监禁起来。七月，议政王大臣等会商决定：尚之信不忠不孝，罪大恶极，法应立斩，姑念曾授亲王，从宽赐死；同谋者尚可喜妻舒氏、胡氏从宽免死，并免家产籍没；尚之孝、之璋、之隆等都从宽，革职枷责；尚之节等按律就地正法。闰八月十七日，钦差至广州，向之信宣读圣旨，并赐白帛一条，令其自尽。之信死后，被葬于广州城西报资寺后山。

王辅臣，亦是清朝要清算的对象之一。二十年七月，还在清军围困昆明之时，圣祖就下诏令王辅臣随经略图海进京陛见。他料到朝廷不会轻易饶恕其杀害经略莫洛之罪，唯有一死，朝廷才会放过对他的人身惩治。为使部下官兵不受牵连，王辅臣临行前遣散部将。行至西安时，夜饮酒酣之时，他老泪纵横，对随从说："我起身行伍，受朝廷大恩，富贵已极。先前迫于众人，做了不义事，又做不成。今虽反正，但朝廷蓄怒已深，岂肯饶我。大丈夫与其骈首戮于刑场，何如自己死去。可是，用刀自刎，自绳而缢，用药毒死，都会留下痕迹，将连累经略图海，还连累总督、巡抚和你们。我已想好，待我喝得极醉，不省人事，你们捆住我的手脚，用一张纸蒙着我的脸，

① 阮葵生：《茶余客话》，第159页。

再用冷水噀之便立死。跟病死的完全一样，你们就以痰厥暴死报告，可保无事。”随从苦劝，王辅臣以自刎相逼。无奈之下，随从依其嘱咐行事。天亮后，以“厥死”报闻朝廷。王辅臣死后，朝廷削其世袭爵位，又罢免其子王继贞之职，家属入旗。其婿薛英等曾请求携王辅臣骸骨及家口回平凉，兵部不准，令将其骸骨及家口一并送到京师。

从康熙十二年到二十年，在经历了8年战火洗礼之后，清朝终于迎来了和平。在这8年里，以圣祖为核心的清朝统治阶层，面临多方受敌、人心反复的威胁。圣祖冷静调度，在中原要地屯驻重兵，以备增援西南、西北前线。在将帅的选任上，随材器使，重用懿亲，信任汉将，赏罚分明。兵贵神速，为及时了解前方军情，圣祖命兵部于驿递之外，每400里置笔帖式及拨什库，以便传递战报。凡涉军情，圣祖必定亲自批阅，并及时下达指令。吴三桂起兵之初，以恢复明室为口号，虽然得到了一些故明士大夫的同情与支持。但是，经历明清战争之后的国家与社会，更需要一个安定的社会秩序，休养生息。吴三桂的举动，并不符合历史发展的规律。圣祖集全国财力、物力、人力荡平叛乱，对从叛之人，根据情节轻重，分别惩治，彻底消除割据分裂的隐患。到二十一年，除台湾仍被郑氏盘踞外，大陆疆土尽归一统，为康熙朝中后期社会经济的恢复与发展，创造了良好的政治环境和社会秩序。

第二次东巡

圣祖平息由吴三桂引发的叛乱，从某种程度上说，是在新的历史条件下对国家进行新的统一。解除三藩割据的局面，就是加强中央集权。清朝自康熙朝始，由局部的割裂走向全面的统一。

圣祖在清王朝生死存亡之际，维护了太祖、太宗所创之洪业。这是清朝在入关后又一次巩固了对全国的统治，为天下大治扫清障碍。圣祖亦在战事结束后自豪地说："今云南等处，俱已底定，海宇清平，告祭天地、太庙、社稷毕，即应于陵寝行告祭礼。"[①]他还特别指出，应拜谒关外三陵："盛京者，祖宗开创根本重地，朕时思念不忘。今值天下晏安，意欲躬诣山陵告祭。"[②]早在二十年（1681）十二月，圣祖就在给奉天将军安珠瑚的密谕中说道：今云南等处俱已底定，天下永归太平。祭告天地、太庙、社稷之后，又祭告陵寝。盛京乃祖父初创根本之地，朕不时思念。现值天下无事，欲诣山陵致祭，亦是可行之事。朕前次巡幸，未至永陵，至今悔恨。今若果真再

①②《清圣祖实录》卷99，康熙二十年十二月丁亥。

次巡幸盛京，必至祖辈旧址观看。令尔密遣副都统穆泰及贤能章京等，将御路、行宫、应经之地，并自佛阿拉通往乌喇（拉）之路，详察绘图，在同往章京内简选通晓事体一员，前来京师回奏[①]。此次东巡的驻跸之处，除将崇政殿前小厢房修缮外，另用佐领三官保家房屋。三官保时任盛京内务府掌关防佐领，系宜妃郭洛罗氏之父。饮食方面，圣祖及随驾王公大臣需用之物，从盛京内务府属23个大粮庄及59个棉、靛、盐庄征用，具体备办项目如下：

从23个粮庄征用的膳食有：猪62头，鹅235只，鸡620只，鸭140只，稻米11仓石6金斗6升，红白高粱米、燕麦等各种杂粮10仓石5金斗7升，豆面、菜豆8仓石9金斗半另2升，白面3149斤，芝麻油1002斤8两，白芝麻油110斤以及饲养奶牛、牛犊、羊只、乘马等用料豆152仓石8金斗半，饲草25019捆。

从盛京59个棉、靛、盐庄征调的膳食有：猪120头，稻米30仓石1板斗1升，饲草6000捆。合计82庄征稻米41仓石6金斗1板斗7升，杂粮10仓石5金斗7升，豆面、菜豆8仓石9金斗另2升，白面3149斤，芝麻油1002斤8两，白芝麻油110斤，饲料豆152仓石8金斗半，饲草31019捆，猪134头，仔猪122头，鹅235只，鸡620只，鸭140只。此外，因购买猪、羊、稻米、豆、草、盐及雇车用车租银等，合计向82庄征银888两5钱。

从京师带往盛京腌制的各种兽肉以及各种鱼类一次就装了40牛车，菜肴等装了14马车。另外，御膳房一日用羊12只，拟三个月，令备羊1080只，驭车太监120人，令备羊180只，另备羊240只，合计令备羊1500只。

康熙朝的第二次东巡于二十一年（1682）二月十五日启行，年仅9岁的皇太子胤礽随驾。

三月初二日，至辽河，圣祖亲自网鱼，扈从诸王、贝子、公等，内大臣、侍卫、部院官员皆得赏赐。初四早，圣祖一行抵达盛京，盛京文武官员

① 中国第一历史档案馆编：《康熙朝满文朱批奏折全译》，第7页。

郊外跪迎。随后，圣祖率皇太子及扈从诸王、贝子、公等，蒙古诸王、台吉等，内大臣、侍卫、文武三品以上官员谒福陵、昭陵，俱行三跪九叩头礼，三奠酒举哀。初五日，圣祖再次率扈从诸王及大臣等至福陵，以云南底定、海宇荡平，读祝焚楮（祭祀时焚烧的纸钱），大祭宝城（帝王陵墓上面的城楼）。同日，圣祖移驻盛京城内。初六日，圣祖率皇太子及诸王、大臣等再诣福陵，献玉帛、读祝，大祭隆恩殿。初七日，至昭陵，复以天下底定读祝焚楮，大祭宝城。本日，圣祖又分派官员祭奠勋旧功臣之墓：遣内大臣佟国维祭功臣颖亲王墓，遣内大臣、都统巴泰祭克勤郡王墓，遣内大臣、伯费扬古祭杨古立墓，遣内大臣索额图祭费扬敦墓，遣内大臣坤巴吐鲁侍卫祭额亦都墓，遣内大臣觉罗乌墨纳等祭图尔格墓。均陈设牲醴致奠，行一跪三叩头礼。初八日，圣祖复率皇太子及诸王、大臣等诣昭陵，献玉帛、读祝文，祭隆恩殿。

随后，圣祖至大清门，赏赐陵寝官员、盛京地方官，以及年老致仕官员、中伤病退残疾之年老甲士。同时，又分别派遣尚书、侍郎、詹事、通政使等扈从官员祭奠盛京附近之勋旧大臣墓：遣尚书郭四海祭多罗靖定贝勒费扬古、多罗安平贝勒都督护国公马占墓，遣侍郎觉罗沙赖祭松科罗巴吐鲁、图鲁席墓，遣侍郎额星格祭辅国公他拜、护国将军聂克塞墓，遣侍郎郭丕祭都统纳木泰、都统冷格里墓，遣侍郎党古里祭大学士达海巴克锡、大学士雅勤、都统达尔哈额驸墓，遣副都御史塞克往祭护国将军汤五泰戈尔墓，遣侍郎温代祭内大臣伊尔登、尚书萨水什喀墓，遣侍郎阿尔尼祭领侍卫内大臣、精奇尼哈番多尔吉姨丈、内大臣诺尔布、占图谢土墓，遣侍郎明爱祭二等伯明阿、都统觉罗拖簿辉墓，遣学士库勒纳祭原列五大臣内松科尔巴吐鲁、尚书伊孙墓，遣詹事牛钮祭傅锡额驸李永芳、都统、侍卫博尔晋墓，遣通政使席兰泰祭护国将军慕尔义、内大臣宗室厄沁墓，遣大理寺卿舒恕祭盛京昂帮章京叶克恕、尚书冀孙墓，遣少詹事喇巴祭内大臣、公常鼐、一等精奇尼哈番、又一拖沙喇哈番、佐领巴奇兰墓，遣色冷祭精奇尼哈潘、侍卫席喇布墓，遣安泰祭随从太宗皇帝安达里、敦达里墓，遣席尔达祭尚书车尔格墓，遣敖哈祭盛京将军阿穆克图墓，遣呼木布祭内大臣觉罗色勒墓，遣司业葛思泰祭尚书马傅塔墓前。

圣祖首次巡幸盛京时，未至永陵展祭。故此次东巡前，他特别强调要至永陵拜谒。三月初九日，圣祖自盛京出发，至永陵祭祀，盛京文武官员在郊外跪送。十一日，抵达永陵。时逢大雪，皇帝率扈从诸王、贝子、公等及蒙古诸王、台吉等，内大臣、侍卫、文武三品以上官员冒雪祭永陵，行三跪九叩头礼，各三奠酒举哀毕，以云南底定，海宇荡平，读祝，献玉帛，大祭。圣祖特作《三月十一日雪中诣永陵告祭》诗，以示纪念：

峰峦叠叠水层层，王气氤氲护永陵。蟠伏诸山成虎踞，飞骞众壑佐龙腾。

云封草木桥园古，雪拥松楸辇路升。一自迁岐基盛业，深思遗绪愧难承。

在致祭永陵的同时，又派内大臣等祭奠永陵近处满洲王公之墓——遣内大臣觉罗塔达祭礼敦巴图鲁王墓，遣内大臣公傅善祭恪恭贝勒墓，均陈设牲醴致奠，行一跪三叩头礼。又遣内大臣觉罗塔达，致奠陵寝附近的觉罗祖墓。

在拜谒永陵后，圣祖又欲趁扈从人等秣养马匹之暇，考察乌拉地方（即今吉林市）。圣祖事先谕令乌拉将军巴海等，与盛京将军商议应从何处带领兵丁候迎之事。三月十二日，圣祖至乌拉地方，并行围打猎。二十五日，抵达乌拉吉临地方，乌拉将军、副都统以下武职官员跪迎。因长白山是满洲的龙兴之地，圣祖率皇太子及内大臣等扈从官员至松花江岸，东南向，望祭长白山，行三跪九叩头礼。二十七日，登船渡松花江，往大乌拉（即今吉林永吉）而去。四月初一日，在虞村南松花江网鱼，赐蒙古诸王、台吉并内大臣、侍卫等官。初六日，于乌拉附近西郊设黄幄，大宴乌拉将军、副都统、佐领等官，赐各官鞍辔、袍缎等物有差，赐各兵丁银两，同时赏赉乌拉致仕官员及受伤残疾病退年老甲士人等。初七日，自乌拉回銮。十六日，回盛京，扈从留住盛京文武官员及盛京文武官员跪迎。随后，圣祖至盛京行宫，处理题本。圣祖巡视乌拉地方、访察民情之余，也视察山川地形，检验水师战舰设施及沿岸的军备情况。

四月十九日，决定起驾回京。临行前，他又率扈从诸王等、蒙古王公及大臣等再至福陵、昭陵奠酒举哀。二十日，启行。先命皇太子酌量带大臣、侍卫等从句骊河（今巨流河）大路回京。他自己率诸王、大臣等往辽阳州千手佛寺降香。是日，遣内大臣坡尔盆奠达尔汗巴鲁亲王墓，和硕额驸纳尔都奠卓尔图贝勒墓。二十一日，抵达千手佛寺，将太皇太后发来的香资白金六百两，赐给寺僧。同日，他又至千山寺香岩等五寺，各赐寺僧银五两。从二十一日始，经海澄县、沙岭、七里河、王保河，三十日驾入山海关。五月初一日，圣祖酌留内大臣、侍卫随皇太子慢行，自己先行启程。初三日，圣祖率内大臣、侍卫等至孝陵、两皇后陵寝奠酒举哀。初四日，进东直门，入东华门，圣祖随后至太皇太后、皇太后宫问安。

圣祖的第二次东巡，在展谒永陵、福陵、昭陵后，又巡行边塞，访察民间疾苦。在乌拉地方，风气严寒，由内地发遣安插的犯人，不习水土，往往难以生存。圣祖念及这些流人虽干犯国法，但既已经免其死罪，就应令其生全。若仍投到乌拉这样的穷荒之地，终将踣毙。于是下令，以后免死减等人犯俱发往尚阳堡安插，应发尚阳堡人犯改发辽阳，反叛案内应流人犯仍发遣乌拉地方。圣祖的乌拉之行，让他切身感受到边塞寒苦。也正是圣祖的这一亲身经历，促成了康熙朝流人制度的相关调整和变化。

四

制度改革　政通人和

SHUDU QINGSHI
YITONG TIANXIA

每日御门听政

封建王朝朝仪，有大朝、内朝、常朝之分。大朝，指遇元旦、冬至、万寿节（皇帝生辰），文武百官齐集向皇帝朝贺。内朝，指遇有万寿节或其他国家庆典，皇后率妃嫔及皇子等向皇帝朝贺。常朝，指在大朝、内朝外，皇帝于每月初五、十五、二十五日登殿，接受臣属章奏，发布政令，百官按班次分班侍立，谢恩官、陛辞赴外任官等依次出班，就拜位行礼。

除上述三大朝外，封建王朝还有御门听政之仪。所谓“御门听政”，指封建帝王于某宫殿门厅内设置宝座，听取臣属奏报政务，公开议政，并对某项国家事务即时做出决策的政务处理方式。御门听政又称“视朝”，一般在早晨举行，所以又称“早朝”。此制汉唐时已有先例，据《册府元龟·帝王部》记载：西汉宣帝刘询每五日一听事；东汉光武帝每天天刚亮就上朝理事；唐太宗李世民也曾亲临朝堂，亲览冤屈，亲录囚徒。到明代，太祖朱元璋初定“常朝御门仪”，成祖朱棣完善此制，定在奉天门（今紫禁城太和门）处理政务。清朝入关后，承历代御门听政之制，于顺治二年定每日吏、户、礼、兵、工五部轮流首班奏事，刑部列三班，又令翰林、科道官同奏事官齐进，侍班记注御门听政的内容。顺治朝御门听政之所尚不固定，世祖就曾分别在太和门、顺贞门、乾清门亲试翰林官员，召见差往外地赈灾的官员等。当时戎马倥偬，御门听政并未形成系统规制。至康熙朝，御门听政始成常例。康熙六年（1667）七月，圣祖亲政，行庆贺礼毕，御乾清门听政。圣祖亲政未久，吴三桂就在云南易帜叛清，朝廷调兵遣将，输送粮草，运筹四方，政事繁巨，圣祖几乎每日都赴乾清门听政，习以为常。

终康熙一朝，圣祖“唯恐有怠政务，孜孜不遑”，御门听政成为康熙朝的常朝制度。除非遇有重大节庆、祭祀等事件，或皇帝身体抱恙及其他突发事件，圣祖不亲临听政。据《康熙起居注》记载，圣祖在庆典之日，如万寿、元旦、冬至、郊庙、导迎、宴飨，诸王、百官谢恩及外藩朝见，太皇太后、皇太后加徽号行礼；祭辰之日，祭社稷坛、祀方泽，每年立春、立夏、立秋、立冬，每年正月十七日世祖章皇帝忌辰、二月十一日章皇后忌辰、四月十七日文皇后忌辰、五月初三日仁孝皇后忌辰、八月十一日太祖高皇帝忌辰；每年腊月中下旬封印之后，直至来年正月十五日；皇帝身体抱恙之时，如十八年十一月二十三日至十二月十三日，十九年十一月初七日至十二月初六日，二十年六月十四日至六月二十二日；若气候异常，如寒冷、酷暑，或暴风骤雨之日；皇室有丧，如十三年五月初四日世祖之皇后崩逝，二十六年十二月二十五日太皇太后崩逝；皇子出痘，如十四年二月二十四日，因皇子出痘，自二十五日起，至三月初三日止；其他如皇帝外出巡幸、部院衙门无事可奏等。遇以上情况，圣祖一般不亲临听政，或隔日听政。自古人君从未每日亲御听政，圣祖之勤政史无前例。当朝大学士明珠就曾说过，自秦始皇以来，称帝有年号之君主，不下二百余人，唯圣祖一人每日御门听政。在遇有地震、大旱等突发或重大事件时，圣祖甚至在一天之内数度亲临乾清门召集相关官员议政。

顺治朝，御门听政之制尚属初创，时间、地点皆不固定，更无相关的礼仪规定。圣祖亲政以后，渐成定制，御门听政的地点、时间，以及官员礼仪渐备。

听政地点

顺治朝，世祖仅有的几次御门听政，或在宫内太和门，或在乾清门，或在顺贞门。至康熙朝，圣祖御门听政的地点主要是乾清门。但乾清门不是唯一的听政之所，往往随季节和皇帝行踪的变化而改变。严冬时节，圣祖或在乾清门东暖阁，或在懋勤殿东暖阁听政。溽暑时节，圣祖移驻瀛台时，或在瀛台门，或在勤政殿听政；驻南苑时，在东宫前殿举行听政；幸玉泉山时，在玉泉山内前亭或东门听政；巡幸外地时，圣祖与大学士、学士等在行宫黄幄听政、议政；巡幸热河避暑山庄时，圣祖在烟波致爽殿与学士们处理折本。

听政时间

因人因事因时而异。圣祖亲政初期，御门听政并无固定的时辰，而是按照清朝的传统，每天黎明举行。由于听政时间太早，只能“未明求衣，辨色视朝”。内阁及部院的启奏官员，每日三四鼓（即二十三点至次日凌晨三点之间）时就起身赶赴朝会，甚为劳瘁。若值严冬，夜行风寒中的辛苦更甚于其他季节。所以，常有年老之臣，如年过七旬的黄机、魏象枢等人，因不堪逐日奔走，不得不上疏乞休（即主动辞官归老）。针对康熙初年御门听政时间过早的问题，部分朝中大臣曾建议调整听政的时间，甚至有些官员在未得到圣祖许可的情况下，就自行分班启奏政务。圣祖对这一做法甚为不满，他在上谕中不仅极力强调御门听政仍按原时辰举行，而且要求朝中各衙门满汉大小官员，无论所属衙门有无启奏之事，均须在黎明时齐集午门，待启奏官员奏事完毕，方可一同散去。康熙二十一年（1682）九月初十日，大理寺司务赵时楫针对御门听政时，部院满汉大小官员全班奏事，天天聚集午门一事，向圣祖上疏，建议调整御门听政的时间：部院各衙门满汉大小官员，每夜三更早起，朝气耗伤，白天办理政务，反倒难求精密。不如分班启奏，使其轮替休息，以保养精神。至于官员中居所僻远、无力雇用车马者，或抱病勉行者，可令满汉正佐轮流，或将朝会次数，稍加增益，以立不刊之典。赵时楫的建言吸引了圣祖的注意。圣祖认为此奏内有可行之处，令大学士、九卿科道各官重新公议。九月二十日，经大学士、九卿等会商，暂且议定上朝人员的范围以及皇帝听政时间：上朝人员，九卿、詹事、科道官员，因皇上随时召问议事，仍令这一部分官员每日上朝，如有疾病不能上朝启奏者，令其报告本衙门；其余无事官员以及闲散衙门官员，不必每日上朝，改为一月三次上朝。听政时间，皇帝于辰刻御朝，远居大小各官，黎明而入。圣祖允准此议，令九卿先将此暂定条款传谕百官，视众意如何，再定计议。次日，大学士等回奏，九卿各官听闻皇上欲“限时听政”，无不欢忭。

圣祖随即下旨，最终确定每日御门听政的时间，以及需要齐集的官员范围。具体说来，每日御门听政，春夏以辰初刻（早七时），秋冬以辰正初刻（早八时）为期，此即所谓的“限时听政”。启奏各官，九卿、詹事、科道属必须参加议政的官员，仍要在每日启奏时，齐集午门，如有年力衰迈及偶患疾病者，在向本衙门说明后，免其入奏齐集；其余各衙门及部院司属官员，不必每日齐集，改回各衙门办事，待每月常朝时，再行齐集。御门听政之日，由兵部行文，于晓钟后启正阳门，在外城居住的官员经正阳门上朝。圣祖的此番调整，将御门听政的时间，由“黎明”这一笼统的时间范围，固定为每日“辰时”，减轻官员奔波之苦的同时，也规范了朝廷的听政制度。

圣祖自康熙六年亲政以来，秉承着“致治之道，务在精勤”的治国理念，20余年始终如一，用人行政，事无巨细，无不殚心筹划。尤其是在吴三桂叛乱期间，圣祖每日不拘时间，不限次数，随时召问诸臣，以便应付突发事件，或商讨军事策略。平定吴三桂叛乱后，海宇敉宁，政事渐简，圣祖在臣僚的建议下，将每日黎明御门听政改为辰时听政，随后又谕令部院事务可归并合奏。虽然圣祖对御门听政之制进行了多处调整，但他仍坚持每日御门听政，“盛暑祁寒未曾稍辍”。君主勤政，在国祚有警之际，乃王朝之幸事。承平之日，封建王朝的官员们更注重对制度的传承。所以，圣祖每日御门听政，在有些官员眼里，就显得与前朝旧制稍有不合。

二十三年（1684），御史卫执蒲奏请圣祖，将每日御门听政改为每隔五日或二三日举行听政，君臣在政事之余，也可稍得休息。但圣祖却并不认可这一建议，他认为，若必预定以三日或五日为期，不合其励精图治之意。二十九年，给事中何金蔺再次奏请酌定御门听政之期，或隔三日，或隔五日，需要面奏皇帝之事，仍面奏请旨；不需请旨的寻常章奏，交由内阁送进。面对何金蔺的奏请，圣祖亦未允准。他坦言，三十年来，每日听政面见群臣，咨询得失，已经习以为常；若行更改，非励精求治初终罔间之道，且亦不忍与诸臣稍有疏远。

随着政务日简，三十二年（1693），圣祖主动对御门听政的制度做出调整：每日启奏的部院大臣中，有年逾六旬以上者，可每隔二三日一来启奏；折本内若无紧要事件，可汇齐后间隔二三日一来启奏，若有紧要事件，则随时召见。大学士等以“天下已享太平，政务亦极清简”为由，奏请圣祖，将每日奏章交送内阁，每隔三四日御门一次，引见人员及处理绿头牌启奏诸事。圣祖向大学士等解释，因念及年老大臣每日黎明从家中出发入宫奏事，甚为劳苦，故有此谕。而圣祖自己则不以每日听政为劳，其言：“朕听政三十余年，已成常规，不日日御门理事，即觉不安。若隔三四日，恐渐致倦怠，不能始终如一矣。此乾清门乃朕宫中，亦有何劳？”[1]圣祖所言，坦诚、质朴而又真切，他仍照常每日听政。直至康熙四十年（1701）以后，御门听政的次数方明显减少，但每月仍有近10次，至少也有一两次。

听政朝仪

皇帝御门听政时，乾清门首领太监等设御榻、黼扆于乾清门外，章奏案置于御榻前，御榻左设大学士、尚书等跪奏毡垫。部院大小官员每日赴午门齐集，至辰刻，由皇城中左门进至右便门。值班侍卫负责传达谕旨，部院大小官员等候宣旨进奏。得旨后，进奏官员与两侍卫俱至乾清门丹墀东旁西向排立，起居注满汉官在丹墀西旁东向立，翰林、科道官至西阶下就位。届时，皇帝至乾清门，开启门扉，降舆，关门，皇帝升座，御前侍卫及乾清门侍卫左右佥立，领侍卫内大臣、内大臣、散秩大臣及豹尾班执枪侍卫、佩刀侍卫在丹陛下左右立，起居注官由西阶进至帘下侍立。大学士启奏折本在御榻之左，内阁学士在其后，稍南为部院官奏事之位。尚书、左都御史在前，侍郎、副都御史、大理寺卿、大理寺少卿次之，其余陪奏官又次之，皆面向西而立，依次由东阶进至帝前。启奏事务的衙门堂官，捧举奏章，由东阶至章奏案前，跪，将奏章至案上，然后起身转至东阶西向，入班跪奏。如应用绿头牌启奏事宜，亦由堂官捧至御前西向跪奏。其余各官俱照品级高低，依次跪于堂官之次。每一衙门奏事完毕，各官由东阶照品级高低依次退下，轮下一衙门进奏，进奏程序如前。

各衙门进奏次序是：以户、礼、兵、工四部，分日首班启奏，三法司（刑部、都察院、大理寺）值第三班，吏部值第六班。以上是政务殷繁的衙

① 《清圣祖实录》卷161，康熙三十二年十二月癸酉。

门每日进奏的次序。其他事务较简的院、监，偶尔有事进奏，其进奏次序如下：宗人府奏事，在所有衙门之前；太常寺、光禄寺、鸿胪寺、国子监、钦天监奏事，在礼部之后；督捕清吏司、太仆寺奏事，在兵部之后；五城兵马指挥司奏事，在都察院之后；内阁、翰林院、詹事府奏事在各衙门之后；九卿有会奏公本，科道有条奏事宜，亦在各衙门之后。各奏事衙门除有堂官奏事外，均以满汉司官各二人陪奏，依次立于东阶下，进奏则跪于御榻左侧。初制，汉司官无陪奏之例，康熙十三年，始令各部院汉司官照满司官例，随堂官入奏。

此外，各部院事先出具所属满汉官各4人考语，移送吏部。御门听政之日，吏部按序列名单，随班引见，亦曰“侍班”。吏部引见各部院属官完毕以后，退下。内阁侍读学士2人，从东阶进至案前，面向北跪捧本日各部院奏函，退下。翰林、科道及侍卫等官皆退右。进奏百官奏事完毕，满内阁学士1人捧折本函，升东阶折旋而西。内阁大学士、学士从东阶进至御榻前，依次跪于御榻之左，记注官立于御榻之右，仍面向东而立。奉函学士至正中北面，至奏案前跪，启函取折本，依次启奏。每奏一事，皇帝降旨，大学士、学士承旨。政务处理完毕，大学士、学士等起立，从东阶下；记注官从西阶下。皇帝还宫，大小官员依次序随侍卫由后左门出。

听政内容

如果说清朝以前的御门听政是封建王朝显示君主勤政的一种礼仪形式的话，那么，到了康熙朝，御门听政真正具有了听政、议政、裁决庶务的政治意义。临朝听政乃国家大政，关系国计民生。御门听政是康熙朝中枢决策的重要形式之一，主要有两个方面的内容：一是听各部院官员面奏政事；二是与大学士、学士讨论折本。所谓“折本”，即指被皇帝退回内阁另行票拟的在京部院衙门的本章。清制，凡内阁票拟的部本呈进皇帝览后，内阁所拟的票签不被皇帝所同意者，即折一角发下，称为“折本”。届期，满内阁学士以清语背诵折本。有记忆未熟或清语生熟者，或有遗忘、舛错，会遭到皇帝的斥责甚至处罚，故而奏折本常被视为难事。

《康熙起居注》是现存的对圣祖御门听政的时间、地点、内容记载最为详细的典籍。圣祖御门听政时所讨论的具体政务，涉及王朝国家的方方面面。大则康熙初年裁撤“三藩”，平定吴三桂叛乱的军事决策，反击沙俄入侵，收复台湾，治理黄淮水患，漕运；小则选任、引见、考核官员，通过考察其奏对情况来判定官员在政事上的勤惰，外任官员陛辞时皇帝训话，垂询前来觐见销差的钦差大臣，审核重大案件等。圣祖“以实心行实政”，不务虚名，不好颂圣之言，与群臣共议政事。圣祖非常重视臣下意见，商酌政事时，不时征询熟悉情况之官员的意见。在处理难以决断的重大事件时，即便对某事已先有定论，但若发现诸臣所言更妥，则会立即改正，择善而从。圣祖曾有言：“朕从来不惮改过，惟善是从。即如乾清门听政时，虽朕意已定之事，但视何人之言为是，朕即择而行之。”①

御门听政实现了君臣面对面商讨国家政事，给出较为及时而又合乎国情的处理意见，使王朝政通人和。通过这种形式，圣祖与朝中官员直接接触，通过奏对考察官员的贤能与否，避免偏听偏信之弊；亲自处理国政，乾纲独断，防止皇权旁落、权臣弄权之陋。一首《御制宫门听政示阁部诸臣诗》，最能直接表达圣祖对御门听政的重视程度。诗曰：

中书天下本，六官庶僚首。
丝纶委寄隆，分职慎所守。

① 《清圣祖实录》卷110，康熙二十二年闰六月癸亥。

上相列天阶，喉舌筦北斗。
乾象方昭垂，古来讵虚授。
轩皇置六相，姬文择四友。
得人邦乃昌，此事谅非偶。
曰予既寡昧，欲然谢哲后。
听政日不遑，望道远何有。
启沃藉臣邻，匡赞资左右。
虽云际升平，民物岂康阜。
图终贵谨始，治安莫予狃。
广业惟克勤，励精期永久。
作诗一相勗，敬哉庶无负。

无疑，圣祖亲政后，每日御门听政，兢兢业业，毫无懈怠，在王朝生死存亡的危急时刻，君臣和衷共济，维护国祚的稳定，在天下大定之时，君勤臣顺，保证清政权稳定发展。御门听政的政治作用不可小觑。

划一满汉官品级

在清朝，绝大多数地方文官及武官的官缺，只额设1员，且不分满汉，其品级亦无满汉之别。故而，下文以中央文官为主要的叙述对象。

满汉官品级各异

清朝定鼎北京以后，虽然南方战事尚未平息，但作为统一中原的全国性政权，重新构建政权机构、完善管理制度，也是关系清朝政局稳定的大事。清朝统治者在入关后除仿照明制恢复中央行政衙门外，还依照中原汉族王朝官制，建立起真正意义上的职官品级制，汉官品级仍依明朝制度。顺治二年（1645）闰六月，清朝统治者制定满官品级：

御前内大臣，固山额真，六部尚书，都察院、理藩院承政，昂邦章京，多罗额驸，为一品。

内三院大学士，六部侍郎，都察院、理藩院参政，銮仪卫官二员，梅勒章京，护军统领，前锋统领，镇守盛京京城总管官，贝勒婿多罗额驸，摄政王下内大臣，为二品。

御前头等侍卫，内三院学士，六部满洲启心郎，六部、都察院理事官，銮仪卫官四员，甲喇章京，管前锋参领，五城满洲理事官，护福陵、昭陵总管各二员，镇守盛京两翼副管官，督催匠役总管官二员，镇守宁古塔、雄耀、凤凰各城总管官，固山额驸，摄政王头等护卫，辅政王护卫七员，亲王、郡王下各护卫六员，摄政王管仪仗官二员，为三品。

御前二等侍卫，内三院侍读，都察院、理藩院满洲启心郎、副理事官、主事，六部汉启心郎、副理事官、主事，銮仪卫官六员，国子监祭酒、赞礼郎，五城满洲副理事官，牛录章京，守太庙总管官二员，护福陵、昭陵副管官各四员，镇守盛京京城各旗章京，在外各城镇守官，在外总管藩牧官，摄政王下二等护卫，辅政王下护卫七员，亲王下护卫六员，郡王下护卫四员，贝勒下护卫六员，镇国公、辅国公婿，摄政王、亲王下各管仪仗官二员，为四品。

御前三等侍卫，銮仪卫官八员，半个牛录章京，守太庙官六员，护福陵、昭陵官，迎送使，管墩台两翼官，驻防锦州护军校，蒙古旗添设闲散官，旧设巡哨章京，总管牛羊蕃牧官，摄政王下三等护卫，辅政王下护卫九员，亲王下护卫八员，郡王下护卫五员，贝勒下护卫四员，贝子下护卫六员，公下护卫四员，摄政王、亲王、郡王下各管仪仗官二员，贝勒下管仪仗官一员，为五品。

内三院、六部、都察院、理藩院他赤哈哈番、造满汉历日他赤哈哈番，銮仪卫官十员，护军校，骁骑校，摄政王下管仪仗官四员，亲王、郡王、贝勒下各管仪仗官二员，贝子管仪仗官一员，为六品。

内三院、六部、都察院、理藩院笔帖式哈番，两翼教习三员，贝子下管仪仗官二员，公下管仪仗官一员，为七品。

公下管仪仗官二员，为八品。

诸王、贝勒下长史各照初授品级。

其汉官品秩俱仍旧制。①

顺治二年制定的品级制主要呈现出三个特点：

一是涉及的部院满官范围较小。由于清朝入主中原未久，当时部院很多职务未设满缺，所以品级制中所涉及的满官，主要集中在入关前的“内三院”“六部二院”，以及銮仪卫、国子监、五城衙门的个别官职。入关后，这些官员的品级需要纳入新的品级系统。

二是担任同一职务的满汉官品级高低有别。汉官沿袭了明朝万历以后职官品级旧制，满官品级则在此基础上另行规定。满汉官品级之差异主要表现在两个方面：

首先，满官品级无正从之分，且部院无八九品之满官。清初汉官品级沿袭明朝旧制，品有正从，满官则无。满官这种特殊的品级规定不仅定制之初即如此，而且在顺治朝延用了相当长的一段时间。根据谈迁的《北游录》记载：“满官止七品，无正从。”从著书时间上看，该书记载的是谈迁于顺治十年至顺治十三年间在北京游历期间的所见所闻。这说明，满官品级的这一特殊规定并非仅是顺治二年的暂行制度，至少是在顺治十三年以前，作为与汉官品级制迥然不同的制度形式一直存在。

① 《清世祖实录》卷18，顺治二年闰六月壬辰。

其次，满官品级高于汉官。在顺治二年满汉复职的官职中，除内三院大学士与国子监祭酒二职满汉官品级相同外，内阁学士，六部侍郎、理事官、副理事官、主事，都察院参政、理事官七职，满官品级均高于同职之汉官。如都察院理事官一职，满官较汉官要高出四等；而赞礼郎一职，满汉官品级则相差五等之多。

清朝统治者在入关前设置的职官并不完善，入关后又仿照明制增设职官。这些陆续增设的中央官员，也需要确立其品级。顺治三年至十四年间，不仅对新设职官的品级进行了新的规定，而且也调整了部分官员的品级，并呈现出以下特点:

第一，满官品级完善与官缺建制的同步性。设缺必定其品，官缺作为品级的载体，其创设轨迹直接影响着品级制的完善过程。入关之初，由于满人执政经验尚不丰富，所以只在重要衙署——如内三院、六部、都察院，设置满官管理行政事务。而诸如钦天监、太医院、礼部行人司等衙门或机构，在清初则不设满缺，其官缺均为汉缺。这一格局直接决定了顺治二年在职官品级规定上的局限性。顺治二年以后，随着各衙门满官的逐渐增设，清朝职官品级制，尤其是满官品级，亦趋于系统化。

第二，满官品级普遍高于同职之汉官。顺治二年至十四年间，清朝统治者对满官品级的定制与调整，仍然延续了顺治二年的原则。满汉职官品级上存在的差异，彰显着满族作为统治民族的特殊性和优越性。入关之初，清朝统治者往往通过刻意地强调满族的特殊性来震慑汉官与汉民。

第三，无八九品之满官。按明朝官制规定，八九品之官多为各衙门之佐杂，无甚权力，政治地位较低。入关之初，熟谙文治之满官不多，故多居于重要职位。加之当时旗人人口较少，且统治者刻意抬高旗人的政治地位，除旗人特有的低级官笔帖式外，旗人不充任原明代旧制中的八九品杂职官。

那么，统治者自己又是怎么看待品级制中满汉差异问题呢？康熙三年，清朝统治者曾对这一现象做出解释，“向来所定部院衙门满洲、蒙古、汉军官员品级，升转与汉官不同。满洲、蒙古官员向无外升转之例，故其品级稍优。”①虽然统治者以抬高满官品级来弥补升转上的限制为辞，但还是难掩其“首崇满洲”的民族意识在制定品级制上的体现。

顺治朝划一官品

顺治朝中期以后，连续发生的重大事件——多尔衮骤逝、世祖亲政——逐渐改变了清朝统治阶层内部对最高权力的掌控格局。这在一定程度上对清朝的治国理念造成影响，也包括在如何对待汉官的问题上。这种民族政策上的变化，最直接的表现就是顺治朝后期对满汉职官品级的划一。

顺治十五年（1658）七月，世祖谕令吏部：

> 自古帝王设官分职，共襄化理，所关甚钜。必名义符合，品级画一，始足昭垂永久，用成一代之典。
>
> 本朝设内三院，有满汉大学士、学士、侍读学士等官。今斟酌往制，除去内三院秘书、弘文、国史名色，大学士改加殿阁大学士，仍为正五品，照旧例兼衔。
>
> 设立翰林院，设掌院学士一员，正五品，照旧例兼衔。除掌印外，其余学士亦正五品。
>
> 以上见任各官，俱照本品改衔供职。以后升授，衔品俱照新例。
>
> 内三院旧印俱销毁，照例给印。内阁满字称为多尔吉衙门，

① 《清圣祖实录》卷11，康熙三年四月己未。

汉字称为内阁。

翰林院满字称为笔帖黑衙门，汉字称为翰林院。其侍读学士以下员数、官衔，满名照汉官称谓，通著察例详议具奏。

六部满汉尚书俱作正二品，满字仍称阿里哈昂邦，汉字仍称尚书。满汉侍郎俱作正三品，满字仍称阿思哈尼昂邦，汉字仍称侍郎。理事官满字称为一齐下喇哈番，汉字称为郎中，俱作正五品。副理事官满字称为爱惜喇库哈番，汉字称为员外郎，俱作从五品。主事满字称为额者库哈番，汉字仍称为主事，俱作正六品。司务添设满官，汉字仍称为司务，满字仍称为他库喇布勒哈番，俱作从九品。

都察院左都御史，满字仍称为哈思户额尔机阿里飞拜察喇昂邦，汉字仍称为左都御史，俱作正二品。左副都御史，满字仍称为哈思户额尔机阿思哈尼拜察喇昂邦，汉字仍称为左副都御史，俱作正三品。左佥都御史，满字仍称为哈思户额尔机阿达飞拜察喇昂邦，汉字仍称为左佥都御史，俱作正四品。监察御史，满字仍称为拜察脉拖喇哈番，汉字仍称为监察御史，俱作正七品。经历改为司务，添设满官，汉字仍称为司务，满字称为他库喇布勒哈番，俱作从九品。

通政使司通政使，满字仍称为阿里飞哈分布勒哈番，汉字仍称为通政使，俱作正三品。左通政，满字仍称为哈思户额尔机哈分布勒哈番，汉字仍称为左通政，俱作正四品。右通政，满字仍称为一齐额尔机哈分布勒哈番，汉字仍称为右通政，俱作正四品。左参议，满字仍称为哈思户额尔机爱惜喇喇哈番，汉字仍称为左参议，俱作正五品。右参议，满字仍称为一齐额尔机爱惜喇哈哈番，汉字仍称为右参议，俱作正五品。经历改为司务，添设满官，汉字仍称为司务，满字称为他库喇布勒哈番，俱作从九品。

大理寺卿，满字仍称为阿里哈哈番，汉字仍称卿，俱作正三品。少卿，满字仍称为一尔希哈番，汉字仍称为少卿，俱作正四品。寺丞，满字仍称为惜喇脉哈番，汉字仍称为寺丞，俱作正五品。寺正，满字仍称为寺依一齐下库，汉字仍称为寺正，俱作正六品。寺副，满字称为寺依爱惜喇库，汉字仍称为寺副，俱作从六品。评事，满字仍称为额者库，汉字仍称为评事，俱作正七品。司务添设满官，汉字仍称为司务，满字称为他库喇布勒哈番，俱作从九品。①

顺治十五年，清朝统治者只对内阁、翰林院、六部、都察院、通政使司以及大理寺11个衙门的职官品级进行了调整，以汉官品级为标准，降调绝大多数八旗官员的品级：

满大学士由一品降为正二品，满学士由二品降为正三品。

六部满尚书由一品降为正二品，满侍郎由二品降为正三品，满郎中由三品降为正五品，满员外郎由四品降为从五品，满主事由四品降为正六品；新设满司务，定其品为从九品。

都察院满左都御史由一品降为正二品，满左副都御史由二品降为正三品，满监察御史由三品降为正七品；新设满司务（后改称经历），定为从九品，汉司务由正六品降为从九品。

通政使司满通政使由二品降为正三品，满通政（后改称副使）由三品降为正四品，满参议由四品降为正五品；新设满司务（后改称经历），定为从

① 《清世祖实录》卷119，顺治十五年七月戊午。

九品，汉司务由正七品降为从九品。

大理寺满正卿由二品降为正三品，满少卿由三品降为正四品，满寺丞（后改称寺正）由四品降为正六品，满评事由四品降为正七品，新设满司务，定为从九品。

顺治十六年（1659）闰三月，清朝统治者再次更定在京各衙门满汉官职衔、品级：

翰林院侍读学士、侍讲学士，满汉字俱称侍读学士，侍讲学士。侍读、侍讲，满汉字俱称侍读、侍讲。修撰、编修、检讨，满汉字俱称修撰、编修、检讨。五经博士满汉字俱称五经博士。典籍满汉字俱称典籍。

内阁撰文中书，满汉字俱称撰文中书。办事中书，满汉字俱称办事中书。

以上品级仍旧。

宗人府府丞、启心郎、理事官，正四品。副理事官从四品。称谓仍旧。经历，称谓品级仍旧[①]。

六部满汉尚书、侍郎、郎中、员外郎、主事、司务等官，称谓品级俱仍旧。

兵部督捕侍郎，称谓品级仍旧。左右理事官，俱改为太仆寺少卿，仍协理兵部督捕堂上事务，正四品。

理藩院尚书，称礼部尚书，掌理藩院事，正二品。左右侍郎，称礼部左右侍郎，协理理藩院事，正三品。副理事官，从五品。院判，仍正六品。知事、副使，称谓品级如旧。

① 《明清档案》第20册，第6页。

都察院左都御史、左右副都御史、左右佥都御史、监察御史等官，称谓品级俱仍旧。满理事官，改称监察御史，正七品。都事，正六品。司务，从九品，称谓仍旧。

通政使司通政使、左右通政、左右参议等官，称谓品级俱仍旧。知事，正七品。司务，从九品，称谓仍旧。

大理寺卿、左右少卿、寺丞、寺正、寺副、评事等官，称谓品级俱仍旧。司务，从九品，称谓仍旧。

六科都给事中、左右给事中、给事中，称谓品级仍旧。

太仆寺满理事官、汉卿，俱称卿。满副理事官、汉少卿，俱称少卿。主簿称谓品级仍旧。

光禄寺满理事官、汉卿俱称卿。满副理事官、汉少卿俱称少卿。寺丞、四署掌印署正、典簿称谓品级仍旧。

国子监祭酒、司业、监丞、助教、博士、典簿、学正、学录、典籍，称谓品级仍旧。

钦天监监正、监副、春官正、夏官正、秋官正、冬官正、中官正、五官灵台郎、五官保章正、主簿、五官挈壶正、五官监候、五官司历、五官司晨、博士；太医院院使、院判、御医、吏目；上林苑监、左右监丞、署丞；中书科中书舍人、行人司司正、司副、行人。以上称谓品级俱仍旧。

户礼兵工四部各库司库，正七品，称谓仍旧。

礼部会同馆通事，满字称通事，汉字称通官，正八品。牛羊阿墩大，满字称吴尔哈伯喀达喇喇哈番，汉字称司牲官，正八品。

礼部铸印局、户部宝泉局、兵部会同馆大使、兵部督捕、刑部司狱、工部营缮所所丞，称谓品级仍旧。[1]

在这里，有必要对顺治十五年、十六年上谕中所提到的“仍旧”加以解释说明。对任何具体职官而言，称其品级“仍旧”应指系最近一次对其品级调整的结果，而非仅仅拘泥于明制或顺治二年之初制。下文对职官品级划一原则的分析，亦基于此认识之上。

顺治十六年基本保持了十五年对八旗官员品级的规定。总的来说，清朝统治者是以汉官品级为参照、降低满官品级。满汉复职、汉人专缺的官职，其品级基本沿袭明制。一些满人专缺之官职，在参考汉官品级的基础上，降低原有品级。如，宗人府理事官由三品降为正四品、副理事官由四品降为从四品，通政使司知事由四品降为正七品，理藩院副理事官由四品降为从五品等。这是清朝统治者在适应本民族政权政治需要的前提下，对原有制度的更新。

任何一项政策的制定，都必然有其前期酝酿与对其可行性进行商讨的过程。世祖对满汉职官品级前后进行的两次调整，对于清朝职官制度，尤其是品级制度的发展历程而言，造成的影响不小。但无论是在清朝历代文集、笔记，还是清朝诸实录，甚至清朝所修之典章政书中，我们都无法找到与顺治十五年、十六年划一满汉官员品级有直接关系的背景材料。但是，通过对世祖去世以后所颁布的“遗诏”的分析，我们似乎可以隐约地推测出其原委。

世祖以汉官品级为参照、降低满官品级，进而实现满汉职官品级上平等的政治举措，应源于其对汉族政治文化的学习和借鉴。世祖将这种对中原汉族王朝政治经验的学习转化为实践中的政策调整，与当时活动在世祖周围的汉族大臣的建议与影响不无关系。虽然他亦曾说过“首崇满洲，固所宜

① 《清世祖实录》卷125，顺治十六年闰三月朔。

也”，但是相对于其先辈而言，世祖对汉文化的借鉴更为积极与主动。

在世祖去世后，再次成为执政核心的满洲旧贵族并没有将职官品级制上的规定一以贯之地继承下去。反倒是在两个月后，立即声称“官衔品级，尚有未符，宜再详订。务期允当，以垂永久”。这一行政命令的下达，不仅昭示着顺治朝满汉职官品级平等时代的结束，而且也预示着清朝统治阶层将要对满汉职官品级制进行新一轮的调整。

满汉官品再异

在这里，有必要对顺治十五年、十六年上谕中所提到的“仍旧”加以解释说明。对任何具体职官而言，称其品级“仍旧”应指系最近一次对其品级调整的结果，而非仅仅拘泥于明制或顺治二年之初制。下文对职官品级划一原则的分析，亦基于此认识之上。

顺治十六年基本保持了十五年对八旗官员品级的规定。总的来说，清朝统治者是以汉官品级为参照、降低满官品级。满汉复职、汉人专缺的官职，其品级基本沿袭明制。一些满人专缺之官职，在参考汉官品级的基础上，降低原有品级。如，宗人府理事官由三品降为正四品、副理事官由四品降为从四品，通政使司知事由四品降为正七品，理藩院副理事官由四品降为从五品等。这是清朝统治者在适应本民族政权政治需要的前提下，对原有制度的更新。

世祖去世后，其皇三子玄烨（即后来的圣祖）即皇帝位，并以索尼、苏克萨哈、遏必隆、鳌拜四重臣辅之。虽然世祖生前对汉制备加推崇，以汉官品级为标准划一满汉职官品级，但康熙初年清王朝新的执政核心并未将这一原则传承下去。

四大臣辅政初年，首先以六部郎中、员外郎为对象，开始了对满汉职官品级新一轮的调整。顺治十八年（1661）四月，谕吏部："满洲郎中、员外郎，向来俱照汉官定为五品职衔。虽有正从，顶戴相同，全无分别。今思汉官郎中、员外郎原有内外升转之例，满洲郎中、员外郎例不外升，每多久任，难与汉官相同。且由员外郎升郎中者，品级仍同，何谓之升？以后满官郎中应改为正四品，员外郎应改为正五品。"相比之下，满郎中、员外郎之品级，较汉郎中之正五品、员外郎之从五品，又出现了满汉职官品级不平等的现象。康熙三年（1664）五月，又对六部汉军郎中、员外郎之品级进行了专门的调整，"汉军郎中应照汉官例，为正五品；员外郎为从五品"。

在康熙元年至三年间，安亲王岳乐等人多次奏请修改刊刻《品级考》（康熙十年成书）一书。该书是官员铨选的重要参考，有关官员品级的规定则是该书的重要组成部分。修改《品级考》一事，实质上也就预示着对满汉职官品级即将要做出的新的规定或调整。

果然，康熙六年（1667）二月，吏部即遵旨议覆：

各部院官员品级，照顺治十四年以前定例。

满洲：

尚书、左都御史，为一品；

左右侍郎、通政使、大理寺卿，为二品；

太仆寺卿、光禄寺卿、通政使司左通政、大理寺少卿、鸿胪寺卿、宗人府启心郎、钦天监监正，为三品；

国子监祭酒、太仆寺少卿、光禄寺少卿、通政使司参议、鸿胪寺少卿、钦天监监副，为四品；

国子监司业、都察院都事、通政使司知事、大理寺寺正、评事、太常寺寺丞、光禄寺署正、鸿胪寺鸣赞、礼部读祝官，为五品；

内院典籍、都察院经历、通政使司经历、太常寺博士、光禄寺署丞、典簿、各部院司务、礼部司牲官、各部院司库，为六品；

国子监监丞、助教，为七品；

都察院满洲监察御史十二员内，六员为三品，六员为四品；京畿道、巡视五城监察御史，为四品；内院满洲汉军笔帖式等，一半为他赤哈哈番，一半为笔帖式哈番。

汉军：

侍郎、学士为二品；

通政使司右通政、大理寺少卿、侍读学士、各部郎中为三品；

光禄寺少卿、宗人府启心郎、通政使司参议、监察御史、京畿道巡视五城监察御史、各部员外郎为四品；

各部主事、通政使司知事、大理寺寺正、评事、为五品；

内院典籍、太常寺博士为六品。[①]

由上段史料可知，康熙六年，清朝统治者是以“顺治十四年以前定例”为参照的。那么，此次满官品级的调整是否与顺治十四年之前完全一致呢？其自身又是否具有特殊性呢？

首先，康熙六年的品级调整，再次延续了清初满官品级高于汉官的政治传统。但又并非是对旧制的完全照搬。以上述材料中提到的职官为例：都察院满监察御史在顺治十四年以前均为三品，康熙六年定，十二员满监察御史内，六员为三品，六员为四品，京畿道及巡视五城监察御史亦为四品。大理

① 《清圣祖实录》卷21，康熙六年二月癸酉。

寺满寺正、评事，光禄寺满署正，通政使司满知事在顺治十四年以前均为四品，康熙六年均改为五品；内院满典籍在顺治十四年以前为五品，康熙六年改为六品；都察院满都事由六品升为五品。

其次，分别制定满洲、汉军旗人官员品级，是康熙六年品级调整的特点。在上段史料所提及的设有汉军缺的官职里，通政使司汉军右通政品级与满洲官品级相同，均为三品，高于汉官的正四品；都察院汉军监察御史只有四品，而满洲官则有三品和四品之分，但高于汉官的正七品；六部汉军郎中为三品，与满郎中同，高于汉官的正五品；六部汉军员外郎为四品，与满员外郎同，高于汉官的从五品；六部汉军主事为五品，满洲官为四品，汉官为正六品，汉军旗人官品级低于满洲官但高于汉官。除此之外的汉军官品级均与满洲官相一致，并高于汉官。虽然汉军官品级与满官品级并无太大的差别，但是，将汉军旗人官从满洲官品级体系中分离出来这一行为本身，实际上是对康熙三年将“汉军官员之品级与升转应参照汉官”这一政策的回应。这也暗示着在旗人群体内部，汉军旗人的政治地位正在发生着微妙的变化。

康熙朝划一官品

如果说顺治、康熙二帝亲政以前，清朝统治集团在满汉职官品级上所实行的民族差异政策，是满洲旧贵族狭隘民族心理的体现的话，那么，深受汉文化熏染的福临与玄烨对满汉职官品级的划一，则已不仅仅囿于统治民族所能获得的政治利益的大小，而是以全局性的眼光，从王朝、国家的整体利益出发，重视汉官政治作用的发挥。所以，当圣祖再次提及康熙初年的职官品级调整时，才会说“朕自冲龄已欲将满汉品级画一，故而改定”。

康熙九年（1670）三月，圣祖谕令吏部：“满汉大小官员，职掌相同，品级有异，应行画一，著议政王贝勒大臣，会同定议具奏。”同月，议政王大臣等做出议覆，在满汉职官品级划一的标准上，若将汉官品级与满洲划一，则汉官在外升调品级不符，所以仍参酌旧例，“将满洲官员品级，照顺治十五年之例”，与汉人划一。在清朝职官品级制度的发展史上，自康熙九年以后，满汉官品级虽然仍有调整，但再也没有因民族属性的不同而出现品级上的差异，满汉官品级调整均系同步进行。

无论是顺治十五年、十六年，还是康熙九年，顺、康二帝对满汉职官品级的划一对于满官而言，无疑都意味着政治利益上的损失。所以，在时隔十余年之后，个别满官仍对此存有成见。康熙二十年（1681），给事中雅齐纳条奏，应复八旗文官品级。所谓的恢复八旗文官品级，实际上就是使满官品级高于汉官。针对雅齐纳的条奏，圣祖认为：“满汉官员均属一体，朕自冲龄已欲将满汉品级画一，故而改定。今若再行更改满尚书为一品，汉尚书为二品，则汉尚书何以敌体满尚书乎？若然，则不如不用汉官矣。”①圣祖不仅从政治立场上对雅齐纳的条奏予以批驳，更从道德品质上斥责雅齐纳是“小人”，“怀挟私意，欲将品级更改，则伊品级便大，借此凌轹汉官”。这再次表明，深受汉文化影响的圣祖，是站在全局性的高度上，对满汉职官品级进行的调整与划一。相较于此前的满洲旧贵族而言，他的政治举措已超越了狭隘的民族局限性，对于满汉关系的调和与提高汉官的参政积极性，具有积极作用。

个别调整

康熙九年的品级改制，基本确立了清朝品级制满汉一致的原则和格局。其后，在此基础上，清朝统治者又对部分职官品级进行了调整，使品级制更

① 《康熙起居注》第1册，第788页。

加合理。

一是降调部分满汉官员品级。

宗人府司官。宗人府理事官、副理事官、经历与六部同，亦属司官，但由于其专管皇室及皇族事务，且担任这些职务的人又系宗室、觉罗人员，为崇其秩，原定其品级为正四品、从四品、正五品，均高于六部司官。康熙二十二年（1683），改宗人府理事官等品级与六部司官同，理事官为正五品，副理事官为从五品，经历为正六品。

内阁侍读学士。雍正三年（1725），雍正帝从内阁学士班第之请，将内阁侍读学士由正三品降为从四品。

太常寺读祝官。乾隆元年（1736），应太常寺卿雅尔胡达的建议，划一读祝官品级。读祝官初制五品，后据康熙朝《大清会典》记载，定为正九品。实际上，读祝官因其所在衙署及身份来源的不同，品级亦不划一。太常寺、鸿胪寺、掌仪司及陵寝都设有读祝官，其中由护军校、骁骑校补者，系六品；由八品笔帖式及捐纳监生补者，系八品；由无品笔帖式、库使、前锋护军放者，俱系九品；掌仪司读祝官，皆系七品职衔、六品顶戴。乾隆元年，划一读祝官品级，太常寺、鸿胪寺及陵寝读祝官内，除由护军校、骁骑校放者无主庸再定外，其余皆照掌仪司读祝官之例，加以七品职衔、六品顶戴。

一是定新设官员之品级。

太仆寺主簿。雍正二年（1724），设太仆寺满主簿1人，正七品。

翰林院官。光绪二十九年（1903）十一月，因裁詹事府各缺，而使“编检至阁学，中间遂缺三品、六品两阶”，遂于翰林院补设翰林院学士一职，秩正三品；补设翰林院撰文一职，秩正六品。

一是提升部分满汉官员品级。

内阁大学士、学士、典籍。雍正八年（1730），内阁大学士由原来的正二品升为正一品。内阁学士原为正三品，雍正八年（1730）升为从二品。乾隆二年（1737），将内阁典籍由从八品升为正七品。

六部尚书、侍郎。雍正八年（1730），六部尚书由正二品升为从一品。六部侍郎原为正三品，雍正八年（1730）升为从二品，乾隆十四年（1749）又升为正二品。

都察院、六科。雍正七年（1729），定满汉科道品级，六科给事中由正七品升为正五品；各道御史，满汉原为满洲例由员外郎升授，汉军例由郎中升授，俱为正五品；汉御史由内阁侍读、翰林院编修、检讨、各部郎中、员外郎补授者，为正五品；由主事、中行评博、行取知县补授者，为正六品。汉御史因升转途径的不同，有正五品和正六品之分。雍正八年（1730），都察院左都御史由正二品升为从一品。乾隆十七年（1752），满汉御史无论由何途升取，均改为从五品。

翰林院官。雍正三年（1725），翰林院讲读学士由从五品升为从四品，翰林院侍读、侍讲则由正六品升为从五品。

乾隆十五年（1750），掌院学士由原来的正三品升为从二品。光绪朝《大清会典事例》之《吏部·官制·原定满汉官员品级》作：翰林院掌院学士，初制正五品，以兼礼部侍郎衔为正三品。雍正八年升为从二品。《清史稿·职官志·翰林院》亦作：翰林院，掌院学士，初制正五品，顺治元年升正三品。雍正八年，升从二品。此两种说法均误，实为乾隆十五年。据《清会典馆奏议》载，乾隆十五年修会典，因官员品级有不协之处，总裁等折奏请示：

> 会典馆总裁和硕履亲王臣等谨奏为请旨事。臣等伏查《品级考》内，康熙九年定，各部院尚书、都察院左都御史，正二品。各部院侍郎，及内阁学士兼礼部侍郎、翰林院掌院学士兼礼部侍

郎，都察院左副都御史，均系正三品。雍正八年，……各部院侍郎改为从二品……乾隆十四年，各部院侍郎改为正二品。……其掌院学士，《品级考》内尚列三品，盖因目今俱以大学士兼管，是以未曾议及。但内阁学士与翰林院掌院学士均兼礼部侍郎衔，从前侍郎原以三品，今既改为二品，内阁学士亦因兼礼部侍郎衔改为从二品，而兼礼部侍郎衔之翰林院掌院学士尚列三品，稍觉参差。臣等现在恭纂会典，共同商酌，可否将翰林院掌院学士、都察院副都御史品级，同列为从二品。是否允协伏候训示，俟钦定后载入会典。谨奏请旨。十五年四月初十日具奏。

本日奉旨：都察院左副都御史仍著为正三品，翰林院掌院学士，著改为从二品。钦此。[①]

这段资料可以看出，雍正八年，虽然各部院侍郎都已改为从二品，但因当时及此后，翰林院掌院学士一职俱以大学士、尚书、侍郎等兼管，没有单任职为翰林院掌院学士者，所以尽管侍郎有雍正八年的改为从二品、乾隆十四年的改为正二品，都未曾议及翰林院掌院学士的品级。故而翰林院掌院学士的品级，在《品级考》内尚列为三品，仍是清初的规定。直到乾隆十五年修会典时，才提到这一问题，改翰林院掌院学士为从二品。而雍正八年改各部院侍郎都为从二品，与当时的翰林院掌院学士品级无关，即使乾隆十四年侍郎又升为正二品，原兼礼部侍郎衔的翰林院掌院学士也并未升为正二品，而是在乾隆十五年定为从二品。实际上，当时及以后，仍没有单任职为翰林院掌院学士者。嘉庆《大清会典》卷六《吏部》，在其“有兼充以省其官”条下，特别注明：“其本系专官，例由兼摄者，翰林院掌院学士，以大学

① 《清会典馆奏议》，乾隆年间抄本。

士、尚书、左都御史、侍郎，满洲一人、汉一人兼摄。”所以，乾隆十五年定翰林院掌院学士为从二品，主要在于确定翰林院的品级地位，是从二品衙门。

国子监官。乾隆元年（1736），将国子监监丞由原来的正八品升为正七品，博士、助教由从八品升为从七品，学正由正九品升为正八品，学录由从九品升为正八品。至光绪朝官制改革时期，因詹事府衙门裁并翰林院，致使翰林院官升途益隘。

内务府总管。乾隆十四年（1749），内务府总管大臣随侍郎，升为正二品。

各部寺司务。乾隆三十六年（1771）议准："司务一官，为部寺首领，非外任从九品等官可比，将各部寺满汉司务，改为正八品。"

笔帖式，清朝专供旗人入仕的途径之一。除内阁、钦天监衙门外，其余中央衙门均设有笔帖式。其品级，宗人府笔帖式均系七品，并无八品、九品之分，其余衙署笔帖式则有七、八、九品之分。

纵观有清一朝，满官品级变化最为复杂和频繁，无论是顺治十五年、十六年，还是康熙六、九年，品级制的调整均是针对满官。清初满官品级的反复调整，归纳起来，有以下共性：

第一，形成满官品级变化阶段性特征的主观因素，均与清朝最高掌权者的政治理念和民族意识有关。从顺治二年定制以来，满官品级在十五年、十六年先后与汉官划一，康熙六年又高于汉官，九年始再次满汉一致。满官品级变化的这三个阶段，也是清初政治形势较为复杂的时期，权力在年轻的帝王与摄政王、辅政大臣间几度交替。最高掌权者的转换，在一定程度上，影响了政策走向，尤其是在如何对待满汉的民族性问题上。自皇太极起，清朝统治阶层虽然都能在"首崇满洲"的前提下，视满汉为一体，但程度却各有不同。

世祖亲政以后，统治思想日益成熟，加之汉族儒家文化对他的熏陶，世祖越来越重视汉官的政治作用。以汉官品级为标准，调整满官品级，消弭职官制中明显的满汉畛域，实质上是世祖对汉官政治地位与作用的认可。四辅臣当政以后，立即修订官衔品级。从制度层面上提升满官品级，以便区分满汉、突显满洲民族作为统治民族的特殊地位，正是康熙六年满官品级再次恢复到顺治十四年以前旧例的用意所在。康熙八年（1669），圣祖擒鳌拜；九年（1670），再次划一满汉官品级。这不是时间上的巧合，而是圣祖对这种明显区分满汉的制度早就心存不满，故而其亲政后就立即恢复顺治十五年之例。另外，过分张显满洲的统治民族地位，区别对待汉官，也不符合清朝政局发展客观需要，以及满汉两民族逐渐融合、认同的历史趋势。

第二，康熙九年以前，清朝职官品级调整遵循的基本原则是：

（1）汉官品级与明朝旧制相一致，康熙九年以前，未见有调整。

（2）旗人官员品级，以汉官品级为参照。

在顺治十五年之前、康熙六年至九年间，高于汉官品级一品至三品不等。设有蒙古缺、汉军缺的职官，其蒙古官品级及变化过程完全与满洲官一致；汉军官，除都察院监察御史（康熙六年定，满洲监察御史有三品和四品两种，汉军监察御史均为四品）外，其品级及变化过程亦与满洲官相同。虽然光绪朝《钦定大清会典事例》卷十七、十八，把满洲、蒙古、汉军官品级分别罗列，但其实这三者的品级及其大的变化趋势是相同的。有清一朝，设有蒙古旗人专缺的官职，以从四品为最高；设有汉军旗人专缺的官职，则以正六品为最高。这也说明，蒙古旗人与汉军旗人在清朝的政治地位是有高低之分的。

在顺治十五年至康熙六年间，以及康熙九年以后，按汉官定制，划一满汉官品级。

第三，在满官品级高于汉官的阶段，满官品级通常比汉官高一品。但也有些衙门中的职官品级，满汉畛域过于悬殊。如：内阁典籍，满官为五品，康熙六年降为六品，汉官为从八品；六部郎中，满官为三品，汉官为正五品；六部主事，满官为四品，汉官为正六品；六部司务，满官为六品，汉官为从九品；都察院监察御史，满官为三品，康熙六年改为三品、四品两种类型，汉官为正七品；大理寺寺丞，满官为四品，康熙六年降为五品，汉官为正六品；太常寺赞礼郎，满官为四品，康熙六年降为五品，汉官为正九品；光禄寺署正，满官为四品，汉官为从六品；鸿胪寺鸣赞，满官为五品，汉官为从九品；中书科中书舍人，满官为四品，汉官为从七品；六科掌印给事中，满官为四品，汉官为正七品。造成以上同一衙署中满汉官品级悬殊的原因，主要有以下几个方面：

一是清朝统治者“首崇满洲”的政治理念，在职官品级制中的外在表现形式。康熙六年，在保证满官品级仍高于其同职汉官的前提下，降低部分满官品级，如内阁典籍、大理寺寺丞、太常寺赞礼郎。这说明：清朝统治者已经认识到满汉职官品级差异过于明显。康熙六年调整后，满汉官品级仍然存在差异，这种差异是对满洲统治民族地位的刻意强调，这也是造成所有满官品级均高于汉官的共同根源所在。

二是满汉职官称谓不同。顺治十五年、十六年之前，六部满司官、都察院满监察御史皆称理事官、副理事官。在清朝，理事官、副理事官是三、四品京堂官的统称，其品级自然高于汉司官与汉监察御史。

三是各官职掌性质的不同。太常寺赞礼郎与鸿胪寺鸣赞两职，虽然不是清朝政务处理过程中的中枢与关键，但其在清王朝的礼仪生活中，负有引导皇帝以及满汉文武大臣行礼的职责。所以，此二职不仅倾向任用满官，且其品级亦高于汉官。

综上所述，清初满官品级反复调整及满汉有别的政治现象，是清初统治者主观意识与当时制度层面的客观条件共同作用的结果。清初职官品级制中的民族畛域，是清朝作为少数民族政权的执政特点之一。满官品级反复调整的过程，也是清朝顺应满汉融合历史发展趋势的结果。

改内三院为内阁

内三院始设于天聪十年（1636）三月，由文馆演进而来，是入关前及顺治初年中央行政机构中的喉舌之司。太宗在不断模仿与学习明朝政治体制的过程中，将最初备皇帝顾问咨询的非官方组织，改进成后金及清政权的正式行政机构，并具有中枢决策之重要职能。无论是文馆还是内三院，都是太宗对明朝内阁制度的借鉴。只是在戎马倥偬之时，文馆、内三院的建制稍显粗糙，人员组成略显松散。在全面叙述清初文馆、内三院、内阁的递进历程之前，有必要对明朝的内阁制度作一简单回顾。

明朝内阁制度

自秦汉至元朝，丞相一直是封建官僚体系中的最高行政长官，辅佐皇帝治理国家。丞相位居文武百官之上，在处理行政事务的过程中，难免延揽大权，在某些历史时期，皇权与相权在权力的分配与使用上，会产生尖锐的矛盾。历代有作为的君主都会处心积虑地采取种种措施，制约相权的膨胀。至明太祖朱元璋废除丞相，首创内阁制度。明成祖朱棣以后不断发展完善，至嘉靖时期已趋于成熟，内阁成为明朝新的中枢机构。

朱元璋建立明朝以后，深以相权为患。他在总结元朝灭亡教训时，归结为君主不能独揽大权，将权力委与臣下，使臣僚得以专权自恣。洪武十三年（1380），明太祖朱元璋以丞相胡惟庸谋反为由，诛杀胡惟庸，废除丞相，结束了封建社会延续千余年的君权与相权之争。此后，明太祖乾纲独断，皇权空前加强，亲自掌管六部，直接处理国家政务。虽然此举避免了大权旁落，但明太祖亦深感以一身御天下之累，不可无辅臣相助。于是，洪武十三年九月，明太祖增设春、夏、秋、冬四辅臣，协助其处理政事。十五年（1382），取消四辅官辅政之制，改设华盖殿、武英殿、文渊阁、东阁诸大学士，侍从左右，以备顾问，官秩正五品。此可视为明代内阁制度的萌生。明成祖即位后，以解缙、胡广、杨荣等七人入值文渊阁，在阁办事，参与机务，因“授飧大内，常侍天子殿阁之下”，又被称为“内阁”。这一时期的内阁，还只是明成祖身边的机要秘书。六部诸司有事，直接向皇帝奏闻，不需经由内阁递呈本章，内阁还不具有决策权。故而，终永乐一朝，内阁大学士品级仍沿用明初旧制，为正五品。

明仁宗朱高炽即位以后，内阁各官权力日重，大学士多兼侍郎、通政使或正卿衔，品级也由正五品升为正三品。甚至有大学士兼领部院，官居一品。明英宗朱祁镇在位期间（正统朝），内阁大学士等官不仅政治地位提升，其执掌权力亦不同于往时，与其他中央部院衙门会商国家大事已成为常例。明世宗朱厚熜时，内阁大学士已改由尚书充任，朝位班次俱列六部前。明世宗前，内阁大学士已被时人视为宰相辅臣，居首者责任尤重，甚至朝廷政治得失皆视此人决断。嘉靖十六年（1537）四月，明世宗因内阁无专门的办事衙门，特命太监高忠率工匠商议修造事宜，“以文渊阁中之一间，恭设御座，旁四间各相隔，而开户于南，以为阁臣办事之所。阁东诰敕房内装小楼以贮书籍，阁西制敕房南面隙地，添造卷棚三间以容各官书办，于是内阁规制视前称完美矣”[①]。

设置文馆

明朝的内阁，辅佐皇帝裁决政务，解答疑问，提供谏言；以儒家经典和历代帝王的政绩引导皇帝为政；审核臣上奏疏是否合乎程式，对内外诸司奏章做出初步的处理意见，供皇帝参考；撰拟诏令、封赠谥号，主持修撰实录，编纂史书；主持内阁会议、会试等。可见，内阁的职责涉及王朝政治生活的方方面面，在国家机器正常运作的情况下，它是处在皇权控制下的中枢政务机构。

清朝对明朝内阁制度的借鉴，反映出清朝政权不断先进化、系统化的过程。

万历四十四年（1616），清太祖努尔哈赤在赫图阿拉（今辽宁新宾）建立大金政权，史称“后金”。此时的后金政权，尚处于初创阶段，太祖设理政听讼大臣和札尔固齐（即断事官），处理后金国内行政及民事事务。虽然太祖已有建立中央行政系统的政治意识，但已有的职官体系很不完备，实际上仍以八旗军制系统处理后金的行政事务。除此之外，太祖还选取通晓满、蒙古、汉文义之人，令他们教导满洲贵族子弟读书识字，或令其负责撰写诏书、奉旨出使，并随侍左右以备顾问。天命年间选取被掳掠之汉族儒士侍从左右，虽不具备官方正式行政机构的性质，但却是太宗设置文馆及内三院的原始萌芽形态。

太宗承其父之洪业，继续开拓，将后金政权引领到更高处、更广处。

① 《明世宗实录》卷199，嘉靖十六年四月癸亥。

太宗虽然是满洲贵族的代表，但他乐于吸纳汉族士人参与到后金政权中来，也仰慕汉族儒家文化，注重学习、借鉴汉族王朝的治国经验，“凡事都照《大明会典》行事”。天聪三年（1629）四月，太宗接受汉官的建议，健全政权机构，设置文馆。文馆，满语称为笔帖赫包（bithei boo），汉语称为书房。太宗重用文人，选取优异者充实文馆，并将入选的儒臣分为两班：一班以巴克什达海和笔帖式刚林、苏开、顾尔玛浑、托希戚等四人为主，负责翻译汉文典籍，以借鉴汉人的先进统治经验。自文馆设立后，在达海的主持下，至天聪六年（1632）七月，先后将汉文典籍《刑部会典》《素书》《三略》《万宝全书》《通鉴》《六韬》《孟子》《三国志》《大乘经》《礼部会典》等书翻译成满文。一班以巴克什库尔缠和笔帖式吴巴什、查素喀、胡球、詹霸等四人为主，记注本朝政事，总结为政得失，编纂史书，以昭信史。在库尔缠的主持下，《满文老档》（记注太宗所行之事迹）、《太祖武皇帝实录》先后编纂成书。此外，文馆还负责出纳章奏，传宣诏令，办理往来国书，撰写功臣敕书等。除上述满洲官员外，汉族儒士范文程、宁完我、高鸿中、鲍承先等人先后进入文馆，他们运用自己的学识为后金政权的发展与壮大出谋划策，成为太宗处理行政事务过程中的得力助手。文馆的设置，使后金政权以汉族王朝的中央行政机构为模式，迅速先进化。

太宗创设的文馆不设长官，无统领政事之人。满洲儒臣赐号“巴克什”，无赐号者称为“笔帖式”；汉族儒臣，有受副将、参将、游击世职者，无世职之人称为“书房秀才”或“书房相公”，此种称呼在《天聪朝臣工奏议》中屡屡可见。太宗虽已有意识选用有识之士，但当时人才匮乏。达海去世后，文馆中满洲儒臣多不识汉字，甚至不通文理，汉族儒臣又无职权，地位不高，秀才、相公们哄然而来，群然而散。

文馆的满汉语称谓也不正规，立法尚有不周。天聪五年（1631）十二月，宁完我就向太宗建议：笔帖赫包之称，汉语称书房，朝廷之上，怎能有书房之名？官生杂处，名器未定，应予以修正。此事仅是举手之劳，皇上为何不进行修改呢？据史书记载，六年（1632）正月，太宗将笔帖赫包（bithei boo）改名为笔帖赫衙门（bithei yamun）。

设置内三院

十年（1636）三月，太宗根据后金政权的具体情况，参酌汉族王朝的内阁制度，将文馆改称为内三院，分别是内国史院、内秘书院、内弘文院，并设大学士、学士、承政、理事官、举人、生员等。内国史院，记录皇帝起居、诏令，收藏御制文字；将皇帝用兵、行政事宜，与邻国往来的书札，编纂成史；纂修历代祖宗实录；撰拟祭祀天地、太庙等祝文，升殿宣读的庆贺表文，圹志文，功臣母妻诰命的印文，追赠诸贝勒的册文；编纂一切机密文移、各官章奏及官员升降文册；选择记载六部办理过的可入史册之事。内秘书院，撰拟与外国往来的书札；收录各衙门奏疏，辩冤词状，皇帝敕谕文武各官的敕书，告祭文庙及谕祭文武各官的祭文。内弘文院（乾隆朝以后所编史书，为避清高宗弘历名讳，改写为内宏文院），注释历代行事善恶，御前进讲，教导皇子及诸亲王，颁行制度。崇德元年（1636）六月，太宗再次更定内三院官制：内国史院设大学士1人，学士2人；内秘书院大学士2人，学士1人；内弘文院大学士1人，学士2人。自崇德元年至顺治二年的十年间，刚林、范文程、希福、鲍承先、洪承畴、祁充格、宁完我七人，先后出任大学士一职。内三院各设举人若干名。这些学士、举人等分别由满人、汉人、蒙古人担任。

内三院的设置及职掌，是参酌明朝内阁及翰林院建制而产生的结果。与天聪三年设置的文馆相比，内三院职掌明显扩大，政治地位显著提高。太宗在集中汗权的过程中，通过内三院下达自己的旨意，制约诸王、贝勒权力。

由于内三院各官可随太宗出入禁庭，故而臣下章奏皆由其转达。遇有太宗与诸贝勒、大臣等商议国事，内三院各官亦可参与议政。至于出使外国、招抚降人等临时派遣之事，太宗也更加信任与依赖内三院各官。内三院逐渐成为清朝在入关前中央行政机构中的中枢。内三院大学士、学士以汉官居多，他们参与后金的重大决策，对后金政权的完善化及汗权的强化起到一定的作用。太宗通过选拔汉族知识分子中的优秀人士参与到政权中来，优礼汉人，改善汉官的政治地位，缓和太祖朝时甚为尖锐的满汉民族矛盾，调整满汉民族关系。太宗将文馆改为内三院，反映出后金政权的国家机构逐渐正规化。

清朝入主中原以后，仍以天聪年间创设的内三院作为王朝处理国家政务的中枢机构。与此同时，又承明朝旧制，增设詹事府、大理寺、通政使司等寺监衙门，并将故明官员吸纳进中央行政机构，与满官一体办事。顺治、康熙两朝，清朝的最高权力先后在世祖与摄政王多尔衮、圣祖与辅政大臣之间交替。权力执掌者治国理念、民族认知的不同以及对汉族儒家文化的不同态度，决定了清朝中央机构在清朝初年多次被调整与重组。内三院与内阁的反复更替，就是在这一历史背景下进行的。

顺治朝，世祖因中央满汉官员品级不一，名义不符，于顺治十五年（1658）调整中央机构名称以及满汉职官称谓与品级，内三院就是调整对象之一。此次官制改革，除去内三院秘书、弘文、国史名色，复从明制，改称内阁（满字称多尔吉衙门，汉字称为内阁），销毁内三院旧印，再铸新印。改设中和殿、保和殿、武英殿、文华殿、文渊阁、东阁诸大学士名（乾隆朝罢中和殿大学士，改为体仁阁，以配三殿三阁之名），秩仍为正五品。大学士以下，设学士、侍读学士、侍讲学士、中书。

顺治十八年（1661），世祖驾崩，年仅八岁的皇三子即皇帝位，世祖遗命索尼、苏克萨哈、遏必隆、鳌拜四大臣辅政。虽然世祖生前对汉制备加推崇，但代替世祖成为执政新核心的满洲旧贵族并未将这一治国理念传承下去。四辅政大臣假借世祖遗诏，“率循祖制，咸复旧章”，“内三院衙门，自太宗皇帝时设立，今应仍复旧制”，遂于十八年六月复设内秘书院、内国史院、内弘文院，内阁、翰林院名目，俱停罢，翰林院归并内三院。同年七月，增设内三院官：各设满洲大学士1员，汉大学士1员；满洲学士2员，汉军学士1员，汉学士1员。内秘书院，以巴哈纳、金之俊、胡世安为大学士，鄂谟克图、胡兆龙为学士；内国史院，以额色黑、成克巩、卫周祚为大学士，查布海、折库纳、艾元徵为学士；内弘文院，以蒋赫德、李霨为大学士，布颜、王熙为学士。除任命以上大学士、学士外，内三院尚缺满洲大学士1员，满洲学士2员，汉军学士3员，四辅政大臣令吏部推举。初定汉大学士6员，此后若有空缺，不必推补，只保留3员官缺。复设之内三院大学士、学士品级，与六部尚书、侍郎同，分别是正二品、正三品。

设置内阁

圣祖铲除鳌拜后，于康熙九年（1670）八月改内三院为内阁，以承旨出政，大学士、学士官衔依照顺治十五年之例。人员设置上，以图海、巴泰为中和殿大学士兼吏部尚书，索额图、李卫为保和殿大学士兼户部尚书，魏裔介、杜立德为保和殿大学士兼礼部尚书，对哈纳为文华殿大学士管刑部尚书事，折尔肯、哈占为中和殿学士，塞赫达都为保和殿学士，马朗古、张凤仪为文华殿学士，靳辅为武英殿学士，田种玉为文渊阁学士，陈永为东阁学士，折库纳、熊赐履为翰林院掌院学士，俱兼礼部侍郎。

顺、康两朝反复调整内三院与内阁名称，说明清朝统治阶层内部在恢复满洲旧制还是继承明制的问题上，意见并不统一。康熙九年以后，内阁制度最终确定下来，设有典籍厅、满本堂、汉本房、蒙古房、满票签处、汉票签处、饭银库等机构，十年（1671）又增设诰敕房。此制一直沿用至清末，宣统三年（1911）四月，内阁被撤销。

康熙九年以后的内阁制度，系参酌明朝内阁制度，由内三院沿革而来。从职能上来说，与明朝内阁及内三院有共通之处。此三者的基本职责是协助皇帝处理中央或地方官奏报政事的题本为主，兼及撰拟制诰、敕文，与其他衙门官员会商国家大事，主持皇帝登极、立后、祭天地太庙等典礼，纂修史籍（康熙九年以后，虽分设翰林院，但清朝皇帝习惯亲自任命内阁大学士充监修总裁官，以学士兼副总裁、总纂、纂修等官，以侍读学习充纂修及提调官），参与会试及殿试等。在内阁的诸多职能中，票拟是其最重要的职责。

所谓“票拟”，是指内阁审阅题本后，先给出初步的处理意见，再交由皇帝裁决。若皇帝同意内阁的处理意见，就用朱笔将批准意见写在题本上，再发回批本处和内阁，此称为“批红”。若皇帝不同意内阁的处理意见，则将题本折角，被折角的题本称为“折本”，然后将折本也发回内阁，待御门听政时，皇帝与内阁大学士等当面商讨、决定。

除以上共性外，康熙九年以后的内阁制度也有其特殊性。较明朝而言，与清朝内阁分权的机构较多。清初有议政王大臣会议商讨机要政务，分散了大学士议政的权力。康熙十六年（1677），圣祖又立南书房，分散内阁的票拟之权。清朝内阁大学士的权力也明显不抵明朝。明朝内阁的票拟之权主要由大学士执掌，清朝自康熙朝以后设学士协助，大学士的票拟之权被分割。康熙九年以后的内阁不仅设有学士，还有侍读学士、侍讲学士，遇有疑难之事才请示大学士，否则大学士只有署名之权。且明朝内阁设有首辅大学士，权力甚大。清朝内阁无首辅大学士，权力分散。

在中国封建王朝中，皇权与相权是此消彼长的矛盾体。封建帝王不可避免地要利用臣僚辅佐朝政，可与此同时又要制约臣僚权力的膨胀，维护皇权的专制地位。一旦臣下权力过于强大，皇帝便会选任亲信之人，暗中代行权臣之职，以此分散权臣权力。或者增设官员，减小其职掌与权限。清朝内阁就是在这种规律中发展而来的。

明清两朝的内阁衙门位于太和门外，距皇帝禁宫甚远。为培养自己的机要班子，雍正朝时成立军机处（位于乾清门外），原属内阁的参与机密事务的决策权，渐被军机处取代。但是，内阁并未因此成为闲曹。无关军国机要的例行公事以及中央及地方官的日常题本，皆由内阁办理。据统计，一年之中，经内阁处理的部本多至六七千道，其中以地方官的题本居多。正是有鉴于此，内阁不仅没有因南书房、军机处的产生而被废除，反而增设协办大学士，以保证内阁有充足的人手，处理如此繁冗的日常政务，发挥其应有的职能。

首创南书房

南书房（也称为“大内南书房”），是清朝皇帝文学侍从的值班之所，始设于康熙十六年（1677），光绪二十四年（1898）裁撤。南书房原系圣祖的读书之处，又称“南斋”，位于乾清宫东西庑房的西南。

文学儒臣入职南书房

选取文学之士入值内廷，始于唐朝。开元年间，唐玄宗就曾选学问优长之人，“掌内制”。清朝入关前，也曾选取儒臣值内廷，以备顾问。太祖时，曾选通晓满、蒙古、汉文义之人，教导子弟读书识字，并掌撰写诏书、奉旨出使等。太宗时，在盛京设置文馆，并将一些有才学的汉族士人吸收到文馆中来，礼遇有加，以使他们为后金政权的发展壮大出谋划策。清入关后的顺治十七年（1660），世祖福临曾命在景运门内建造值房，选翰林院官分三班轮流值宿，以备皇帝不时召见顾问，“翰林院各官，原系文学侍从之臣，分班直宿，以备顾问，往代原有成例。今欲于景运门内建造值房，令翰林官值宿。朕不时召见顾问，兼以观其学术、才品”[1]。但世祖英年早逝，终顺治一朝，并未设立书房。

圣祖冲龄即位，虽然贵为人君，但治国经验和个人修为还需后天学习和培养。圣祖本人对知识也是极为渴求，尤其是对汉族儒家文化。经筵日讲之余，仍觉不足，身边需有博学之士常伴，以备随时讲经论道。康熙十六年（1677）时，圣祖有言：“朕不时观书写字，近侍内并无博学善书者，以致讲论不能应对。今欲于翰林内选择博学善书者二员，常侍左右，讲究文义。”[2]随后，翰林侍讲学士张英、内阁撰文中书高士奇奉命入值，此为选文学儒臣入值南书房之始。

入值南书房之人，以翰、詹出身的官员为主，兼及部院司官、地方官，一些专工书法或诗词的生员、举人亦得入选。供职于南书房的官员，无人员数量及品级限制。召入南书房供职，时人称为“入值南书房”或“入侍内廷”。入选者，不论官职崇卑，统称“南书房翰林”“南书房供奉”“内廷供奉”（此种称呼唯入选南书房之官可用，入选上书房者——上书房是清代皇子皇孙上学读书之地，位于乾清宫门内东侧北向五楹——不得用此称谓）。通常情况下，南书房翰林在南书房等候皇帝召见，圣祖居懋勤殿、养心殿、乾清宫、瀛台便殿、东便殿等处时，南书房翰林则奉旨侍从。若遇圣祖出外巡幸，南书房翰林也随驾同往。当然，圣祖也会亲临南书房，南书房翰林则在屋外等候宣召，方可入内。

南书房翰林有由皇帝特旨铨选者。康熙一朝，由皇帝钦点入选南书房的官员不在少数，如备受眷宠的高士奇，就是最显著的例子。高士奇本系浙江钱塘人，康熙初年赴京应顺天乡试落榜后，靠卖字为生。圣祖偶见其书法，

① 《清圣祖实录》卷136，顺治十七年六月乙酉。

② 《清圣祖实录》卷69，康熙十六年十月癸亥。

喜其字体清劲，特旨留其内廷供奉，十七年（1678）赐同博学鸿词科出身。继高士奇后，圣祖又特旨召翰林院掌院学士陈廷敬、侍读学士叶方蔼、庶吉士励廷仪入侍内廷。南书房翰林也有由翰林院与詹事府共商人选，呈报皇帝后，由皇帝钦定。如张英即系经此途径得以选入南书房，圣祖命时任侍讲学士的张英加食正四品俸，供奉内廷。南书房翰林更有由个人向皇帝推荐，如李光地推举方苞、李霨举荐王士祯即系此例。方苞是清朝文学史上桐城派的代表人物，但因文字狱（为戴名世《南山集》作序）而获罪，家口籍没入旗。后因李光地在圣祖面前荐其古文甚好而得释出旗，并被圣祖召入南书房供奉。王士祯本为户部郎中，以诗文得名于当时。圣祖曾向大学士李霨等询问诗文之优者，众皆以王士祯之名作答。于是，圣祖召王士祯入懋勤殿觐见，因其赋诗合乎圣意，特升其为翰林院侍读，随后召入南书房。

继张英、高士奇等人，又有蔡启僔、孙在丰、徐乾学、陈奕禧、李光地、张廷玉、朱彝尊、王鸿绪、魏廷珍、查慎行、胡渭、熊赐履等人，相继入值南书房，以汉族儒臣居多。入选南书房的官员，在当时地位极为清秘，且享有很多特殊的礼遇。每遇有地方或外藩进贡鲜味，圣祖都会派人送到南书房，赐给南书房翰林们品尝。圣祖还经常把自用的馔食以御用餐具盛之，赏赐给南书房翰林；笔墨台砚，字画诗作，更是恩赏不迭。为了便于随时宣召南书房翰林，圣祖特令于内城拨给闲房，如张英、高士奇二人得赐府第于瀛台之西的西安门内。此前，清朝从无汉族文学儒臣居住皇城内的先例。南书房翰林出入内廷时，皆奉旨由某门侍卫导引伴送，此后又奉特旨，允许南书房翰林在宫禁中乘马至所出入之门。若遇有南书房翰林身体抱恙或家有变故，圣祖都有所恩赏和抚恤。如李光地生病时，圣祖赐其鲜鹿肉条、薰细鳞鱼；张英父亲病故，圣祖特赏白银500两。

南书房职能

南书房兼具文化职能与政治职能。文化职能。设置南书房的初衷是拣选文史淹通之士，侍从圣祖左右，以备年轻的皇帝顾问垂询，并论经史、诗文，学习、借鉴前代的治国之策，探求治理本王朝的方略。现存于中国第一历史档案馆的《南书房记注》，是迄今为止发现的为数极少的有关南书房的第一手档案史料，它详细记载了圣祖与南书房翰林们在南书房的活动内容：经书方面，首先学习《大学》《中庸》，诵毕《中庸》，又讲诵《书经》；此后，开始讲读《易经》，同时温习《书经》。史书方面，先读《通鉴纲目》《通鉴前编》，后又改读《明实录》。

圣祖谈经论史方法是，先由他亲自讲说经书，次日再复读前一天的内容，然后开讲新内容。此后，再阅读史书。讲经读史之余，圣祖还与南书房翰林们品读诗赋，这其中也包括一些御制诗词。圣祖遇有闲暇，或逢佳节令期，都要与词臣唱和诗词，讲论作诗心得。除诗词歌赋外，临摹书法也是圣祖与南书房翰林们在南书房的重要活动之一。圣祖临摹名家手卷，亲笔题写寺庙、衙门匾额，书“福”字赏赐群臣，并常在退朝后与擅于书画的南书房翰林们研讨观摩。圣祖与词臣们讲析儒家经典，剖析经义，唱和诗词，品评书画，甚至与诸文士赏花钓鱼，无异同堂师友。有清一代士人，视南书房为清要之地，以能被选入当值为荣事。圣祖与南书房翰林们讲解经史，在培养个人修为和文化底蕴的同时，也暗含探求治国良策的深意。儒学经典中蕴藏帝王之术，各朝史书详载历代治国经验与教训，圣祖作为满洲贵族政治代表，尊重、赏识汉族文化，为清朝一统天下做出了文化上的准备，也为其治国理念的形成奠定了文化基础。

南书房翰林的另一文化职能是编撰和校对图书。南书房设置之初，圣祖就曾命陈廷敬和叶方蔼入值南书房编纂图书。平定吴三桂之乱以后，国内局势日益稳定。圣祖在积极学习儒家文化的同时，也极力促成文化事业的新发展。南书房翰林们在圣祖的授意下编校书史，冠以“御制”之名。康熙朝，经南书房编纂而成的书籍，为数甚多。其中较有影响力的一部典籍，就是《康熙字典》。该书由南书房翰林陈廷敬与张玉书同任总阅官，历时约六年时间，方告成书。《康熙字典》采用部首分类法，按笔画排列单字，全书分为十二集，以十二地支为准，每集又分上、中、下三卷，并按韵母、声调及音节分类排列韵母及对应的汉字。该书以明朝《字汇》与《正字通》为蓝本，“增《字汇》之阙遗，删《正字通》之繁冗”，并对二书中存在的错误，进行了考辨与修订。《康熙字典》之所以具有很大的影响力，就在于它规范了汉文字的读音，是汉字研究的主要参考文献。此外，南书房翰林们还负责审阅考卷，考订乐章，进呈春帖子等。

政治职能。南书房虽为圣祖学习汉文化而设，但非只供奉书画、赓和诗句而已。康熙朝时，尚未设有军机处，故而代皇帝撰拟诏令、谕旨，多系南书房诸臣为之。如康熙朝初期的张英，“一时制诰，多出其手”；康熙朝中期的谕旨，皆由高士奇拟进。又因南书房地近禁宫，权势日益荣崇，南书房诸臣也渐渐开始参与协商国家政务。圣祖也经常向南书房翰林们咨询庶政，访问民隐。与其他朝中诸臣相比，南书房翰林们与皇帝近距离接触的机会更多，对皇帝的决策以及对官员的升黜等，都有一定的影响力。故而，入值南书房的官员虽然政治地位不甚显著，但却备受敬重。如高士奇，每天退朝归家，其所居之巷都挤满了朝中大小官员的肩舆，其权势之赫奕可见一斑。康熙初年，在经历了四大臣辅政与鳌拜专权后，圣祖高度重视皇权的强大和独断，不断削弱议政王大臣会议的权力。在议政王大臣会议式微后，圣祖又设置南书房，分割外朝内阁的票拟之权，以南书房牵制内阁的权力，防止内阁大臣擅权，在加强中央集权的同时，也使皇权高度集中。可以说，南书房在康熙初年的政治生活中起过非常重要的作用。

清朝皇宫有外廷和内廷之分，乾清门外的太和殿、中和殿、保和殿、文华殿、武英殿等统称为外廷，乾清门内则称为内廷。康熙朝的南书房在乾清门内，地处内廷，圣祖与南书房翰林们谈论经史，唱和诗词，关系近密。圣祖在发挥南书房文化职能的同时，发现南书房比外廷内阁更易于操控，渐令翰林们参与政事，南书房也逐渐具备内廷中枢决策机构的雏形。至雍正朝，世宗更进一步加强皇权和中央集权，将康熙朝非制度化的决策机构南书房改进成制度化的军机处。军机处成立以后，撰拟谕旨成为军机大臣的重要职掌。

雍正朝以后，南书房作为皇帝文学侍从值班之所，仍继续存在。虽然南书房翰林们已经不再参与议政，只负责与皇帝唱和诗词，读书作画，但由于南书房翰林们能经常觐见皇帝，它仍是中央机构中的清要之地，具有一定的政治地位。除了职能变化外，南书房翰林们的入值之所也有调整。乾隆年间，南书房翰林们入值之所在圆明园东如意门外。嘉庆初，在勤政殿东垣建屋三楹，地逾清切。新值所建成后，如意门外的旧值所仍不废弃，平日由宫监把守。道光初年南书房翰林们奉命校勘书画，就曾在如意门外值所休憩。

另一种奏事途径

古代帝王君临天下，身居九重，与世俗民间似隔天壤，王朝政务向赖诸臣操持。历来贤德之主每日或定期听取臣僚汇报政务，乾纲独断，对朝中庶务给出最终的处理意见。自夏商周迄明清，臣僚向皇帝汇报工作的文书——又称“上奏文书”，名目繁杂，且代有不同。秦以前，多称“上书”；秦朝将“上书”改称“上奏”；汉朝发展出“章”“奏”“表”“议”四种文书名称；汉以后（包括明清两代），又衍生出“启”“状”“书”“疏”“札”“揭”等多种名目。这些“上奏文书”，又可统称为“章奏”“奏议”“奏疏”。

清朝奏事文书

清承明制，“上奏文书”中也有“本章”“表笺”之属。在奏折未出现前，“本章”是清朝政务处理系统中最主要的上奏文书形式。明清政治话语中的“本章”，主要指奏本和题本两种。

奏本。奏者，进也。本者，即以横幅纸折叠成折子的样式。陈奏政事、讽谏君主、进献典仪、弹劾官员，皆可用奏本。故而在奏本出现之初及至明代以前，既可用于公事，亦可奏报私事。明朝鉴于奏本和题本的用途混淆不清，遂规定：循例奏报、奏贺、乞恩、认罪、缴敕、谢恩及军民陈情、言事、申诉等事，均用奏本。至此，奏本成为专门向皇帝奏报私事的上奏文书。

清朝在入关初，对奏本所涉及的政务性质，未做严格的规定，不分公私，只要是以个人名义上奏即可。雍正朝始对奏本的内容和用途进行严格区分，并规定奏本不许用印。使用奏本的人员范围，明清亦有不同。明朝不仅朝廷官员可用奏本，而且除贱民、妇女之外的普通平民亦可通过此途径达到舆情上闻的目的。清初尚沿用此制，至康熙十年（1671），圣祖停府、州、县官进奏本，只令各省布政使、按察使、都司等官照旧进本。清朝奏本的格式与明制无大区别。

康熙朝的奏本，长23厘米，宽10.6厘米，每幅6行，一行24格，平行写22字，用仿宋细字书写。奏本封面正中偏上与本内单抬位置平齐处写一“奏”字，正文头行书写上奏人衙门、姓名，不限字数，在一行内书写。再写“谨奏”二字，“奏”字需另起一行抬头写。接着写所奏事由，“为某事”。正文结束后，结束语用“右谨奏闻”四字。奏本末尾书上奏时间及上奏人官衔、姓名。奏本文尾以白纸贴附于后，书此奏本的内容概要，此称为“贴黄”。 奏本先送通政使司检验，由通政使司转送内阁，内阁诸臣根据贴黄内容，票拟草签，最后呈送皇帝裁定。内阁批本处照皇帝最后裁定的文字，用朱笔照录于奏本封面，发送六科，传知相关衙门赴六科抄录原奏本及皇帝朱批内容。

题本。作为奏报公事的上奏文书，题本创始于明朝永乐年间，臣僚若有紧急公务无法当面陈奏，可用题本进呈。清代题本沿袭此用途，在京内阁学士以上，各部院、寺、监堂官，都察院监察御史，六科给事中，地方驻防将军、都统、副都统、总督、巡抚、盛京五部堂官，顺天府尹、奉天府尹，绿营提督、总兵均有上题本之权。其他官员若有事奏闻，则需由上司代奏。清朝的题本长七寸九分，宽三寸六分，堂口（即每行第一字与末一字之间的长度）五寸三分。通常情况下，题本用白纸折；遇庆贺皇太后、皇上寿辰，题本用黄纸，面封用黄绫；遇庆贺皇后寿辰，题本用红纸，面封仍用黄绫。以乾隆朝湖北巡抚惠龄之题本为例，对清朝题本的基本格式进行说明。封面标明“题”字，每幅六行；首行书题奏人衙门、官衔、姓，疏密俱作一行；再写“谨题”二字，“谨”字落地，“题”字单抬；平行十八字，足行二十字；题本末尾年月日下，列官衔姓名，与首行同；结束语用“谨题请旨”“谨具奏闻”。题本也有贴黄，用单纸1张，字连出格21字，依据题奏事由，简要概括题本主旨。题本的书写文字多用墨笔楷书，兼有仿宋细字。

清朝的题本因处理程序上的区别，有部本和通本之分。部本是指在京各衙门的题本径送内阁；通本是指地方官的题本先送至通政使司，由其检查题本格式是否合乎规格，而后由通政使司转送内阁。内阁诸臣根据贴黄内容，票拟草签，最后呈送皇帝裁定。内阁批本处照皇帝最后裁定的文字，用朱笔照录于题本封面，发送六科，传知相关衙门赴六科抄录原题本及皇帝朱批内容。

不可否认，奏本和题本在创始之初，的确发挥过下情上达、沟通君臣的重要作用。但它们的格式以及处理程序，也暴露出这两种上奏文书存在诸多缺陷。奏本和题本对格式有着严格的要求，不仅强调文采、字体，还严格规定纸张数和字数。随着历史的发展，奏本和题本因过于重视格式，使这两种上奏文书越来越形式化，内容也变得冗长而繁复，不便览阅。且处理程序不利于保密，奏本和题本中的通本都需经过通政使司转呈内阁，最后送皇帝裁决。在这一处理过程中，过目本章之人甚多，已无机密可言。如明代权相严嵩就曾利用其继子赵文华把持通政使司，凡奏疏中有参劾他的言语，无不先知。

奏折的产生

封建王朝君主专制，他们不仅希望臣僚以正常的途径奏报政务舆情，而且也需耳目机关监督甚至是监视各级官员，以达到控驭属下的目的。很显然，奏本和题本的转送程序已经使官员奏报的内容无机密可言。在君主专制和中央集权的需要下，另一种上奏形式正在清朝慢慢衍生——它就是奏折。

奏折，又称折子、奏帖、折奏。折，顾名思义，折叠之意，用无格纸折叠而成。每一独立奏折，纸幅不一，少则1幅，多则10余幅，且能舒展叠合。奏折作为臣对君的上奏文书的名称，最早出现在清朝的顺治年间。顺治十三年（1656）六月，世祖谕令吏部，在京科道及满汉官奏折，由原先呈送内院改为直接送到皇帝禁宫门前。奏折在使用之初，作为奏本和题本的补充形式，是以公开的渠道的呈送内阁或直接面奏皇帝，并非君臣之间直接沟通的机密文书。其奏报的内容，也多系向皇帝汇报某项交办政务，或请安、谢恩之类。顺治朝使用奏折的时间较短，且使用奏折的人员也仅限于少数在京满洲官员，奏折数量很少，加之无回缴奏折的规定，故而无原件留存于世。

至康熙朝，奏折作为一种重要的上奏文书，逐渐被推行开来。据学者统计，自康熙二十年（1681）至二十七年（1688）间，有关奏折的正式记载共有42次之多。奏折作为君臣间沟通的特殊形式，从另一侧面反映出君臣关系的亲密程度。这是因为，在康熙朝初年，有权力向皇帝上奏折的官员，要么是亲信大臣，要么是上三旗的包衣人员，如曹寅、李煦、王鸿绪等即属此类。其所奏内容，多为晴雨天气、米麦收成以及谢恩、题补等。此类奏折内容虽称不上机密，但对封建王朝的统治者而言，却是关乎社会秩序、江山国祚的大事。当然，如果没有圣祖的谕旨，无论官衔职位多高都不得使用奏折向皇帝奏事，只能由有权使用奏折的人代奏。随着皇权专制和中央集权的需要，奏折由最初只向圣祖奏报晴雨及零星琐事，逐渐发展为监视官员、密告舆情的机密途径。可用奏折奏事的人员范围也逐渐扩大，由少数特定人员发展到大批中央、地方官。

奏折制度确立以后，上奏折的人员范围也有了明确的规定：在京宗室王公，文职京堂以上，武职副都统以上，担任日讲起居注官的翰林院官、詹事府官、科道官；在外各省文职道员以上，武职总兵以上，驻防总管城守尉以上，新疆北路办事大臣、领队大臣以上；在京不准递奏折的人员，奉特旨派往外省查办事件，如学政、织造、税关监督以及科道、抽查人员，则可递奏折；外省可递奏折之人，如进京，亦准递折；被派往外省监考之正、副考官中，原可递折之人在出京、回京时，均可递进奏折，原不可递折之人唯在回京时方准其递折复命。

奏折按书写文字、使用纸张的不同以及用途，可分为不同的种类。由于清朝是以满洲为主体统治，满汉联合的封建王朝，满汉官员分别上清字折、汉字折、满汉合璧折。无论是何种文字，奏折都不拘于文采、格式，故奏折内字画工拙各异，只要是具奏人亲笔手写，词达其意即可，汉字一般楷书即可。奏折程式较奏本和题本更为简单，也便于阅读。奏折按其用途可分为请安折、谢恩折、庆贺折、奏事折。请安折和谢恩折用黄绫折与黄纸折——所谓黄绫折，就是奏折折面、折底粘贴黄绫绢，上有云龙图案，折身用黄纸。所谓黄纸折，即指折身用黄纸。庆贺折多用粉、红两种颜色笺纸书写，以示喜庆。奏事折一般用白纸折。至于奏折的尺寸，康熙朝尚未做出统一的规定，现存的满文奏折有大中小三种规格，大折长20.9厘米至25.3厘米、宽9.6厘米至11.7厘米，中折长11.9厘米至15.2厘米、宽7厘米至7.3厘米，小折长9厘米至10.2厘米、宽5.4厘米至6.4厘米。

奏折作为机密文书，呈转与处理程序有别于题本和奏本。地方官所上奏折，或经驿站传递，或由具奏人派专人递送至京；中央官所上奏折经笔帖式递送。内外奏折俱送至外奏事处（在乾清门外，旧在乾清门左阶上，后移于该门东边直房，即景运门内九卿房），再转交内奏事处（在乾清门内西庑，月华门之南侧）太监呈送皇帝。呈递奏折不经通政使司和内阁，由皇帝亲自批阅。皇帝用朱批亲自在奏折上写出对某件政事的处理意见，称为“朱批奏折”。如果遇有国丧，则用蓝笔代替，此种奏折又称为“蓝批奏折”。在这一过程中，朝臣无权干预和阅览奏折。皇帝的批复也直接下达上奏折之官员，仍按既定的运送程序，将朱批奏折退回上奏折的官员。当奏折发展成为机密文书后，未经允许，奏折及朱批的内容严禁公开，官员之间亦不得互相传看奏折。

五

尊儒重道　文化肇兴

SHUDU QINGSHI
YITONG TIANXIA

尊孔崇儒

圣祖冲龄即位，自幼就以学问淹通的汉臣为师，接受系统的儒家文化教育。在清初几位帝王中，他是继其父世祖之后，对儒家学说理解最为深切的一位帝王。圣祖自身儒学底蕴深厚，也最能体会以儒家伦理教化子民的深义。

康熙初年，四大臣辅政，满洲旧贵族重新成为清朝统治阶层的核心，顺治朝重用汉臣、推崇汉族儒家文化等举措都遭到驳斥与修正，甚至将其作为过错，写入世祖的“罪己诏”中，公之于众。在圣祖即位的最初几年，朝中大权一直是由以鳌拜为首的小集团掌控。康熙八年（1669），圣祖一举擒鳌拜，铲除威胁皇权的政治隐患，真正开始亲临天下的政治生涯。“圣谕十六条”正是在此历史背景下颁布的。

康熙九年（1670），圣祖为弘扬儒家教化，端正风俗，特颁“圣谕十六条”，向天下表达朝廷崇尚道德感化，慎用刑法，并期望民风淳厚，百姓安居的旨意。“圣谕十六条”的具体内容是：

敦孝弟以重人伦，笃宗族以昭雍睦，和乡党以息争讼，重农桑以足衣食，尚节俭以惜财用，隆学校以端士习，黜异端以崇正学，讲法律以儆愚顽，明礼让以厚风俗，务本业以定民志，训子弟以禁非为，息诬告以全善良，诫匿逃以免株连，完钱粮以省催科，联保甲以弭盗贼，解雠忿以重身命。

“圣谕十六条”

“圣谕十六条”的具体含义是什么呢?

敦孝弟以重人伦

“圣谕十六条”以孝弟开端，意在向天下百姓宣示忠孝之义。自古封建帝王择忠臣于孝子之门，“孝”乃天之经、地之义、民之行。“孝”最直接的实施对象就是父母。因为每个人从呱呱坠地开始，饮食行动都要依赖父母的庇护。待年岁渐长，父母要传授为人处事之道。及至成年，又要为子女谋划为生之路，选聘家室。可以说，从出生到成家立业，任何一个生命历程都离不开父母的操持。此恩情极重，昊天无极。报答父母养育之恩，是普天之下为人子女者需终生践行的使命。圣祖认为，戒赌博、饮酒，勿好勇斗狠、好货贪财，才是对父母最直接、最真挚的回报。当然，一个家庭中，除了有父母，还有兄弟姐妹。骨肉同胞之间谦让仁爱，家庭和睦，也是对父母养育之恩的另一种报答。在任何时代，家都是国的缩影。圣祖提倡“孝弟”，并进而将其推衍为对国家的忠诚，是希望个体治家的内在修为能够转变为治国的政治素养。只有在家为孝子、悌弟，方能为忠君之臣、爱民之官、忠勇之士、循良之民。

笃宗族以昭雍睦

宗族是以血缘为纽带的群体。家有宗族就如同水有分流，树有分枝。从人伦关系看，宗族和睦是对孝悌之义的推衍。圣祖认为，宗族是家庭概念的外延，同族之间的关系就是家庭关系的扩展。同胞骨肉之间要谦让和顺，同族之人也要有宗亲之谊。他以个体家庭和血缘家族为契入点，进而将一姓之秩序推行到整个基层社会，寄希望于将家庭和宗族和睦的楷模，变成普天下处理人际关系的准则，这才是圣祖的最终的政治理想。

和乡党以息争讼

如果说前两条圣谕是圣祖对子民提出的理想的道德准则，那么这条则是基于对现实生活中人际关系的理性考量。乡党邻里，生齿繁众，邻闾相接，往往因睚眦小事便起争执。各级地方行政机构，不仅承担着治理基层社会的职责，也要负责处理普通的民事关系。中国古代社会，往往试图以“和”的方式，将争执平息于萌芽状态。息讼即制止诉讼，是使乡党邻里安居乐业的重要手段，也是中国历代封建王朝的政治宿求。圣祖再次试图通过道德上的说教，来平息人与人之间的怨怼和争执。以德治天下，是中国历代封建帝王的理想。但是，现实与理想之间，总是隔着一道无法逾越的沟壑。

重农桑以足衣食

这是圣祖重视农业生产的直接体现。封建国家以农为本，农业生产是关乎百姓温饱、国祚稳定的大事。圣祖非常重视农桑之事，除循例举行耕籍之礼[1]外，还赏赐勤于农事的老农虚衔官职，甚至还在宫中亲自培植水稻。此条意在劝民重农务农，“一夫不耕或受之饥，一女不织或受之寒。衣食农桑，生于土地，长于时令，成于勤力”，稍有怠惰，就会坐受其困。圣祖认为，个体家庭衣食充足是社会稳定的前提，也是国库充盈的重要保证。

尚节俭以惜财用

勤俭是中华民族的传统美德，勤而不俭，就如同开源而不节流。圣祖希望天下百姓能够认识到年岁丰歉本无常，与其只顾一时享乐，不如积贮钱粮以备不虞之需。在保证基本生活需要的前提下，百姓能够戒骄戒奢，衣食、婚丧嫁娶的标准都要符合各自的身份和地位。这条再次体现出中国封建社会的内敛传统，强调个人修为对“齐家治国”的重要性。

隆学校以端士习

清朝虽然是以满洲为主体的少数民族政权，但自太宗皇太极始，就非常重视学校教育。在入关前，就初创八旗官学，培养八旗子弟。入关后，更是将这一理念推至全国。士，为四民（士、农、工、商）之首，是国家行政人员的人才储备库，也是基层社会中的精神风向标。士人习气，往往被视为社会风气和礼仪道德的模范。圣祖重视学校教育，是希望通过官方的培养和引导，端正士人习气，以其作为民风的表率。

黜异端以崇正学

中国传统思想体系中，儒、释、道三教并立。儒家所言为圣功王道，

① 这是一种农业礼仪。清制，皇帝在先农坛祭祀先农。又至观耕台的亲耕地中往返犁地三次，后由顺天府官员播撒种子，老农随后牵牛覆土。

自秦汉以后就被历代统治者尊为圣学、经典。儒学之外，还有释、道。朱子曰：释氏之教，都不管天地四方，只是理会一个心；老氏之教，只是要存得一个神气。释、道本质在于修身、修心、修气，与儒学的基本宗旨并不相悖离，故而自古就三教并行。但是，往往有邪恶之人，窃取释、道之名，篡改其宗旨，假借灾祥祸福之事，或诱取他人赀财，或烧香礼拜、荒废农工。这些都是非圣之言，荒诞之事，皆属“异端”。圣祖遵循历代传统，制定惩治“异端”法典之余，也希望通过道德训诫，引导百姓遵守圣学经典所言，摈斥“异端”。此条意在净化人心、稳定民心，进而维护皇权统治。

讲法律以儆愚顽

礼，约束事之未然；律，惩治事之已然。国家制定律例，向百姓宣讲，无非就是使其谨遵成宪，远离罪戾。若人人能通晓法律深意，警惕于未然，则囹圄可空，狱讼可息。这也是封建帝王的政治理想之一。圣祖认为，人的禀性各不相同，如：农耕之人，观念愚昧；为兵之人，性情强悍。他希望地方官及族长等，能将国家颁行的法律，条分缕析，讲明深意，以警醒兵民，使他们见法知惧，见律知刑。如果人人都能畏法，就不会犯法。农民勤作于田亩之间，兵士安分于营伍之中，社会则可长治久安。

明礼让以厚风俗

中国是礼仪之邦，“礼”在生活的各个层面都受到高度重视。仁义道德，非礼不能成；婚丧嫁娶，非礼不能成；郊庙燕飨，非礼不能行。圣谕中倡导的“明礼让”，实质就是强调尊卑有序。圣祖认为，尊卑有序是风俗淳厚的本源。只有心存礼让，戒除贪纵之念，嚣凌、抢夺、纷争之事自除。凡事遵循礼数，则无悖理行为。一人倡行，众人从之；一家行之，邻里效仿。由近及远，士农工贾，社会秩序井然，俗厚风淳，国家自然安定。

务本业以定民志

圣谕中提到的“本业”，就是孟子所谓的“恒产”。士、农、工、商、兵，是常见的五种“本业”。圣祖希望普天下之人都能各安本业：士作为四民之首，要谨身修行，自处可为有本之学，居官则可为国家有用之才；务农之人，不误农时，勤俭持家，按期缴纳税粮；为工之人，审四时饬六材，日省而月试，居肆而事成；为商之人，本业在于通有无，权衡贵贱，务要公平交易；身列军伍之人，操练行阵，就是本业。这一条寄托了圣祖管理基层社会的理想：如果士服先畴，工利器用，商通货财，兵资捍卫，各尽其职，世守其业，则各业无不成，天下太平之景象可待。

训子弟以禁非为

封建王朝对基层社会的教化，采取的方式是：每月吉时，在固定的场所，由地方官或乡绅宣读国法、乡约、族规，告诫人人懂得自爱，不做悖理之事。圣祖再次由家及国，希望通过父兄、乡绅、官员的训导，能让基层社会中的普通子民，端正兴趣爱好，心存礼义廉耻之念，远离干犯法纪之事。他最高的政治诉求是，无论穷乡僻壤还是通都大邑，人人懂得礼让孝义，平民子弟可至尊荣之位，公卿之家亦不至流为卑贱之辈。

息诬告以全善良

国家立法，在于惩恶扬善。人必有切肤之冤，不可用常情宽解，才鸣告于官府，以求伸张正义。但仍有奸宄之人，利用其熟谙律条的便利，舞文弄墨，凭空捏造，陷害他人。更有不良讼师，教唆申告，收取钱财，或借此饱一己贪欲，或以此报个人私怨。此即统治者所谓的“诬告”。诬告为害甚深，混淆是非，颠倒黑白，恶人没有受到应有的惩罚，反令无辜之人蒙受不白之冤。纵使有沉冤昭雪之日，小则怠废农事，大则倾家荡产。故而，特申此谕，并定有诬告反坐之令，期以此严惩诬告之人，同时也是对善讼之人的一种警告。不称“禁讼”而曰“息讼”，意在与其用法约束，不如感之以情，晓之以理。诬告之人的言辞本属虚假，迫于公论，亦不敢申告不已。兵不诬兵，民不诬民，兵民亦不相诬，则能保全善良之人，天下亦归于无讼的理想秩序。

诫匿逃以免株连

逃人，是清入关初对某一人群的特有称谓。满洲贵族沿袭入关前旧制，逼迫大批汉人投充门下，成为奴仆。汉人奴仆不堪满洲贵族的摧残与压迫，纷纷逃亡。这些逃跑的汉人，被称为“逃人”。清初统治者特定“逃人法”对其严加惩治，对容留逃人或知而不报者，治以大辟等重罪。圣祖亲政后，体恤民情，对逃人及窝藏逃匿之人，改行宽典，并在历年恩诏中对逃人事件概行赦免。除逃人外，作奸犯科之人，是诫匿逃的另一针对对象。小到聚众赌博，大到盗窃行凶，皆是干犯律例之事，容留匪人之家岂能脱离关系。故而，奸猾狡诈之人，实为善良人家之累。此条对天下兵民具有普遍意义，意在告诫兵民迁善远过，不结交游手好闲之徒，不行险恶侥幸之事。父兄邻里之间互相告诫、提醒，远离是非之人，四邻乡井安宁，国家方能刑期无刑。俗厚风淳，何患株连?

完钱粮以省催科

赋税钱粮对国家而言，有着至关重要的意义。举国用度皆赖于此，官员俸禄、兵丁饷银、备荒歉之资皆出于赋税，正所谓取之于民，用之于民。在统治者的观念中，以下奉上是臣民之职。天下百姓不能因懒惰而荒废本业，不能因骄奢而耗费赀财，按时缴纳赋税，毋待官府追缴。以剩余之钱粮，赡养父母，完婚完嫁，供给日常所需。如此，村巷才可无呼号催科之吏。百姓若不知国家税课的重要性，有意抗违或故意迟缓，地方官就不得不严加追征，胥役亦借机多加需索，反多于应纳之数。朝廷忧劳之事，皆与民事相关。河水泛滥，筑堤防护；干旱之年，为民虔诚祈雨；遇有蝗灾之年，为民扑灭，避免成灾。纵使不幸成灾，朝廷又屡下蠲免赋税钱粮的恩诏，多方赈济。为子民之人，岂能故意拖延赋税，以致耽误国家大事。按时缴纳国课，则官不烦而吏不扰，何乐而不为？

联保甲以弭盗贼

安民重在弭盗，圣祖认为，保甲是守御良方。十家为甲，十甲为保，设甲正、保长，并立有簿册，以便互相稽查。但保甲之制，施行日久，难免因循之弊。官吏只顾稽查户籍，百姓仅置门牌，并未实心奉行保甲之制，以致滋生窝藏之弊，盗贼难弭。邻里失事，竟漠视不顾。更有甚者，假公济私，甲长、保正借盘诘之名，无端苛求骚扰，保甲之制反而成为百姓之累。凡有利于百姓的良法，必要实心奉行。城市乡村要严行保甲，每处各自分保分甲，甲长、保正平时稽查各家情况，遇有不务正业，聚众饮酒、赌博、斗鸡之人以及踪迹可疑者，随即纠察检举，不许其容留甲内。对于荒原、古庙、闹市等极易藏奸处，甲长、保正更要严加防范。各处汛守兵丁，亦要配合甲长、保正严加稽查，切勿徇私故纵。至于沿江沿海等无法设立保甲处，舟船往来，彼此互相稽查。如此，盗贼无处容身，兵民人等方能享安静之乐。

解雠忿以重身命

人的身体性命，所关甚重。百姓勤劳农事、孝事父母、教养妻子，兵丁演习技勇、捍卫疆土、报效朝廷，皆赖身体性命之存在。所以，人人都要自爱己身。但是，人与人交往，有意气用事之时，不能遏制怒气就成仇敌，互相报复，最终伤及性命。而导致这种结果，往往起因甚微，但为害甚大。纵使国家法典再宽，也不能施恩于杀人凶手。“圣谕十六条”以“重身命”作为终结，实为其哀矜悱恻之意。天地以好生为德，强者依恃膂力杀人逃亡，弱者以投水投缳为抵命之法，无论是哪种情况，都不是珍视生命、爱惜己身的行为。究其根源，往往多系纵酒行凶。人命案件中，因酒后行凶者往往十有五六。置身于牢狱之中，家破人亡，连累父母妻子，祸及乡邻，悔之晚矣。自爱之人，应深思仇怨与自身性命，孰轻孰重，切勿只图一时之快。古语有言：忍之斯须，乃全尔躯。解去仇忿，则可保全身家性命，凌竞之气逐渐息化，闾阎相保，营伍相安，下以承家，上以报国，优游盛世，共跻仁寿之域。

这16条圣谕，从纲常名教到耕桑作息，涉及生活中的很多方面。有些是圣祖对子民的真切训诫，有些则是他的理想化设计。“圣谕十六条”颁布后，为避免其徒具虚文，圣祖谕令通行晓谕在京八旗各佐领，并令五城兵马司选派人员于每月初一、十五日对汉人宣讲。直隶各省、府、州、县长官，也将此十六条圣谕视为劝化地方的教材，以百姓通俗易懂之言加以解译，并定期于每月初一、十五日召集士民于公所，乡镇等则选择一处空阔祠宇，选年高有德、为乡邻敬重之人，敬谨讲说十六条圣谕。平日无事，邻里之间亦要互相叮咛。乡长上报有孝亲敬长、行谊可风之人，在讲习所等众人瞩目之处，赏给红花以示奖赏。有凶暴犯上、不务本业、行事不法之人，亦到讲习所惩责枷示。即便是偏僻遥远之地，亦要远近同风。如台湾归服以后，就曾有人建议在台湾地区宣讲圣谕，以化导民风。其言：台湾之患，不在富而在不教，兴建学校，尊重师儒，自郡邑以至乡村，多设义学，延请有品行之人为师，初一、十五宣讲“圣谕十六条”，多方开导，家喻户晓，以孝悌忠信礼义廉耻八字，转移士习民风，此为今日之急务。康熙二十五年（1686），圣祖又定武臣讲读“圣谕十六条”之例，令各直省督抚转行提镇等武官晓谕各营伍将弁兵丁，若荷戈将士咸知名教纲常，则永无匪行。清朝不仅在直省各地宣讲“圣谕十六条”，而且也在西南土司管辖之地讲读，使教化大行。

“圣谕十六条”是圣祖以儒家思想治理国家的基本体现，康熙朝及其后世官民也将其视为修身齐家必须遵循的基本道德准则。后世帝王也非常重视对这十六条圣谕的宣讲。世宗即位后，唯恐兵民遵行日久，生怠惰之心，在“圣谕十六条”的基础上，旁征远引，逐条解译其义，推衍其文，并将所得之言汇集为《圣谕广训》。无论是“圣谕十六条”，还是《圣谕广训》，都是期望天下百姓能以儒家倡导的礼义廉耻作为谨身节用的准绳，尽除浮薄嚣凌的陋习，使整个社会风气淳朴敦厚，并最终达到国家长治久安、百姓安居乐业的目的。

首开“博学鸿儒科”

如果说经济是封建王朝得以存在的物质基础，那么文化则是封建王朝能够在历史长河中传承的精神寄托。

满洲在建立政权前，长期从事游牧渔猎活动，并无文化积淀，甚至连属于本民族的文字都没有，只能借用蒙古文字。后金国建立以后，在军事上攻城掠地，所向披靡，但其思想文化仍然落后于汉族。尤其是在清朝入主中原后，如何统治文化先进、人口众多的汉民族是亟须解决的问题。他们不能只用武力治理天下，而是迫切地需要得到汉族知识分子的支持与认同，这对于一个少数民族政权而言，具有深远意义。

清初的统治者们很快就意识到了问题的关键所在。为了缩小与汉民族间的文化差距，他们不仅尊孔、祭孔，汲取汉族儒家的政治思想，以其作为治国的基本理念；而且修书、译书，大兴文化工程，极力争取汉族知识分子的认同。清入关之初，以多尔衮为首的满洲统治者就开始举行尊孔、祭孔仪式，并封赏孔子的嫡系子孙为衍圣公，给予他极其尊崇的地位。圣祖亲政后，继续遵循这一文化政策。随着知识的积累，圣祖比前辈更清楚地认识到，尊重儒学对汉族知识分子的深远影响。他对儒家文化的推崇远超前代，在中国历史上留下了垂名千古的文化盛事。

时至康熙十七年（1678），清朝已然入主中原20余年。尽管满洲统治者已经采取多种方法笼络、延揽汉族知识分子，但士人的反满情绪仍很强烈，不愿与朝廷合作。为了缓和满汉间的民族矛盾，改变满洲缺乏文化底蕴的形象，圣祖采取了一系列尊孔崇儒的措施，向天下士人宣示，清朝与历代汉族王朝一样，以儒教作为治理国家的基本思想准则，实行王道仁政。圣祖极为提倡程朱理学，以四书五经命题，科举取士，以朱熹的注释为评判试卷的标准。

“博学鸿儒科”起源于唐玄宗开元年间，初称“博学宏词科”，是科举考试中的最高级别。此科对应试者要求甚高，录取概率也非常低。唐宋两朝，经由此科入仕者寥寥无几。元、明两朝未有开设博学宏词科的记载。圣祖在康熙九年（1670）做过一次尝试。他颁诏天下，敦请隐逸大儒与朝廷合作，同时允许中央及地方官各举所知。但清初的汉族士人持有强烈的华夷观念，且心怀明朝故国，不愿为少数民族政权效力，应诏者仅有几人。虽然此次尝试未取得成效，但圣祖深知，若能得到这些人才的认可与支持，极有利于国家的治理。且笼络住这些有名望的硕儒，也就争取到了汉族精英人士的拥护，有助于缓和满汉间的民族矛盾。

十七年正月二十三日，圣祖特命开“博学鸿儒科”取士，令中央及地方官员举荐有名望的博学硕儒，且以江浙满汉矛盾较尖锐地区的知识分子为重点招揽对象。他在上谕中说道：“自古一代之兴，必有博学鸿儒，振起文运，阐发经史，润色词章，以备顾问著作之选。朕万几时暇，游心文翰，思得博洽之士，用资典学。我朝定鼎以来，崇儒重道，培养人才，四海之广，岂无奇才硕彦，学问渊通，文藻瑰丽，可以追踪前哲者！凡有学行兼优，文辞卓越之人，不论已未出仕，着在京三品以上及科道官员，在外督抚布按，代为题荐。务令虚公延访，期得真才，以副朕求贤右文之意。尔部即通行传谕遵行，特谕。”①圣祖在上谕中将唐朝时创设的“宏词”改为“鸿儒”，表明他更强调和看重给予应试者本人荣誉。而且，圣祖对被荐举对象的身份几乎没有限制，条件极为宽松，只要求应试之人“绩学能文”。

从这一角度来看，圣祖所开“博学鸿儒科”并不是一场真正意义上的考试，更确切地说，是邀揽人心的文化盛宴。清朝各级官员在接到圣祖的诏令后，都积极向朝廷推荐合适的人选。在不长的时间里，就有180余人的名单上报朝廷。由于冬季白天较短，不利于答卷，圣祖并不急于开始这场特殊的考试，将考期改在来年的春天举行。同时，他命礼部等相关部门，安排好应试者的饮食起居，除京城现任官外，每月每人发给俸银3两、米3斗作为廪饩，直到考试结束。

十八年（1679）三月初一日，除老病不能入试者外，共有143人参加考试。圣祖在紫禁城内的体仁阁接见他们，先行赐宴，列高桌50席，每席设4椅，太宰2员、掌院2员，南北向坐，谓之主席。赐宴后，发给试卷，用矮桌列于丹墀下作文。试题共两道，一是《璇玑玉衡赋》，一是《御制省耕诗·五言排律二十韵》。考试结束，吏部收卷，翰林院负责封收试卷，然后将试卷进呈圣祖亲阅。圣祖令阅卷官大学士李霨、杜立德、冯溥、叶方蔼读卷，初步拟定录取名单。读卷各官，按照前代制科分等第、进士科分甲乙之例，将应试人的考试结果分为四等，然后呈送圣祖钦定。

据史书记载，拆卷当日，圣祖在审阅名单与试卷时，颇有几段轶事留存于世。圣祖见有未完成考卷但却名列中等卷者，遂询问读卷各官缘由，读

① 《清圣祖实录》卷71，康熙十七年春正月乙未。

卷官以该试卷“文辞可取”回奏。圣祖见另一试卷中有“验于天者不必验于人”之语，询问读卷各官是否悖逆，各官称此语虽词不达意，但并无大碍。圣祖又以汪琬卷中有“或问于予曰”“唯唯否否”之语，询问读卷各官，此语是汪琬自指，还是暗指皇帝。读卷官解释道，赋体大抵皆寓言，不一定有实际指向。朱彝尊诗中有“杏花红似火，菖叶小于钗”之句，圣祖遂质疑“菖叶安得似钗”。读卷官也一致认为，此句不甚合适。圣祖因朱彝尊是老名士，并未再追究其文辞不当之误。可见当时法律之宽，皇帝爱贤之笃。

清朝的首次“博学鸿儒科”共录取50人，其中一等20名（彭孙遹、倪灿、张烈、汪霦、乔莱、王顼龄、李因笃、秦松龄、周清原、陈维崧、徐嘉炎、陆棻、冯勖、钱中谐、汪楫、袁佑、朱彝尊、汤斌、汪琬、丘象随），二等30名（李来泰、潘耒、沈珩、施闰章、米汉雯、黄与坚、李铠、徐钒、沈筠、周庆曾、尤侗、范必英、崔如岳、张鸿烈、方象瑛、李澄中、吴元龙、庞垲、毛奇龄、钱金甫、吴任臣、陈鸿绩、曹宜溥、毛升芳、曹禾、黎骞、高咏、龙燮、邵文远、严绳孙），皆授以翰林院职，俱令纂修《明史》。其中，邵吴远授为侍读，汤斌、李来泰、施闰章、吴元龙授为侍讲，彭孙遹、张烈、汪霖、乔莱、王顼龄、陆棻、钱中谐、袁佑、汪琬、沈珩、米汉雯、黄与坚、李铠、沈筠、周庆曾、方象瑛、钱金甫、曹禾授为编修，倪灿、李因笃、秦松龄、周清原、陈维崧、徐嘉炎、冯勖、汪楫、朱彝尊、丘象隋、潘耒、徐钒、尤侗、范必英、崔如岳、张鸿烈、李澄中、庞垲、毛奇龄、吴任臣、陈鸿绩、曹宜溥、毛升芳、黎骞、高永、龙燮、严绳孙授为检讨，俱入翰林院。因年迈回籍之人，如杜越、傅山、王方谷、朱钟仁、申维翰、王嗣槐、邓汉仪、王昊、孙枝蔚，俱授为内阁中书舍人。圣祖又敕令吏部，授予取中者职衔。吏部等会商的结果是：有官之人各照原任官衔供职，未入仕的进士、举人给予中书官衔，贡、监生及布衣俱给与翰林院待诏，因年老而未参加考试之人均给翰林院司经局正字职衔。对于那些未被录取者，圣祖特旨，现任官仍归原任，候补者仍令候补，未仕者俱令回籍。圣祖特开“博学鸿儒科”，应试之人与录取之人，人才德业、理学政治、文章词翰、品行事功，无不悉备，无愧于“鸿儒”之称，是康熙初年的文化盛事，堪称一代奇观。此次取士，虽然仍有顾炎武、黄宗羲、傅山等怀念故明的名士拒绝应试，但大部分被荐者都已应召赴试，其中江浙地区又占多数（江苏占23人，浙江13人）。这表明，满洲统治者崇儒重道的治国理念，已得到汉族知识分子的认可，达到了笼络人心的目的。但是，对于应试的汉族知识分子而言，心情却极为复杂与矛盾，他们不屑于满洲统治者的少数民族身份，但却因其推崇儒教、尊重士人而感到欣喜。正是在这种心理的作用下，才有李因笃甫授翰林院检讨之职，就陈情回家终养父母。在一统天下的大局已定的情况下，汉族知识分子——主要是南方士人——虽然对清朝的排斥情绪仍存于胸，但他们正逐步做出与朝廷合作的姿态。

康熙初年开设的“博学鸿儒科”，在汉族知识分子心中产生的反响不尽相同。有如顾炎武、黄宗羲拒绝应试者；有如汤斌、朱彝尊等参加应试并接受清朝官职者；有如李因笃参加应试并接受官职，但又旋即辞官归乡者。除此之外，还有一些人因自己未得到荐举而肆意蜚谗“博学鸿儒科”，甚至作诗嘲讽。其诗云：

自古文章惟李杜，而今李杜亦稀奇。叶公懵懂遭龙吓，冯妇疾呆被虎欺。

宿构零骈衡玉赋，失粘落韵省耕诗。若教此辈来修史，胜国君臣也皱眉。

这些人被当时人称之为“野翰林”。其实，康熙十七年得以被荐举入试“博学鸿儒科”之人，未必皆名副其实，考官在考场中竟察出雷同卷。王霖与徐笠山联席，徐笠山不擅长排律，遂用王霖所作之诗，以图含混。后经部议，徐笠山革职，王霖罚俸。

招揽人才、重用人才，是历代封建王朝治国之本。西汉“文景之治”、唐朝“贞观之治”“开元盛世”、明朝“永宣之治”，无一不是人才济济，文化昌盛。清取明而代之，不断总结与借鉴历代统治经验，这其中就包括对人才的重视。但是，对于清朝而言，笼络知识阶层又有另外一层含义，即满洲统治者需要转化汉族知识分子的思想观念和民族排斥意识，得到他们对清王朝的政治与文化认同。圣祖君临天下，特开“博学鸿儒科”，吸收硕儒名士，极尽笼络与推崇之意。一时之间，人才荟萃，如朱彝尊、潘耒、严绳孙、法若真等皆海内知名之士。这些博学之人，应朝廷之诏，皆中榜首，并成为一代名臣。圣祖在消融他们对清政权敌视情绪的同时，也将汉族知识分子的政治智慧与理想运用到治理国家的实践中去，进一步巩固了清朝在中原的统治，为雍正、乾隆两朝盛世辉煌的到来，奠定了人文基础。

官修六部史书

有关“史”的记载，最早可追溯至远古时代。远古之官，惟巫与史。记人事曰史，事鬼神曰巫。前者记载过去和现在，后者预卜未来。夏商以后，巫与史仍是统治阶层中的精神领袖，在政治生活中占有重要的地位。随着文明的开化，敬鬼神之事逐渐衰落，对记录史事的重视程度却与日俱增。史书记录历史兴废的进程，成为统治者借鉴前代兴衰经验教训的重要参考。正如唐太宗所言：“以史为鉴，可以知兴替。”所以，秦汉以降，无论是官方修撰，还是个人行为，史学都呈现出一片繁盛景象，并有大量史学著作问世。在封建社会，史学已经超出学术文化的范畴，成为统治者以古喻今、警示兴衰的理论武器。

清朝自太宗始，就非常重视学习汉族文化传统。他曾将《辽史》《金史》《元史》译成满文，颁给朝中三品以上大臣，令其阅读。太宗希望通过对同样是少数民族政权的辽、金、元三朝历史的学习，提高满洲大臣的执政能力，丰富他们的行政经验。入关后，官方修史对于清朝统治者而言，更是具有特殊的政治意义。无论是记录本朝业绩，还是为明朝修史，文化工程的表象背后，都有着鲜明而深刻的政治烙印。

《明史》

一代之兴，必立胜朝之史，以备法戒。妙善之处可以为宪，颠覆之由可以为鉴。为前代修史，是中国封建王朝的史学传统，也是代代传承的文化象征。修纂《明史》是清朝初年最引人瞩目的文化盛事，也是最能满足明朝遗民故国之思的有效举措，更是清朝“以修史定正统之位”的迫切需要。

早在顺治二年（1645）四月，御史赵继鼎就奏请纂修《明史》，选文学淹通的鸿儒充任总裁、纂修等官。赵继鼎的奏请很快就得到了以摄政王多尔衮为首的统治层的认可。同年五月，开设明史馆，内三院大学士冯铨、洪承畴、李建泰、范文程、刚林、祁充格等人奉旨总裁《明史》；副总裁以学士詹霸、赖衮、伊图、宁完我、蒋赫德、刘清泰、李若琳、胡世安，侍读学士高俨，侍读陈具庆、朱之俊担任；纂修官以郎廷佐、图海、罗宪汶、刘肇国、胡统虞、成克巩、张端、高珩、李奭棠担任；收掌官以石图等7员担任；满字誊录官以古禄等10员担任；汉字誊录官以吴邦豸等36员担任，兼掌收发草本等事宜。《明史》的修纂，就在清朝仍处于戎马倥偬之际展开了。尽管此时清朝对中原的统治尚不稳固，但统治者还是很重视《明史》的修纂工作。

顺治四年（1647），朝廷特别指示总裁官刚林、祁充格，务要秉笔直书故明之是非得失，不必刻意增减史事。明史馆虽然设官齐备，但在修纂过程中，很多史书残舛散失，可资借鉴的史料很不完整，缺天启四年、七年实录及崇祯元年以后事迹。尤其是天启、崇祯以后，秉笔直书者少，惟曲笔记之取讥于后世而已。五年八月，特因此事令在内六部、都察院，在外督抚布按等衙门，将所缺年份内所有上下文移及有关政事的材料，迅速送至礼部，由礼部汇集送交内三院，以备纂修。事实上，这一谕令并无任何成效。直至顺治八年，天启四年、七年六月实录及崇祯一朝事迹，仍未收集齐全。清朝统治者不得不再次为此事敕谕内外各官，凡钞有天启、崇祯实录，或有汇集邸报，务要多方构求；野史、外传、集记等亦可备纂辑。官员务须广询博访，重金悬赏，汇送礼部。事实有据，方可修成信史。但清初特殊的历史背景以及尚处于尖锐化的满汉关系，决定了清朝这一文化举动并不能得到广大汉族儒士的支持与认同。明史馆几乎形同虚设，《明史》的纂修工作实际上也是处于搁浅状态。所以，十六年（1659），陕西道御史姜图南才会再次疏言，《明史》虽事属前代，而纂修之典则在本朝。他请求朝廷发金匮藏书，敕内阁翰林诸臣，开馆编纂。事实上，由于清朝入关之初，南方战事尚未结束，南明小王朝及部分农民军残部仍在同清朝进行对抗，局势未稳，《明史》的修纂工作是有其名而无其实。

康熙初年，朝臣吴光条陈“纂修《明史》事宜，以垂一代之法戒”。在这一奏疏中，他提到了顺治朝编缀数年却未成信史的原因：一是相关文献及熟谙典故之耆老销亡，莫为信征；二是三百年中，逊国易储之疑，东林三案之议，诸书多有记载，但却众说纷纭；三是天启、崇祯之际，直笔难显于近时，而曲笔又取讥于后世；四是正德、嘉靖以前事迹见于《吾学编》《鸿猷录》诸书，这些书多出自名家，文笔古雅。万历以后，文事渐衰，章奏皆街巷俚语，若沿用则不雅驯，文饰之又恐失其真实；五是史体贵在简赅，明朝实录记载的郊庙、册封诸礼及官员升转诸事，存之则卷帙繁重，删之则国家制度多由明旧典，无从采取事例。

虽然纂修《明史》面临诸多困难，但只要朝廷修史之心坚决，成一代信史亦指日可待。吴光建议：一是设史局。收集史料，编辑史事，殊非易事，修史之官需朝夕翻阅讨论，互相裁断。开设史局，使事有专官，官有专所，假以岁月，令史官朝夕编纂，迄有成功。二是专责成。修史最患聚讼筑舌，莫能下笔。宜特简侍从大臣一二人总裁此事，令其斟酌众言，归于至当，贯穿裁断，出自一手，必能文词典美，成万世大业。三是征耆儒。故明耆儒之后裔，或家积异书，或学问淹通，每每搜辑典故及稗说野乘，述为私史，思藏名山。今宜下令采访海内有史学者，使其襄助编摩，必有可观，亦以见国家不遗幽微之美。书成则加官晋爵，人必踊跃而来。四是购遗书。故明典籍，除实录以外，有《国史纪闻》《从信录》《法传录》《宪章录》诸书，然其间事迹，往往出自名臣之家乘，及燕居闲暇诸杂记、丛谈，亦有当日词臣久直史馆，私笔述历朝事实，藏于家中，未经刊传。今若诏令购求，宜多进献，庶一代事辞靡有阙遗。五是核野史。明清易代以后，野史纷出，荒唐怪异，其中必有可疑之处，若不加甄别，悉入正史，殊非阙疑之义。

虽然吴光对修史之事雄心勃勃，但他的建议并未得到朝廷的回应。康熙四年（1665），天下初定，圣祖才再次提及《明史》的修纂事宜，并令礼部再次行文内外各衙门：将所缺天启朝及崇祯朝所行事迹及奏疏、谕旨、旧案，查送礼部，以备修纂《明史》。在内部院衙门，委满汉官员详查；在外委各地方能干官员详查，地方官若不亲力亲为，委托书吏下役，因循了事，则要被治以罪名。普通官民之家，如有记载明季时事之书，亦可送来，虽有忌讳之语，亦不治罪。除修纂《明史》的资料来源外，明史馆的人员配置也尤为重要。山东道御史顾如华建议选择博雅词臣，兼及征寻海内外名士，共同纂辑，最终由满汉总裁官决定取舍，成一代信史。但康熙初年，吴三桂倡乱于西南，部分故明将帅降而复叛，危机四起，清朝局势一度岌岌可危，以圣祖为首的满洲统治阶层根本无心顾及《明史》的修纂工作。

随着吴三桂的病逝，“洪化”小朝廷内讧不已，叛军已成强弩之末，战争的局势越来越有利于清朝。十七年（1678），清朝再议修《明史》，并特开博学鸿儒科延揽人才，令内外诸臣举荐名士，以备顾问之选。十八年（1679），圣祖亲自在体仁阁对应召的143人进行考试，全部录用，并令修纂

《明史》。同年五月，圣祖正式下令重开明史馆，令内阁学士徐元文为明史监修总裁官，翰林院掌院学士叶方蔼、右庶子张玉书为总裁官。随后，徐元文又疏言：为纂修《明史》，请以翰林院侍读学士傅腊塔、内阁侍读学士王国安为明史馆提调官；右春坊右庶子卢琦，翰林院侍读王士正、侍讲董讷、王鸿绪，右春坊右谕德孟亮揆，左春坊左中允李录予、左春坊左赞善陈论，翰林院编修翁叔元、沉涵、李应廌、李涛，检讨李振裕、沈上墉、徐潮、王尹方、李楠等为纂修官；同时还荐举考授翰林院编修彭孙遹等50员分纂《明史》。

圣祖重开明史馆时，满洲已经统治中原汉族30余年，但此时的满汉关系仍是一个非常敏感的政治问题。托疾隐匿山林，“不仕异族”之士大夫不在少数，其中不乏大家名士。而清初修纂《明史》，征召贤士，一方面是清朝统治者借此从民族心理与情感上笼络汉族知识分子；另一方面也迫切需要得到明朝遗民尤其是博古通今之士的智识支持。关于后者，无论是圣祖还是明史总裁官，在重开明史馆之初就已经有了深切的认识。

黄宗羲就是在这种情势下不可回避的重要人物。黄宗羲（1610—1695），字太冲，号南雷，别号众多，当时学者多称其为梨洲先生，浙江绍兴府余姚县人，明末清初著名的经学家、史学家、思想家、地理学家。他学问极博，尤其在史学上成就最大，著有《明儒学案》《明夷待访录》等几十余部学术经典，与顾炎武、王夫之并称为明末清初三大思想家。黄宗羲中年遭逢明清易代，明亡后，他曾变卖家产组织青壮年抗击清军，并曾先后在鲁王小朝廷任兵部职方司主事及都察院左副都御史。顺治十年以后，黄宗羲退出政治舞台，开始著书讲学，并明确表态，不在清朝入仕为官。

其实，在圣祖开博学鸿儒科之前的康熙十六年（1677），翰林院掌院学士叶方蔼就曾赋五古长诗一首，托董允瑶转交黄宗羲，劝其结束隐逸生活，入京为清朝效力。叶诗云：

会稽有大儒，世系出忠门。黄童名无双，白首晦丘园。六经深奥窔，百氏穷渊源。

躬蹈丘与轲，不肯讬空言。青衿数十徒，讲诵彻朝昏。曾经其指授，规矩秩秩存。

我聆声誉久，仰止情弥敦。一官苦东缚，负笈失讨论。董子家东海。献赋来帝阍。

视我颂一篇，浩浩三峡奔。所言虽甚夥，仁义实本根。进止更可观，笑语蔼春温。

都雅周容刀，贵重鲁玙璠。惊问所师谁，答言是黄君。闻之增忾叹，寸心暗自扪。

譬如观河者，溯源必昆仑。便欲裁尺书，因风附南云。绵邈泝太始，涬溟究无垠。

阴阳所统摄，方册所罗陈。圣狂何悬阔，王霸何剖分。一一质蒙昧，了了破纷纭。

书成再三读，羞涩还手焚。寸莛撞黄钟，如何不逡巡。徒询容貌异，那得謦亥欠真。

在昔文中子，道学倡何汾。韬迹隐弗仕，著述拟丘坟。高第房魏流，佐唐为名臣。

吾学苟措施，奚必在其身。先生富门徒，半作王国宾。斯道已有传，何用嗟沉沦。

兴朝亟求贤，侧席心殷殷。安知柴荆外，旦夕无玄纁。北面修盛典，宪乞礼数勤。

予亦得挟册，函丈时相亲。勿著羊裘去，苍茫烟水滨。

叶方蔼的敬仰之意跃然于字里行间！黄宗羲也依其韵答诗一首，勉其承庄渠魏氏之绝学，并以母老且病，谢却叶方蔼的征邀。《次叶纫庵太史韵》诗曰：

三百五十字，投来自修门。意欲规感兴，丽不数文园。谁开场屋眼，而涤濂洛源。

读之再三叹，洗濯出佳言。吾闻玉峰丽，庄渠割晓昏。此心为主宰，屹如砥柱存。

瓣香展余干，千年归玉墩。干城意自远，碎钵何足论。一传为震川，月肋开九阍。

文章以载道，不与江河奔。太史金闺彦，学不离天根。源深流自长，体仁春风温。

何意罍洗中，有此瑟若璠。念予处幽篁，何得御李君。风期讬想像，求日而烛扪。

忽然惠斯词，藕丝析鹖仑。茫然数难端，口吃类子云。隐公已未来，治乱留其垠。

何条可设施，慷慨未敢陈。平生汎学海，星野苦难分。崇王及贱霸，众说徒纷纷。

非无豪杰士，不救溺与焚。始信本领阔，寰宇方周巡。不然朱墨行，为儒恐未真。

所以介子推，抱桂枯于汾。悯予幼失学，患难屡破坟。幽情发古思，面目诚主臣。

姑置四海大，未能康一身。密尔文自娱，无以答戏宾。牧豕海上老，所嗟非隐沦。

斯民方憔悴，何以返夏殷。圣学将坠地，何以辨朱纁。其责在公等，学优而仕勤。

危举天下溺，岂徒门人亲。勿令吾乡校，窃议东海滨。

十七年（1678），叶方蔼再次以黄宗羲“明练古事”，向圣祖荐举。黄宗羲弟子陈锡嘏当时在京任庶常，闻此信，代其师力辞，并称此举“是将使先生为叠山、九灵之杀身也”。黄宗羲得知后即致书陈锡嘏表示感谢，并喜于弟子之知其心。明史总裁官徐元文认为，既然不能召黄宗羲入京就试，不妨聘其修史。遂与前大理寺评事李清同往，命地方督抚以礼敦遣。但黄宗羲仍不为所动，再次以其母已是耄耋之年，加之本身亦老病为辞。叶方蔼知黄宗羲必不能来京，遂奏请圣祖下诏，命当地督抚抄录黄宗羲所著之书中有关明史的部分，送至京师明史馆。十八年（1679），明史总裁徐元文、叶方蔼征聘黄宗羲之子黄百家，弟子万斯同、万言赴京修史。

黄宗羲本人虽然并未同意与清朝合作，但本着“国可亡，史不可亡”的信念，他还是同意其弟子以布衣身份，参与到《明史》的修纂工作中，间接地表明了他对清修明史的认可。黄宗羲在给其弟子万斯同的赠别诗中，表达了自己对修《明史》一事的重视，以及对万斯同的勉励之情——“四方身价归明水，一代奸贤托布衣”。黄宗羲虽不修史，但明史馆遇有大事、疑事，必向其咨询。史官所著，亦常转咨黄宗羲，听取其修改建议。虽然在修史的过程中，明史总裁官几易其人，但对黄宗羲、万斯同等人的倚重却从未改变。徐元文任总裁官时，万斯同居其家，凡有关《明史》之分歧及所成草稿，都由万斯同审校裁定。

万斯同（1638—1702），清初著名史学家，字季野，号石园，浙江鄞州人，师从著名学者黄宗羲。按照清朝修史的惯例，凡入史局之人均署翰林院纂修衔，授七品俸禄。而万斯同坚持以布衣身份参与编修《明史》，前后共计19年，不署衔，不授俸禄，《明史》稿本500卷皆其亲手校定。修《明史》时，万斯同已是暮年，双目失明，但明朝全史皆罗列心中，信口衍说，贯串成章。此时，钱名世尚未发达，也是徐元文门下士，才思敏捷，授而籍之。他白天征逐友朋，夜晚则结交政要。至夜半，方回静室之中。万斯同居高足床上坐，钱名世就炕几前执笔，随问随答。万斯同才思敏捷，如瓶泄水。钱名世据纸疾书十行并下。史稿之成，虽经史官数十人之手，而实由万斯同、钱亮工二人校订。万斯同以茕茕一老，系国史绝续之寄，绝非偶然。徐元文之后，继任《明史》总裁官张玉书、陈廷敬、王鸿绪仍延请万斯同校审《明史》。最终，万斯同竟客死王鸿绪家中。

《宋史》成于元，《元史》成于明，《明史》成于清。圣祖以内阁重臣担任《明史》总裁官，征召明朝名儒为修书主力，足见其对《明史》的重视。圣祖对修纂进度屡加垂询，并不时告诫修史各官，纂修史书务要从公论断，对明代实录要多加参阅，详加考订，方可传信于后世。《明史》的修纂工作，历40余年，圣祖去世前，全部书稿已完成，经雍正朝再修订，乾隆朝初年始定稿刊行。高宗《御制读明史诗》一首，曰："几余何所乐，书史案头横。稽古征文献，诠时验治平。百年民物盛，一代纪纲呈。抚卷增乾惕，还垂殷鉴明。"

客观地说，在中国的26史中，《明史》的修纂水平是相当高的。无论是从资料来源，还是从人员配备上，清朝都准备充分，避免了限期过迫而导致的遗漏问题。

《康熙起居注》

起居注，又称起居注册，属编年体史书，由近御之臣逐日、逐月记注封建君王的起居言行。所记内容，或是起居注官侍直内廷时耳闻目睹之事，或是摘自官方文书。

以文字册籍的形式记录帝王言行的历史，源远流长。早在商周时期，就有左右史官记动记言的制度。而明确提到“起居注”这一名称的时间，应追溯到汉代。

《后汉书》及后世《隋书·经籍记》中，确实有“自撰显宗起居注”及“禁中起居注”之语。尽管由于年代久远，佐证綦难，但后世学人仍因袭起居注源自汉代的说法。魏晋以后，起居注逐渐制度化，曹魏设有专职记注之起居令史；唐宋则有起居舍人、起居郎等。至明朝，则由翰林院官兼充起居注官。

清朝虽然是以满洲为主体统治的少数民族政权，但它非常重视汲取与借鉴中原汉族王朝的统治传统。据有关学者研究发现，早在清入关之前，就已经开始设官记录太宗的起居。如清初所设之文馆，除备顾问，司簿稽，掌制诏外，另一重要职任就是记注起居。入关后，摄政王多尔衮也曾用史官，按日记注其言行，名之为《多尔衮摄政日记》。

康熙七年（1668），内秘书院侍读学士熊赐履上疏，建议设官记注言行。其言：“皇上一身，宗庙社稷所倚赖，中外臣民所瞻仰。如以农隙讲武，则请遴选儒臣，簪笔左右，一言一动，书之简册，以垂永久。”[①]针对熊赐履的疏言，圣祖并未立即做出明确的批示，只是无任何指向性的朱批“知道了”。八年（1669），给事中魏象枢再次向圣祖建言，临御之时，召满汉辅臣讲说治道，并选择文字雅重之满汉翰林院官，备顾问，记起居。从现存史料中，我们无法窥知以圣祖为首的满洲统治集团，对此事是如何商讨的。最终的结果是清朝沿袭了历代记注帝王起居的制度传统。九年（1670），在太和门西廊设立起居注馆，但此时尚未进行人员配备。十年（1671），圣祖始令日讲官兼充起居注官，并添设汉日讲官2员，满汉字主事2员、满字主事1员、汉军主事1员。起居注职任重大，关系内廷机密，圣祖

① 《清圣祖实录》卷27，康熙七年九月壬子。

特召翰林院掌院学士傅达礼至懋勤殿，特申此谕，并勉其实心任事，以副君王重用之意。起居注官在清朝是极荣宠之职任。遇有朝仪，皇帝于太和殿升座，唯有起居注官侍班殿内，在诸王之后，亦儒臣之极荣也。

起居注馆设立后，圣祖非常重视此事，何事应记，何事不应记，都亲自指授。如圣祖每日赴太皇太后、皇太后问安视膳时，侍值之起注官就不必随行。十八年（1679）又定，会议机密事情及召诸臣近前口谕时，记注官不必侍班。康熙朝是清朝起居注制度的初创时期，体例尚不严格，所记内容也较为简略。十八年以后，因奉旨增记御门听政时的折本启奏情形，起居注册的篇幅才显著增加。

从制度层面上说，起居注册属内廷秘籍，满汉起居注官共22员，日值记载，公同校阅。九卿官员所奏之事，从无私自缮写，送进史馆记注之例。如有缮写送进者，起居注衙门必进呈御览，方敢入册。在记注的过程中，连皇帝本人亦不得阅看。二十二年（1683），翰林院奏康熙二十一年起居注册，应会同内阁诸臣封贮内阁大库。圣祖阅此奏后，对起注官所记内容是否真实可靠，颇有疑虑。其言：“记注起居事迹，将以垂之史册，所关甚要。或在朕前，原未陈奏、乃在外妄称如何入奏，如何奉旨，私自缘饰开写，送起居注馆。且每日只有侍值官二员记注，或因与己相善，特美其辞；与己不相善，故抑其辞，皆未可知。起居注官，能必其皆君子乎。”[①]虽有此担心，但囿于制度规定，圣祖并不能亲自阅看起居注，只得传令九卿、詹事、科道等官共同代阅，如有诬饰记注之人，必要严惩。但起居注册皆记载机密事宜，所关重大，大学士等亦不敢领旨，最终只能仍按旧例办理。皇帝尚且无权阅看起居注册，遑论其他？不仅如此，起居注官在记注过程中，亦不得随意删改记录内容。康熙时翰林院侍讲学士德格勒任起居注官时，私抹记注内

① 《清圣祖实录》卷107，康熙二十二年二月朔。

容，大干法纪，拟斩立决。后遇赦，在谪戍之所终老其身。

《起居注》记载的内容，有主次先后。皇帝一天的言行，首记其上谕，并按事务重要程度分别先后，若事关坛庙、陵寝、祭祀之事，则置于首要之位；次记皇帝处理在京各衙门题本；再记地方大员所上通本；最后记皇帝引见各级官员。

清朝自康熙九年设立起居注馆，直至逊国，在200余年的漫长岁月里，除康熙五十七年至六十一年，起居注馆一度被裁撤外，其他时间始终记注未停。《起居注》是非常重要的史料档案，它不仅记载了当时重要的朝政，补其他政书未载或记载不详之事，而且也更为原始、可信。现存的清朝起居注册，是历代起居注册中保存最为完整的一部。其起于康熙十年九月，迄于宣统二年十二月，计12000余册，有满、汉两种文本。现存的清朝起居注册分别收藏在北京和台北两地，北京所存康熙朝汉文起居注册共计302册，所属年月是从康熙十年九月至二十八年十二月，三十九年（残），四十五年以及五十三年正月至五十七年三月。

三朝《实录》

实录，是新任皇帝为前朝修纂的编年体通史。修纂实录，历来被视为“率旧章、法祖先”的典范。早在唐朝，朝廷就将实录作为重要史书加以编纂。清朝虽是少数民族政权，但非常重视传承中原汉族王朝的政治文化。修纂实录，在清朝尤受重视。入关前，就于崇德元年（1636）为太祖初修《太祖武皇帝实录》。入关后，清朝更将其视为政治传统，历代皆为前朝修实录。有清一朝，共修成实录12部，且康、雍、乾三朝又多次重修前朝实录。修纂实录，成为清朝官方非常重要的史学工程。

康熙朝的实录编修工作，始于康熙六年（1667）。七月，礼部尚书黄机等奏请纂修《世祖章皇帝实录》，以昭大典，垂示永久。黄机等人的奏请得到认可，随命详议编纂实录的相关事宜。礼部按前朝修纂实录的成例具奏，由内阁官充总裁，翰林院学士等官充副总裁，皆由皇帝钦定；纂修、收掌、誊录等官及编纂事宜，皆由内阁负责管理；实录书成，赐执事各官宴，并按月给桌饭银两。这一人员安排，也成为后世编修实录的定例。九月，正式任命实录馆各官：以大学士班布尔善为监修总裁官；大学士巴泰、图海、魏裔介、卫周祚、李霨为总裁官；学士塞色黑、禅布、帅颜保、岳思泰、多诺、明珠、范承谟、刘秉权、周天成、刘芳躅、田逢吉、綦汝楫为副总裁官；侍读学士达哈他、马尔堪、纳桑阿、卢震，侍读喇沙里、杜冷额、内图、额色、噶卜喇、田启光，典籍伊尔哈、噶布喇、王国安、董昌国为满纂修官；侍读学士单若鲁、田种玉，侍读宋德宜、熊赐履，编修田麟、王勖、李平、张玉书、朱世熙，检讨李天馥、陈廷敬、吴本植、朱之佐、申涵盼为汉纂修官。实录馆的编修人员俱系兼职，往往因原职的调整，使编修人员的组成屡有更动。确定编修人员后，圣祖特谕纂修各官："务要敬慎纂修，速竣大典，表彰谟烈，以副朕继述显扬先德之意。"[1]十二月，因实录的编修工作繁重，人数不敷使用，圣祖准监修总裁官班布尔善之请，增入文学优通者，满洲8员、蒙古10员、汉军8员、汉人10员。

八年（1669），《世祖章皇帝实录》草稿告成，圣祖命仍留监修总裁官等，以便详加校对，其余纂修各官撤回，并先行按功议叙。

十一年（1672）五月，《世祖章皇帝实录》告成，按仪注行礼。监修总裁大学士等，奏请将实录呈送大内尊藏。圣祖御太和殿，设卤簿，奏乐。监修总裁、副总裁、纂修等官，奉表恭进实录。行礼毕，诸王、贝勒、贝子、公及文武各官等奏言庆贺，并行庆贺礼。七月，以《世祖章皇帝实录》告

① 《清圣祖实录》卷24，康熙六年九月丙午。

成，赐监修总裁官银币、鞍马，纂修官等亦赐银币数额不等。实录告成，乃朝廷之盛典。圣祖因监修总裁等官，著有功劳，又特别宠赐。加监修总裁官、总裁官太子太傅；副总裁及纂修以下官，则分别议叙。十二年（1673）四月，监修总裁官等遵奉典礼，将《世祖章皇帝实录》自实录馆送至皇史宬收藏。

康熙朝除新修《世祖章皇帝实录》外，又重修了太祖、太宗两朝实录。其实，早在顺治十八年，圣祖即位伊始，户科给事中彭之风就疏请重修太祖、太宗实录。直至康熙十二年六月，圣祖才正式下令重修《太宗文皇帝实录》，命大学士图海为监修总裁官，大学士索额图、李霨、杜立德、冯溥为总裁官，学士郭四海、穆成额、岳甘、额库礼、纪振疆、王守才、史大成、李仙根、傅达礼、熊赐履为副总裁官，内阁侍读学士禅塔海、觉罗沙赖、喇巴克、毕力克图、王敷政、翰林院侍读学士胡密色、杨正中、侍讲学士何托、勒备、崔蔚林、王扬昌、内阁侍读杜冷额、索拜、丹布、伊喇喀、察库、斑迪、孟色立、陈嘉猷、席密图、占楂、翰林院侍读格尔古德、书恕、项景襄、沈荃、侍讲傅腊塔、吴本植、编修苏宣化、董讷、李录予、检讨蒋弘道、典籍齐格、中书纳哈出赖、赛音察克等为纂修官。

二十一年（1682）九月，《太宗文皇帝实录》告成，圣祖御太和门，立视纂修各官捧送实录进宫。总裁官、副总裁官、纂修各官上表行进实录礼，诸王、贝勒、贝子、公率文武群臣行庆贺礼。鸿胪寺官宣制后，圣祖赐各官茶。十月，重修《太祖武皇帝实录》，以武英殿大学士勒德洪为监修总裁官，大学士明珠、李霨、王熙、黄机、吴正治为总裁官，内阁学士萨海、喇巴克、侍读学士胡简敬为副总裁官。二十五年（1686），书成，并更名为《太祖高皇帝实录》。圣祖御太和门，立视纂修官捧送实录进宫。圣祖升座，监修总裁等官上表行礼，王以下文武各官行庆贺礼，鸿胪寺官宣读上谕。同日，又赐监修总裁、总裁、副总裁、纂修各官宴于礼部，并赏赉各官银币、鞍马等有差。圣祖因各官重修太祖实录有功，特加监修总裁官、总裁官等太子太傅，太子太师，副总裁以下各官俱照例议叙。同年，监修总裁、总裁、副总裁、纂修等官送《太祖高皇帝实录》至皇史宬。

实录是新任皇帝对前朝政事、人事、文化，甚至是社会生活、自然现象的总汇。这一特点决定了编纂实录的资料来源极为广泛，往往“发秘府之藏，检诸司之牍”。内阁和皇史宬的各种档案，国史馆的资料和著作，各部院衙门的则例和档案，皇帝的文集和御笔，各纂修官都可随时查阅。

与起居注不同的是，实录在修纂的过程中，皇帝是可以进行干预的。史官写就一部分，就要进呈皇帝御览。如二十四年（1685），圣祖特谕大学士明珠，将太祖实录先以小本兼满汉字，迅速缮写送进，以便其亲览。皇帝若有不满意之处，就要发回令纂修官重写。如在重修《太祖高皇帝实录》的过程中，圣祖多次亲览，审阅满汉文义是否符合本意。同时，给出修纂意见，察明勋旧及诸臣有无后裔，以便载入实录。

实录定稿后，抄成满蒙汉3种文本，各写5份，依其装潢和开本大小，可分为大红本（2部）、小红绫本（2部）和小黄绫本（1部），分藏在内廷、乾清宫、皇史宬、盛京崇谟阁及内阁实录库。

《玉牒》

《玉牒》是清朝的皇室族谱，记载皇族子女嫡庶、名封、生卒、婚嫁、谥葬等事。有“横格”和“直格”（又称“竖格”）之分。“横格”记录皇室各族支男性成员的辈分；“直格”记录同辈人的生平履历，皇族男女分别造册。清朝的《玉牒》是中国目前保存较为完整的皇室族谱，有数千册之多。

《玉牒》对皇族男女生平简历的记载，不仅可补文献传记史料之不足，而且也为清史及满族史的相关研究——如皇族的人口研究，皇族与满蒙贵族及汉军旗人、汉人的联姻情况研究等，提供有价值的史料。

《玉牒》每10年修一次，由宗人府、内阁、礼部衙门主持。宗人府辑录的黄册、红册，是修纂《玉牒》时依据的主要素材。黄册是记录宗室子女生平履历的册籍。亲王以下至闲散宗室所生子女，年及1岁时，将其名、出生年月日时、第几男第几女、生母姓氏及收生妇姓氏写明，送宗人府详载于红册。另室居住或未另室居住之妾媵所生子女，亦载入册籍。但若将抚养异姓之子谎报，要治以重罪。红册记录觉罗子女。觉罗所生子女，报知各旗首领，首领亲自查询，系某人某妇，于某年月日时，生第几男第几女，名某，收生妇某，逐一写明，于每年正月初十日以内，亲送至宗人府，编入红册。若迟误不送或错送者，首领从重治罪，其子不准载入觉罗册籍。

清初，有罪宗室、觉罗皆不载入《玉牒》。康熙五十二年（1713）定议，革退宗室，给红带，载入黄册；革退觉罗，给紫带，载入红册。纂修《玉牒》时，红带紫带子女俱照册载名。

纂修《玉牒》时，存者用红笔书名，已故者用墨笔书名。编修人员，内阁大学士、学士充副总裁官，侍读学士、侍读充纂修官。清朝于顺治十二年（1655）首修《玉牒》，十八年（1661）书成。康熙元年（1662），以玉牒告成，赐总裁和硕安亲王岳乐等及副总裁、纂修各官，银币有差。

康熙初年，先后两次纂修《玉牒》。首修为康熙九年（1670），命和硕安亲王岳乐为监修玉牒总裁官；左宗正多罗贝勒察尼，内秘书院大学士图海、内国史院大学士杜立德、学士折库纳，礼部左侍郎常鼐、董安国为副总裁官；宗人府理事官觉罗沙赖、经历布尔哈达，侍读学士郭四海、侍读格尔古德、编修周之麟、翟延初，礼部员外郎齐蓝布、主事席特库为纂修官。十年（1671），《玉牒》告成，赐总裁、纂修诸臣及执事员役等，银币有差。十八年（1679），已届十年之期，再次纂修《玉牒》。命镇国公苏努为总裁官，辅国公品级富尔秦、大学士勒德洪、杜立德、礼部尚书吴正治、内阁学士噶尔图、侍郎额星格为副总裁官。十九年（1680），书成，宗人府、内阁、礼部官恭进《玉牒》。圣祖在中和殿受之，总裁、纂修各官行礼，赐各官银币有差。

两种文化的交融与碰撞

文化是一个民族的精神符号，不同的民族属性决定了文化本质上的区别。在漫长的历史长河中，不同的文化之间，因政治决策、经济交流、民族迁徙、地理新发现，甚至是自然环境的变化等因素的影响，要么相互交流、学习，要么相互排斥、抵触。但不论是哪一种情况，都是文化交流的外在表现形式，都在交流的过程中碰撞出只属于这一时代的文化特色。

中华民族的古老文化，源远流长、内蕴悠远。汉唐时代，是世界文明中的翘楚，也是东亚邻邦学习、效仿的楷模与典范。“遣唐使”及西去印度取经的僧人，不绝于路。他们在传播中华文明的同时，也为中国传统文化增添了新的内涵。中国的传统文化宛如一朵亮丽的奇葩，在世界的东方熠熠生辉。

中西方两种文化的接触，最早可追溯至汉朝时期。这两个分别位于欧亚大陆两端的国家，于公元166年（汉桓帝延熹九年）真正实现了交往——罗马皇帝所派特使在当年抵达汉朝。此时的中西交流主要是贸易往来，罗马进口汉朝精美的丝绸，又向汉朝出口玻璃器皿和高品质的布料等。自汉朝以后，中西方文化间亦时有接触，但碍于路途遥远等客观因素，彼此间只是小幅度的交流。进入中世纪以后，西方科技革命极大地促进了社会生产力的发展，世界近代化的脚步愈来愈快，中西方之间的距离也在迅速缩小，此时正值中国的明清时期。

欧洲早期的殖民国家，不仅向海外扩张自己的经济实力，而且也急于传播自己的意识形态。传教士就成为它们建立和扩大各自势力范围的工具。耶稣会的传教士们，出于对宗教的热情，首先将西方先进的科学知识——以天文学为主，数学、物理、地理次之——传入中国，希望借此获得中国士大夫及普通民众的敬重与支持，进而达到传教的目的。早期来华的利玛窦、汤若望系属此类，继之而来的南怀仁、白晋等更是如此。近代中西文化交流，由此拉开序幕。但这一时期，尤其是清朝的康熙初年至雍正初年，又是中西方文化碰撞最为激烈的时期。中西文化碰撞的渊头并非始于清朝，在明朝万历年间就已存在。

明朝中西历法之争

明朝时期，在来华传教的教士中，利玛窦是最著名、最有影响力的一位。利玛窦（1552—1610），意大利人，1571年入耶稣会。明万历十年（1582），应范礼安神甫之召赴澳门，学习汉语。万历十一年（1583），利玛窦随罗明坚神甫在广东肇庆府布教。耶稣会之宗旨，为荣主救灵、保护圣教会、劝人为善、救人灵魂。在居肇庆期间，利玛窦逐渐意识到，中国人并不理解耶稣会教义，反致误会。若要在中国顺利传教，必须先获得中国人的信任。所以，利玛窦并不急于传教，而是向中国人宣讲他所学之天文地理、算学、物理学等西方先进的科学知识，以此收揽人心，博取明朝士大夫的欢迎。他带来的地图、星盘、三棱镜等西方新事物，吸引了很多好奇的中国人。利玛窦深信，人心若附，信仰必定随之。他利用向中国人宣传西方科学知识的机会，传布教义。

为避免与中国传统思想的冲突，利玛窦把耶稣教义演绎成兼容儒家文化理念与中国传统民间信仰的伦理体系，他自己改穿汉服，改易汉名利西泰，其所居之室亦不悬挂圣母玛利亚画像。万历二十八年（1600），利玛窦入北京，向明万历帝呈献天主像1幅、天主母像2幅、天主经1本、珍珠镶嵌十字架1座、报时钟2架、万国图志1册、西琴1张。万历帝特赐其宅第，并于翌年在北京建立天主堂（北京南堂）。利玛窦在北京期间，对中国传统天文观中的“天圆地方”“太阳吞月”之说，进行纠正和解释，并因此名噪于一时。利玛窦的这一布教方式获得了很大的成效，从他来华到进入北京，在短短的四五年时间里，已有200余人成为耶稣会的信徒，其中不乏李之藻、杨廷筠、徐光启等名士，亦有朝中大臣先后投名帖求见。利玛窦的这种布教方式也成为后世传教士在中国布教时遵循的基本法则。

在耶稣会传教士向中国输入的西方科学知识中，天文学占有非常重要的位置，其次是数学、物理、地理。可以说，推行西方先进的历法，是耶稣会传教士为获取中国统治者认可，并以此融入中国传统文化所采取的重要手段。天文为授历之要务，向来为历代封建王朝的统治者们所重视。有明一代之《大统历》，源自元朝太史令郭守敬之《授时历》。一年24节气及每月日之出入，有时刻而无分钟；昼夜12时共应96刻，以子、午二时独多2刻，分昼夜为100刻；每月上旬，只计日而无“初”字；值日的建、满、平、收、开、成、除、危等列于28宿之上。明太祖朱元璋以来，不加修改，屡有谬差。

改正历法，对明朝廷而言，已是久悬之问题，遽加修订，绝非易事。利玛窦在进入北京之初，就向万历帝奏请修改旧历法，并著成测算书表，制造出各种天象仪器。尽管利玛窦熟记中国传统的儒家经典，并运用汉语与士大夫交流，极力避免耶稣会教义引起明朝廷和士大夫的不适，但是，利玛窦所宣讲的天文历法等西方科学知识，仍然在中国传统士人阶层引起了不小的非议。至少如虞淳熙等人，就曾与之驳辩。

万历三十八年（1610），利玛窦在北京逝世后，反对耶稣会传教士者起于南方，且愈演愈烈。他们批驳传教士们宣传的天体运行之说，犯《大明律》中“私习天文”之禁，且又私藏浑天仪等物。反对者们声称，若任耶稣会传教士们为所欲为，恐天下事无不被其颠倒诳惑。四十四年（1616），明朝廷下严禁邪教之令。此后，炫耀一时之耶稣会传教士，无处不受迫害。虽然徐光启等人极力劝谏，终无济于事。天启年间，汤若望来华，于宣武门内圣堂东之首善书院，开设历局，推步天文，兼制象限仪、纪限仪、平悬浑仪、交食仪、列宿经纬、天球、万国经纬、地球仪、平面日晷、转盘、星球、候时钟、望远镜等，并译纂历书。不仅如此，他还为朝中权贵及明朝天文学家制造便于携带的日晷、大小望远镜、球仪、罗盘、观象仪等器，俾利观测。

崇祯二年（1629），因钦天监预测日食失验，徐光启上书：“钦天监用郭守敬之历法，日久必定有差池，应及时修订旧历。”崇祯帝采纳其建议，特设历局修改历法，以徐光启为监督。徐光启召汤若望入历局，掌推算之事。徐光启本欲以西洋历法为依据修订旧历法，但却遭到明朝守旧官员的种种诟病与毁谮。先有四川巡按马如蛟举荐资县诸生冷守中精通历学，并将其所著历书及其预测的次年四月四川月食时刻呈送历局，不久四川奏报，冷守中所推月食时刻差两个时辰，而西洋新法与月食时刻密合。后有满城布衣魏文魁著《历元》《历测》二书，令其子魏象乾进呈《历元》，通政使司将该书送历局检验，徐光启特著《学历》一书辩驳《历元》之谬。

徐光启去世后，崇祯七年（1634）魏文魁上书参劾徐光启修订的历法所推之交食节气皆有谬误，于是崇祯帝命魏文魁入京，与大统历、回回历、西洋历当面对质、检验，西洋新法较各旧历更加完密、准确。朝廷欲废大统历，改用西洋新法。当此之时，管理东局历务之代州知州郭正中向崇祯帝奏言："中历必不可尽废，西历必不可专行，四历各有长短，当参合诸家，兼收西法。"[①]崇祯帝遂令钦天监官与汤若望当面对质、测验。钦天监官自知测验的准确程度不及汤若望，转而诬陷汤若望等宣讲的耶稣会教义有悖于尧舜之道，并贿嘱内监在崇祯帝面前诋毁汤若望等，甚至暗中指示内监故意移动汤若望的测量仪器。

崇祯十六年（1643），再遇日食，钦天监推步之法，不合天象，而汤若望的预测则更为密合。于是，崇祯帝下诏，以西洋历法取代大统历、回回历，通行天下。尽管有皇帝谕令，但明末皇帝权威已不能压服朝中守旧之官。汤若望等西方传教士费十余年心血制成的天文仪器，以及翻译纂修的多种历书，在明朝亡国前，终不得施行。

利玛窦、汤若望在明朝末年推行西洋历法，屡受阻挠。新法传入之初，就遭到旧历法的强烈排斥与抵触。新旧历法之争，是中西两种文化碰撞最直接的体现。明朝末年的士大夫以儒教尧舜之道作为衡量标准，故不惜固守旧历法之陋。新旧历法之争，起源于明末。明清易祚后，西方传教士继续为清朝所用，这一纷争必然延续至清朝，并在清朝演绎出一场规模更大的历法之争。

顺治朝中西历法之争

顺治元年（1644），清朝八旗铁骑在睿亲王多尔衮的率领下，占据北京。清军进入北京城之初，限城中汉民在三日内全部搬移出城，汤若望建在顺贞门内的圣堂也在搬迁之列。汤若望以所藏礼器、经典太多，限期内不能

① 龙文彬：《明会要》卷27，光绪十三年永怀堂刻本。

移出。如欲移出，必多所损失，不易修理等情，呈疏于睿亲王。睿亲王准其请，并遣散八旗兵，圣堂邸第、阜城门外坟茔得以保存。由此可见，在清朝入关之初，满洲统治者对西方传教士的态度就很友好，西洋历法也得到朝廷的重视。

睿亲王多尔衮因钦天监旧法舛误甚多，令汤若望等以西洋新法测验天象，修订旧有历法。顺治元年六月，汤若望以西洋新法预测八月初一日将有日食，他将京师及各行省日食出现的不同时辰及方位图像开列进呈，并奏请届时与钦天监共同测验，多尔衮允准其请。七月，汤若望向朝廷进献浑天星球1架、地平日晷1具、窥远镜1具以及舆地屏图1幅。与此同时，清朝决定采用汤若望以西洋新法修订的历法，并依礼部奏请，更易新名，定名为《时宪历》，并于历书封面写“依西洋新法”五字，自顺治二年为始改用新历，颁行天下。至八月，西洋新历的准确性得到验证。大学士冯铨与汤若望携窥远镜等仪器，率局监官生齐赴观象台，检验早在六月份就已预测出的日食时辰。最终的检测结果是，日食的图像、时刻分秒及方位等项，惟西洋新法一一吻合，旧法大统历差2刻，回回历差4刻。十一月，清朝统治者将钦天监与历局合并，任命汤若望为钦天监监正，令其掌管印信，钦天监一切进历、占候、选择等项。悉听掌印官举行。同时允许汤若望选任监员70余人，并免其参加朝会，准其在私人住宅中办理钦天监事务。汤若望在接受职务之初，就向世祖表明：自己只管理关于星宿、日月蚀、季候循环等事；至于旧历吉日凶日之判别，事涉迷信，则不为之。顺治二年（1645）十一月十九日，钦天监监正汤若望以修补新历全书告成，呈进御览。三年（1646），因汤若望制历有功，特加其太常寺少卿衔。七年（1650），在皇太后及亲王、官绅等的资助下，汤若望在宣武门内天主堂侧闲地上，重建圣堂。世祖特赐匾额“钦崇天道”。十年（1653），世祖赐汤若望号“通玄教师”，加俸一倍，皇帝敕曰：

国家肇造鸿业，以授时定历为急务。羲和而后，如汉洛下闳、张衡，唐李淳风、僧一行，于历法代有损益。独于日用朔望交会分秒之数，错误尚多，以致气候刻应不验，至于有元郭守敬，号为精密。然经纬之度，尚不能符合天行，其后晷度遂以积差矣。尔汤若望来自西洋，浙海十万里，明末居京师，精于象纬，闳通历法。其时大学士徐光启特荐于朝，令修历局中，一时专家治历如魏文魁等，推测之法实不及尔。但以远人，多忌成功，历十余年，终不见用。朕承天眷，定鼎之初，家咨尔姓名，为朕修《大清时宪历》，迄于有成，可谓勤矣。又能洁身持行，尽心乃事……今特赐尔嘉名，为通悬教师，余守秩如故，俾知天生贤人，佐佑定历，补数千年之阙略，非偶然也。[①]

世祖的敕书不仅概述汤若望在明朝的经历，而且对其治历功绩给予客观评价，可谓名副其实。十二年（1655），又加汤若望通政使司通政使衔，赐二品顶戴，仍管钦天监事。十四年（1657），世祖又特别允许天主堂立碑，并御制碑文，钦赐教堂匾额“通玄佳境”。十五年（1658），更有恩命，晋叙汤若望为光禄大夫。祖先三代，追赐一品封典。

顺治一朝，对汤若望之恩遇绝不止此。前文提及，世祖召对汤若望时，从不直呼其名而称“玛法”，并准其随意出入禁廷。世祖又怜其孤独，特准其抚养一名幼童，作为义孙。汤若望得宠太甚，也极易招致他人毁谮。钦天监监正一职，累朝以来，皆系回人充任。自朝廷改用西洋新历后，钦天监旧设回回科就罢而不用，回人亦不得进用。被革职的回人历官心有不甘，常有倾陷汤若望之念。十四年（1657），革职回回科秋官正吴明炫参劾汤若望推

① 《清世祖实录》卷73，顺治十年三月戊辰。

算舛谬。他慷慨陈词，追溯其祖默沙亦黑自西域来至中原，隋朝开皇年间就授职历官，专管星宿行度，迄于今已有1000余年。汤若望掌管钦天监以后，否定回回历中日月交食及太阳五星陵犯、天象占验等内容。他坚持回回历的准确性，并称汤若望推算水星二、八月皆伏而不现，实属谬误。水星于本年二月二十九日出现在东方，八月二十四日再次出现。吴明炫称此关乎天象，不敢不据实奏闻，并请求世祖恢复钦天监回回科，“庶绝学获传”，同时进呈其用回回术推算的太阴五星陵犯书，日月交食、天象占验图像。世祖命内大臣爱星阿及各部院大臣同登观象台测验，结果水星不见，三法司以吴明炫奏事不实，按“诈以不实律”拟绞刑，世祖赦免之。

世祖极为信任汤若望，力图通过采用西洋历法“以新天下之耳目”。但顺治末年，朝野上下已渐起谤言，“欲将天主教名屏绝于中国之外”。顺治十四年（1657），吴明炫对汤若望发难；十七年（1660），杨光先也开始讦告西方传教士宣讲的知识，非中国圣人之教，并呈疏礼部称，在《时宪历》封面题写“依西洋新法”五字，非所宜用。礼部并未完全采纳杨光先的意见，只将《时宪历》封面进行重新装订，去掉“依西洋新法”五字。顺治末年的这两起事件，已然可视为康熙朝中西历法之争的先兆。

治罪西方传教士

世祖去世后，失去庇护的西方传教士备受攻击。康熙朝的中西历法之争，实由杨光先挑起。杨光先，字长公，安徽歙县人，明朝时世袭新安所副千户。他将世职让与其弟杨光弼，孑身入京。后因参劾首辅大学士温体仁而被杖责，谪戍辽左。进入清朝以后，他先在顺治十七年参劾汤若望，又在康熙四年三月再次指摘西洋历法之谬，并由此引发了继万历四十四年之后在政治、思想、文化领域都产生深刻影响的第二次中西历法之争。

康熙三年（1664）七月，杨光先上书参劾汤若望。他将《请诛邪教状》《正国体呈稿》等文章呈交礼部，胪列汤若望等西方传教士3项罪状：

其一，天主教系邪说，妖言惑众。

其二，汤若望等西方传教士在京师宣武门内，东华门东，阜城门西，山东济南，江苏淮安、扬州、镇江、江宁、苏州、常熟、上海，浙江杭州、金华、兰溪，福建福州、建宁、延平、汀州，江西南昌、建昌、赣州，广东广州，广西桂林，四川重庆、保宁，湖南武昌，陕西西安，山西太原、绛州，河南开封30多处建立天主教堂，而广东香山澳更是有万余信徒居于其间。汤若望在京师及13省要害之处广布党羽，显系欲图谋反。

其三，汤若望宣扬的西洋历法实属荒谬。他指责汤若望误以顺治十八年闰十月为闰七月，并向朝廷进呈其所著之《摘谬论》，摘录汤若望新法十谬；又有《选择议》一篇，摘录汤若望选择和硕荣亲王安葬日期，误用《洪范》五行。另有《中星说》《孽镜》《日食天象验》《合朔初亏时刻辩》等文，批驳汤若望所制历法之悖理。

礼部将杨光先的奏疏呈交四辅政大臣，四辅政大臣称“此为一最大之案情”，命吏部和礼部会审。九月，礼部第一次会审此案。吏、礼二部官员以及朝中其他官员齐集礼部衙门正厅，汤若望等人由住所被带至礼部。传教士分为两组候于礼部正厅中，一组为汤若望、南怀仁、李祖白、潘尽孝，一组为利类思、安文思、许之渐、许保禄，此八人身后皆立一人看守。如某人被点名召唤，就由行列中走出，跪在主审官面前听审。在受审的8人中，汤若望被点名召唤的次数最多，因其身患麻痹，起立、下跪皆有不便，遂令两位仆人加以扶持。加之其已年逾70，口舌结塞，不能言语，不得不以南怀仁代其答辩。汤若望是朝中官员，故未加镣铐、手锁，其余7人都是刑具加身。

吏、礼二部官员对杨光先控告汤若望等人的3项罪名逐条鞫审。关于传教士妖言惑众、散布邪说的罪名，主审官连审12堂，利类思、南怀仁极力证明自己无罪。固然传教士著述中有与中国传统儒教冲突之处，但吏、礼二部官员无法确定其具体的罪名。关于汤若望等图谋造反之罪，主审官们花费了10余天的时间审理。吏、礼二部派官考察澳门等处，并非如杨光先所说，屯有士兵。且官员们也从档案文书中找到了世祖允许传教士入境的谕旨。杨光先对汤若望等人的指控，并没有确凿的证据，因而对此项罪名的审理，最后无果而终。

在对前两项罪名的审讯中，主审官们对汤若望等人的态度尚有和缓。礼部主审官见汤若望重病在身，特加体恤，允许其坐在地毯上接受审讯。且受审后，传教士们都可回到住所。但是，随着对第三项罪名的审讯，主审官们的态度为之一变。吏、礼二部官员对汤若望修订的西洋新历逐条鞫审：历代旧法，每日12时，分100刻，新法却改为96刻；康熙三年立春日候气，先期起管，汤若望谎奏，候至其时，春气已应；改动28宿次序，私将参觜二宿调换前后次序；删去四余中紫炁；皇朝历祚无疆，汤若望却只进二百历；汤若望为荣亲王择定葬期时，不用正五行，反用《洪范》五行，以致陵墓的朝向、下葬时间等俱犯忌杀，以致累及其母董鄂妃及世祖，相继去世。这一罪名的提出，汤若望就有弑君之嫌，即便是同情汤若望之人，也不敢伸以援手。四年三月初一日，鉴于汤若望所犯重大，议政王大臣等定谳：拟钦天监监正汤若望、刻漏科杜如预、五官挈壶正杨弘量、历科李祖白、春官正宋可成、秋官正宋发、冬官正朱光显、中官正刘有泰等皆凌迟处死，已故刘有庆子刘必远、贾良琦子贾文郁、宋可成子宋哲、李祖白子李实、汤若望义子潘尽孝俱斩立决。

四辅政大臣正欲依照前日决定，批准实施处决时，京师忽遭受地震，连日震动5次，城墙、房屋大片倒塌。朝中遂有人称此系定狱不当所致，圣祖颁诏大赦天下，利类思、安文思、南怀仁等人得以释放，但汤若望仍被羁押。这一年的整个四月里，地震连续不断，辅政大臣慑于天象示警，上书太皇太后（即孝庄文皇后），请求裁断。与世祖一样，太皇太后与汤若望感情亦很深厚，她下令重审汤若望一案。她称汤若望系钦天监掌印官，未能谨慎行事，本当处死。但念及汤若望专司天文，且效力多年，又年老齿衰，免其死罪，当场释放。其他受牵连的杜如预、杨弘量，因看定永陵、福陵、昭陵、孝陵风水，免死罪；免李祖白、宋可成、宋发、朱光显、刘有泰凌迟刑，改处斩刑。

康熙初历法之争

伴随着传教士被扣押，严禁布教，焚毁天文学书籍及教堂房屋，拘禁各省传教士。中央与地方官中支持新法的官员，多被革职者，如巡抚佟国器、按察使许缵曾、御史许之渐等。汤若望虽免于一死，但未能避开杨光先的驱逐，他由南堂迁至东堂，与南怀仁、利类思、安文思三位神甫蹴居一处，直至康熙五年（1666）去世。

至此，清朝尽罢西洋新法，钦天监恢复使用大统历。杨光先因参劾汤若望有功，特被授予钦天监右监副，旋授监正。杨光先以只知推步之理，不知推步之数为由，连上5篇《叩阍辞疏》辞却官职。吏部俱不准其请，杨光先勉强就任钦天监监正，吴明炫任监副。

杨光先既不懂中国旧历，也不懂西洋新法，但他却敢断言大统历是最正确的，完全没有必要用西洋天文学来修订中国旧历。杨光先任钦天监监正后，重新使用大统历。五年二月，杨光先向圣祖建言，修正“候气之法”。此法记载于司马迁《史记》，自北齐信教方取有效验后，失传已经有1200余年。杨光先计划访求博学有心计之人，颁给制器，令其测候，并请求圣祖敕礼部采取宜阳金门山竹管、上党羊头山秬黍、河内葭莩，以备测候之用。应杨光先之请，修正候气之法所需用的律管、葭莩、秬黍已经取到，并照史载尺寸、方位摆放。两年后，候气之法未见任何效验。圣祖令礼部传旨杨光先，令其继续访求博学有心计之人；同时令礼部详问，候气之法失传之处、能行修正之人可得与否、杨光先能修正与否。面对圣祖的催促和询问，杨光先一方面以难得全才为由，“全会交食七政四余之法者”，往往假称此技荒废已久，一时温习不起，只会一技之人往往又以不全会为托辞；另一方面又以自己身染风疾而不能管理钦天监事为由，对候气之事推诿、敷衍。

吴明炫任钦天监监副以后，向朝廷进呈其编制的《七政历》。七年（1668）八月，礼部因吴明炫自称《七政历》中的经纬度、月五星凌犯及日月交食与天象相合，请示圣祖，自康熙九年以后的历书俱交由吴明炫推算，同时令钦天监堂官会同四科官员每日上观象台，昼测晷影以定节气，夜测日月五星以定行度，四年之内修正，以成历书。圣祖未允，只令吴明炫进呈康熙八年历日与七政历日，以供御览。吴明炫所制历书，在同年的十二月，就遭到了南怀仁的参劾。南怀仁劾奏吴明炫所制康熙八年七政民历内，康熙八年闰十二月应是康熙九年正月；又有一年两春分、两秋分等种种差误。但此奏为时已晚，康熙八年的历书已经颁行天下，圣祖不得不下诏停止闰月。鉴于历法关系重大，且精微深奥，孰是孰非遽难定议，圣祖特差大臣图海、李霨、多诺、吴格塞、布颜、明珠、黄机、郝惟讷、王熙、索额图、科尔科代、董安国、曹申吉、王清、叶穆济、吴国龙、李宗孔、王曰高、田六善、徐越，与杨光先、吴明炫、南怀仁共同测验。

南怀仁（1623—1688），比利时人，继汤若望之后治理历法的西方传教士，顺治十五年（1658）来华，十七年奉调入京，协助年事已高的汤若望治理历法。在圣祖纠正杨光先、吴明炫历法错误的过程中，他起到了重要的作用。

其实，圣祖从历年钦天监历官与西洋传教士的争辩中，已经逐渐认识到杨光先等人提倡的古历与自然天象并不相符，而西洋历法的准确性和有效性却屡次得到印证。但此时，圣祖尚未亲政，对传教士甚为反感的鳌拜把持朝政。他铲除鳌拜集团后，就开始为中西历法之争中遭受打击的西方传教士，尤其是康熙三年、四年间遭受打击的汤若望平反正名。

圣祖借南怀仁参劾吴明炫之机，清理清朝历法舛谬乱象。他分别赐给杨光先、吴明炫及南怀仁日晷各1座，由他们各自测定日晷的投影到达什么位置是第二天的正午。南怀仁安放好日晷后，计算其投影，准确地标出第二天正午日晷投影应该达到的位置。结果和实际现象完全一致。而杨光先、吴明炫却不能计算出投影的位置，无法在圣祖面前为自己的见解提供任何证据。圣祖还令他们分别编制推算表，检验大统历和西洋新法哪一个更能准确地推算出日蚀和月蚀的时间。在实际测量时，圣祖令礼部官员以及其他朝廷官员列席观看，并指示他们如实汇报实际的测量结果。屡次试验，西洋新法的计算结果均与实际情况完全一致。圣祖责问杨光先，杨光先推诿道："我等不知推算。"圣祖反问他："先前询问你，你怎么自称能推测日影，现在怎么又说不知？"杨光先试图以尧舜之道威掣帝意："臣伏维钦天监之历法，乃尧舜相传之法。皇上所正之位，乃尧舜相传之位。而皇上所承之统，即尧舜相传之统。则皇上颁行之历，当用尧舜之历。皇上事事法尧舜，岂独于历而不然乎？南怀仁者，毁尧舜相传之仪器，改以西方洋之仪器者也"，"夫西洋至我大清国，相去八万里，星宿宫度，自然各别，岂可以八万里之外国，而毁我尧舜之仪器哉！使尧舜之仪器可毁，则尧舜以来之诗书、礼乐、文章、制度，皆可毁矣。此其人只可称制器精巧之工匠，而不贯穿于圣贤之道理，只知说无根之大话，而不知合理数之精微，若用其人，臣未可见也"[①]。圣祖并未理会杨光先所言，接着将吴明炫制定的康熙九年时宪历转交南怀仁，命其将"差错之处写出"。南怀仁将错误之处汇总，进呈圣祖。八年

① ［日］稻叶君山：《清朝全史》，第167页。

（1669）正月，圣祖差大学士图海、钦天监监正马祜等，赴观象台测验立春、雨水、太阴、火星、木星，以检验南怀仁指摘之处是否正确。结果，南怀仁所言逐款皆符，吴明炫所言逐款皆错。同年二月，圣祖传问钦天监监正马祜，监副宜塔喇、胡振钺、李光显，确认南怀仁的西洋历法皆合天象后，下令自康熙九年始改用西洋新历，将紫炁星不再造入七政历日内，并停候气之法。新法历书封面只书“钦天监奏准印造《时宪历》颁行天下”，不再有“钦奉上谕依西洋新法”字样。

罢免杨光先

杨光先因不能修订历法，且偏袒吴明炫，妄以96刻推算为非，革其钦天监监正。八年七月，吴明炫因谎称能推算南怀仁新法，以及违限迟延进呈星仪，刑部奏请照奏事不实之例，杖责100板，携妻流徙宁古塔。圣祖特旨从宽，免其流徙，仅责其40板。八月，杨光先因依附鳌拜，捏词陷害汤若望、李祖白等，以致李祖白等官遭受刑戮，且对推历候气茫然不知，解送仪器虚縻国家钱粮等情节，被拟斩，妻、子流徙宁古塔。圣祖念杨光先年老，特旨免其死罪，妻、子亦免流徙。

杨光先被免职后，圣祖任命南怀仁为钦天监官，随后又恢复汤若望官职，给还通微教师之名（原称“通玄教师”，为避圣祖讳，改“通玄”为“通微”），视原品赐恤。许缵曾、许之渐等照原品复职，李祖白等照原官恩恤，释回被流徙的兄弟子侄；其他如李光宏、黄昌、司尔圭、潘尽孝等，给还其原降之职。杨光先被革职后，出京南下。行至山东德州，因病而死。杨光先死后，西方传教士以重金求购其所著《不得已》一书，悉行焚烧，欲灭其迹。正是缘此，坊间传闻，杨光先系被传教士毒杀。清人王士祯《池北偶谈》曾记此书，西方传教士施计削去此条，以至后人罕有了解杨光先生平及此书内容。直至嘉庆年间，黄丕烈再得此书，随后钱大昕、阮元先后为其撰写评跋。

二十年（1681），南怀仁任钦天监监正。二十三年（1684），他奉命与另一位西方传教士徐日升共修历政，重新制造被李自成毁坏的测天仪器，并安置于观象台。此仪器共由六部分组成，以青铜雕龙为托，以大理石为座，制造精密而坚固，分别是黄道经纬仪、赤道经纬仪、纪限仪、象限仪、天体仪、地平纬仪。他又将各仪器制法、用法、安置法、绘图造说，并用器测验所得诸表（共为16卷），汇成一书《新制灵台仪象志》。圣祖优叙其功，加太常寺卿衔。二十七年（1688），南怀仁与利类思等将汤若望遗留诸历及二百年恒表，相继推至数千年后，修成《康熙永年历法》，圣祖又加其通政使司通政衔。自此以后，钦天监监正、监副二职成为西方传教士的专补官缺，直至道光六年（1826）清朝才将钦天监监正、监副改为满洲缺，但仍留西方传教士在钦天监工作。道光十七年（1837），葡萄牙传教士高守谦告假回国，传教士在钦天监任职的历史至此结束。

康熙初年的中西历法之争，随着杨光先的去世，已告终结。圣祖在修治历法的技术层面，做出了冷静而正确的选择。杨光先与汤若望、南怀仁等西方传教士间的争辩，不仅仅是历法之争，它掺杂了政治、宗教、“华夷之辨”、自然科学，甚至是人情等诸多因素。杨光先、吴明炫及其身后守旧的辅政大臣们，反感耶稣会传教士所宣扬的圣教，排斥这一异域文化对中国传统伦理、习俗甚至民间信仰的冲击，进而质疑他们宣传的西方先进的自然科学知识。从这一意义上说，康熙初年的历法之争是17世纪中西文化交流史上，两种不同特质的文化间互相碰撞的鲜活事例。

圣祖以客观的态度处理此次历法之争，并由此对西方科学知识产生了浓厚的兴趣。在经筵日讲之余，圣祖跟随南怀仁学习主要天文仪器、数学仪器的用法，以及几何学、静力学、天文学中最新奇、最简要的内容。每日黎明时分，南怀仁就被引入宫中，为圣祖讲解各种问题，常常至午后三四点钟方才出宫。继南怀仁之后，圣祖又起用传教士徐日升，跟随其学习西洋乐理；跟随传教士安多学习几何学和算术的实际练习。圣祖反复练习，亲手绘图，随时提出疑问，并把安多的讲稿留在身边，经常练习运算和仪器的用法，复习欧几里得的主要定律，并努力记住其推理的过程。传教士们进献的天文仪器和测量仪器，也都受到圣祖的喜爱。他常在御花园中使用，遇有外出巡幸时，也令内侍随身携带，以便随时测量某座山的高度，或某段距离的长短。遗憾的是，圣祖并没有把这些自然科学知识推广开来，而只是作为个人的兴趣爱好，在宫廷这一小范围内运用。圣祖还没有认识到这些自然科学知识的重要性，或许只是将其视为消遣或强化帝王知识修养的手段而已。

清初三大思想家

明清交替之际，政局瞬息万变。先有李自成农民军以摧枯拉朽之势推翻大明朝，后有以满洲为主体的少数民族政权定鼎北京。在短短一年内，汉族知识分子的王朝认同和民族情感遭到了轮番冲击。社会剧变及价值选择的多元化，促使汉族知识分子开始重新思考天地自然、家国个人等社会生活的各个方面，尤其重视总结明亡的历史教训，探索治乱的根源。清初汉族知识分子开始关注实践与实用，扭转了明末“空谈”的学风。随着清朝政局由动荡走向大定，“经世致用”的学风逐渐形成了一股进步思潮，成为清初思想文化界的鲜明特色，并涌现出一批代表人物，比如黄宗羲、顾炎武、王夫之。此三人并称为清初三大思想家。

黄宗羲

黄宗羲（1610—1695），字太冲，号南雷，别号梨洲山人、梨洲老人，世称梨洲先生。浙江余姚人，明末东林名士黄尊素之子。尊素被阉党迫害致死，宗羲在崇祯时入京讼冤。后阉党势力复兴，企图加以谋害。因清军南下进攻南京，其得以免遭阉党谋害。明清易祚后，他先在家乡组织“世忠营”抗拒清军，兵败后追随南明鲁王小朝廷，后又与张煌言等积极从事反清复明的活动。清军攻下浙江后，宗羲闭门不出，潜心著述。康熙十七年（1678），圣祖征召天下博学鸿儒，翰林院掌院学士叶方蔼以其荐之，遭拒。十九年（1680），开《明史》馆，左都御史徐元文再荐之，其以母亲年老、己身有恙为辞，再拒之。二十九年（1690），清朝再次征召天下名士，刑部尚书徐乾学举荐黄宗羲。圣祖表态：如果他愿意进京，可以不授官职；如果他想回家，可立即遣官送回。尽管皇帝如此优容，但黄宗羲始终未仕清朝。

黄宗羲是清初杰出的启蒙思想家，成书于康熙初年的《明夷待访录》，是其启蒙思想的集中体现，这部书将矛头直指在中国延续了2000余年的君主专制政体。明清易代的大变局促使黄宗羲等有识之士开始从国家体制本身反思明朝亡国的原因。黄宗羲认为，专制皇帝是天下最大的祸害，“然则为天下之大害者，君而已矣”。他们视国家为私产，子孙传承，以天下百姓的辛苦所得供奉一姓之享乐。百姓怨怼君主，视其为仇人、独夫，也是理所当然之事，“今也天下之人，怨恶其君，视之如寇仇，名之为独夫，固其所也”[①]。黄宗羲不仅批判专制皇权祸国殃民，而且对君主专制制度的衍生物宦官制度，也大加鞭笞。他认为，宦官制度是王朝政治的毒瘤，是明朝亡国的根源之一，主张裁减宦官的数量，限制他们的权力。

黄宗羲对君主专制制度的批判，并非是建立在否定这一制度存在的基础上。他所提倡的，实质是在统治阶层内部对君权的改良，限制君权，加强行政部门的监督功能和咨询职能。尽管黄宗羲的思想主张存在局限性，但在君

① 黄宗羲：《明夷待访录》之《原君》。

王独尊的时代，能够对君主专制发出异声，已经是走在了时代的前列。梁启超就曾说过：三百年前卢梭《民约论》出世前之数十年，有这等议论，不能不算人类文化之一高贵产品。黄宗羲的这一思想主张，对近代中国思想界的影响是深远的。他对皇权的抨击，曾激励过后世的维新人士投身到变法运动中去，其进步性是值得肯定的。

顾炎武

顾炎武（1613—1682），原名绛，字忠清，江苏昆山人。后改名炎武，字宁人。因其家乡有一亭林湖，学者称之为亭林先生。明清易代的纷繁人事，让顾炎武的人生也跌宕起伏。明朝灭亡后，他与同乡好友归庄参加了抗清斗争。兵败后被仇家陷害，改名易姓避祸他乡。返籍不久，又被仆人告发“通海”（意指顾炎武与台湾郑氏有来往），顾炎武再次弃家游方，从此一去不返。康熙年间，受山东莱州黄培诗案牵连，被逮入狱，后经友人李因笃与外甥徐乾学的营救才得以出狱。康熙十年、十七年、十八年，顾炎武先后三次拒绝清朝博学鸿儒的征召，宁愿以身殉死，也不愿与清朝合作。历经时事变迁的顾炎武，最后定居在陕西华阴，置田50亩维持生活，直至去世。顾炎武无子，徐乾学立其从孙洪慎以承其祀。后顾氏门人奉丧归葬昆山。

崇尚实学、经世致用，是顾炎武学术思想的核心所在。顾炎武认为，明末理学空谈性理的流弊，违背了儒家“明道救世”的宗旨，是明朝亡国的渊薮之一。他号召天下人关心社会现实，钻研经世之学，解决现实社会问题。他所倡导的“天下兴亡，匹夫有责”，鼓舞了一代又一代有识之士为拯救国家、民族而奋不顾身。

顾炎武治学朴实严谨，《日知录》与《天下郡国利病书》是他经世致用思想的集中体现。《日知录》是顾炎武一生学问与思想的结晶，以笔记的形式，随时札记，积30余年而成，“平生之志与业皆在其中”。此书凝聚了顾炎武对王朝交替时期的华夷之辨、政权组织形式与职能、官员选拔与任免、社会风俗等方面的认真思考，以及对历代为政治国得失的深刻反省。《天下郡国利病书》，是顾炎武地理学成就的代表作。在他的众多成就中，尤以地理学最为突出，注重实际调查，采撷有关国计民生的内容，“以二马二骡载书自随，所至厄塞，即呼老兵退卒，询其曲折。或与平日所闻不合，则即坊肆中发书而对勘之”[①]。《天下郡国利病书》专以地方郡国为主线，以兵防、赋税、水利为纲，记载明代地方社会政治经济的发展概况。鉴于明亡的历史教训，顾炎武尤其重视研究各地的军事战略意义，强调兵防的重要性。此书被梁启超誉为中国古代的“政治地理学”。

虽然在情感上，顾炎武仍难弃故国之思，但在客观上，他的思想主张却引领了清朝学术史的新风尚。他客观求实的研究方法，启发了后来的乾嘉学派，并为之继承、发扬。

王夫之

王夫之（1619—1692），字而农，号姜斋，别号卖姜翁、一瓢道人、瓠道人、双髻外史，湖南衡阳人。王家先世本居扬州高邮，明朝永乐年间迁居衡阳。王夫之晚年隐居于衡阳县金兰乡高节里石船山下，故学者又称之为王船山或船山先生。清初的著名学者大多具有强烈的汉民族气节，尤以黄宗羲、顾炎武、王夫之等人表现最为突出。满洲民族对汉民族的征服，使他们对清朝充满了仇视和鄙夷，他们都曾积极组织或参加过抗清斗争。明亡后，王夫之曾出仕南明永历政权的行人司行人一职。危难之际，永历政权内部仍

① 全祖望：《鲒埼亭集》卷12。

党争不断，奸佞当道，陷害忠良。时事已不可为，加之清朝步步紧逼地追捕，王夫之决计遁隐。直到顺治十七年以后，他才定居下来，以教书糊口，同时著书立说。

王夫之最杰出的成就，是他博大精深的哲学思想。首先，是对唯物主义哲学思想的继承和发展。王夫之以东汉王充、北宋张载等人的以物质性的“气”是宇宙万物本原为基础，对程朱理学的理先于气、超于气之上的客观唯心主义，佛学和心学所主张的万物生灭皆由心定的主观唯心主义，都进行了批判，并进一步用自然科学知识论证“气不生灭”的物质不灭论。其次，对辩证唯物主义的发扬。王夫之的哲学体系中，包含了丰富的辩证思想。他论证了物质“气”的运动性，认为运动具有绝对性，而静止则是相对的，事物正是在内部的矛盾性运动中不断发展变化。王夫之这一思想，集古代朴素辩证法之大成，把中国哲学史上矛盾对立统一的思想向前推进了一大步。再次，建立了朴素的唯物主义认识论体系。王夫之认为，主体的认识是客体引起的，认识必须符合客观事物的发展规律。在知行关系上，他强调知不离行、“行则知之”的知行统一观，重视“行”在认识中的作用。

虽然王夫之的唯物辩证哲学观点具有进步意义，但仍不可避免时代的局限性，缺乏完整而严密的科学论证。而且，他所提倡的“气”的范畴有非物质成分，认为灵魂与肉体是两种不同的存在；认识论上也有先验论的痕迹。

在清初思想学术界，对君主专制极端性的批判，力图改变空疏颓废的学风，以及经世致用以求救世治国的思想，是最进步的表现。黄宗羲、顾炎武、王夫之都受过系统的儒学教育，他们虽然对明末的学风有所质疑，但并不是从根本上否定理学，对它的批判也有所保留。由于历史与时代的局囿，这些宝贵的启蒙思想并没有得到正常的发展，而是在不断强化的君主专制与思想高压下夭折了。

六

收复台湾 一统天下

SHUDU QINGSHI
YITONG TIANXIA

郑成功据守台湾

台湾，自古以来就是中国领土不可分割的一部分。清人魏源如此描述其地貌：袤二千八百里，衡五百里，与福、兴、泉、漳四府相接，距澎湖约二百里，距厦门约五百里。岛上山脉起于鸡笼，直至沙马矶，绵延千余里。16世纪中叶，西方殖民势力蓬勃兴起。早期殖民国家，如西班牙、荷兰竞相争夺海上霸权，并受东西方贸易巨大利润的诱惑，航海东来。明朝天启年间，荷兰人向朝廷求香山、澎湖两处，作为互市之所，明朝未允。郑芝龙为海寇时，以台湾为据点。崇祯朝，郑芝龙接受巡抚沈犹龙的招抚，归降明朝，台湾遂借与荷兰人作为贸易往来之地。荷兰人来到台湾后，修筑热兰遮城（即台湾城，今台南安平古堡）、淡水城、鸡笼城。后又于大昆身海旁筑赤嵌城（今台南）和平东城。此二城相对而筑，皆以石垒砌而成，极其坚固。荷兰人初到台湾时，只想在东亚获得贸易港口，却不承想在此获得如此巨大利润，遂企图永久居于此地。当时修筑台湾城时所用的砖，皆由外运来，足见其“苦心”。同时，他们极尽笼络之能事：将荷兰语与土语对译，用来教习台湾土著民；建立学校，允许妇女入学读书；开凿水利，奖励垦荒

（如嘉义附近的红毛井，新竹附近的红毛田）。荷兰人在台湾经营三十余年，专营商业，不敛赋税，“鸿荒甫辟，土膏愤盈，一岁三熟”，福建漳州、泉州百姓趋之若鹜。如果这一局势继续发展下去，盘踞于台湾的荷兰殖民者势必会成为明清两朝的海疆隐患。

郑氏与台湾

无论在明朝还是在清朝，台湾与郑氏都有着密不可分的联系。郑芝龙（1604—1662），生于明万历三十二年，卒于康熙元年，又名郑一官，字飞皇，福建泉州府南安县石井人。他盘踞台湾为海寇，向过往商船征收银两，每艘商船需向其缴银3000两，航行海上若无郑氏旗就寸步不得行。崇祯朝，郑芝龙受沈犹龙招抚，投顺明朝，屡立军功，累官至都督同知。明清易祚后，南明宏光帝封其为南安伯；继而隆武帝又封其为平虏侯，后晋封平国公，加太师衔，兵马钱粮皆由芝龙经管。顺治三年（1646），贝勒博洛率军进攻闽浙地区，经略洪承畴与御史黄熙胤献策招抚芝龙，若其投诚，福建不费一矢即可得。贝勒博洛遂按兵不动，令洪承畴与黄熙胤修书，许芝龙三省王爵。芝龙接书后，瞒其弟郑鸿逵、其子郑成功，召黄熙胤之子黄志美密谋，决意投诚，在回复清朝的书信中有“遇官兵撤官兵，遇水师撤水师，倾心贵朝者非一日”之语，黄志美密遣人送出浙江。为拉拢芝龙，贝勒博洛在进入福州城后，又遣投诚清朝的原明朝兵部尚书郭必昌持书招抚，并许诺两粤平定后，铸闽粤总督印以相待。郑芝龙大喜，厚待郭必昌，并进降表。在是否归顺清朝的问题上，芝龙与其子郑成功有严重的分歧。

郑成功，芝龙长子，原名森，字大木，其生母为日本翁氏女。顺治二年，南明隆武帝赐姓朱，赐名成功，此即“国姓爷”之由来，又封为御营中军都督，宗人府府正，照驸马行事，赐尚方剑，佩招讨大将军印。次年，隆武帝又封其为忠孝伯。南明永历帝时，封其为漳国公，继而晋封延平王。妻董氏，雷廉道董容先长女。生十子：长经（乳名锦），其下为聪、明、睿、智、宽、裕、温、柔、发。

举兵反清

闻知其父向清朝进降表，郑成功力劝其父据守险要，开辟海上通道，振兴沿海港口贸易，选将练兵，号召天下，誓死对抗清朝。怎奈芝龙降意已定，成功跪哭劝之，其父也毫不动摇。成功见其父志决，就秘带部属至金门。芝龙选500名随从前往会见贝勒博洛，临行前又差人到金门劝成功与其同行，成功不从，并回信道："从来父教子以忠，未闻教子以贰。今吾父不听儿言，后倘有测，儿只有缟素而已。"[①]芝龙见信，嗤其狂悖，带其另一子郑渡同行前往。清朝对芝龙的归降甚为重视，令沿途驿站接应，仪式甚为隆重。贝勒博洛差人过乌龙江递茶远迎，令文武各官郊外迎接。虽然清朝方面待之甚为殷勤，但对芝龙仍有提防，尤其是他只带500随从前来，似有观望之意。为防止再生变故，贝勒博洛等人密议，尽快挟芝龙北上回京。宴饮两天后，在第三天夜里，贝勒博洛遣人传达圣旨，世祖欲令芝龙进京陛见，面询平定两广方略。第二天天刚亮，贝勒博洛就与芝龙同上北京。

郑成功率部至浯州后，闻其父被贝勒博洛挟带北上，就从浯州回师安平，与路振飞、鲁樱等人誓师起兵。此时，金门被郑鸿逵占据，厦门被郑彩、郑联占据，舟山等岛亦被鲁王部下分守，唯安平一地归成功所有。在此区区之地，只能训练士卒，整饬船只。成功飘游于鼓浪屿，或入海澄，或出镇海卫，以观时局之变。从顺治三年到九年间，郑成功与清军在东南沿海

① 江日昇：《台湾外纪》卷5。

一带，屡有交锋，各有胜负。九年十月前后，朝廷开始考虑招抚郑成功。世祖命其父致书成功，宣布朝廷旨意：如仍执迷不悟，必发兵进剿；如有悔过意，朝廷立即派员前去审察，确有投诚之意，即赦免其罪，并加授官职。十年，清朝封芝龙为同安侯，成功为海澄公。芝龙遣李德往成功处，传达清朝招抚之意。成功不受朝廷招抚，并令李德转告其父：因不听我言，方有今日。既然有误在前，我岂有明知故犯，再错于后之理？同年，世祖特差满洲章京硕色赍赐郑成功海澄公印一颗、敕谕一道，同黄徵明、李德等四人再去招抚。清朝本欲以其父招降成功，先后三次表达“诚意”，并将泉州、漳州、惠州、潮州四府拨给他驻扎部属，但成功始终未授。世祖遂将其父与其叔郑芝豹谪戍宁古塔。十一年至十五年间，成功攻占东南多处府州县，并大举进犯江南。十六年，他率船三千攻陷镇江，兵锋直逼金陵城下，太平、宁国等府州县皆归附，形势一度危急。

世祖情急之下，召九卿大臣集议，欲亲征江南。两江总督郎廷佐献计，假装遣人与郑成功通款，表示愿意开城门迎入，但由于清朝律例规定，守城过三十日，即便失守，亦不罪及家人。现在守城各官兵家口俱在北京，请求他宽限三十日，期满就立即开门迎降。成功居然信以为真，不顾部将劝阻，在仪凤门外驻营等待城中清兵主动投降。城中守将管效忠随即密檄附近官兵前来救援。总兵梁化凤在城上巡视军情时，发现成功驻于白土山下的一营人马，防范薄弱，决计以此为突破口，挖开废弃不用的神策门（后改称德胜门），率五百名骑兵冲出，连破余新、萧拱宸两处兵营。次日，清军又于仪凤门、钟阜门出兵，以三路攻成功前方，骑兵绕出山后夹攻。成功令甘辉守营，自己调水师从后包抄。成功部将因未奉号令，不敢退兵，亦不敢擅自前去救援，遂大败。梁化凤又遣兵烧成功战船五百余艘，郑成功带余船逃至海上。郑成功在兵锋最盛时遭遇此败，实是其刚愎自用的后果，十五镇全师覆没，陆军也损失大半。顺治十七年，郑成功自江南败归后，深感金门、厦门地方局促，难以抗天下之兵，与部将商议，欲整师进踞台湾，将此岛作为进可攻退可守之地。此时的台湾被荷兰人占据，由揆一把守，临水设炮台，又打沉夹板数只，纡迴曲折于内港。船只若想进入内港，必由炮台前经过。如果从此处航行，沉夹板就会撞破船只。鉴于此，其部将吴豪认为，荷兰人把守台湾已20余年，城池坚固周密，攻取此岛实在是徒费力气。成功听闻此言，亦将进攻台湾的想法暂时搁置。

郑成功收复台湾

就在郑成功谋取台湾为据点时，台湾岛上荷兰人的通事何斌（郑芝龙旧部）前来投诚，建议其攻取台湾。起初，何斌侵用荷兰长官揆一库银数十万两，担心被清算，与手下小通事郭平计谋，郭平建议他多开条目。由于银数过多，亦非多开条目就可了事。何斌为自身计，令郭平密探自鹿耳门直入赤嵌城的水路。郭平驾小船，穿蓑衣、戴斗笠，携鱼饵、钓竿，从赤嵌城顺流而出；至潮涨，又顺流而入。他用竹篙打探，于淤泥中探得一条港路，水深有四尺余。在得此水道后，顺治十八年元旦之夜，何斌大张花灯、烟火、竹马、戏彩，招揽歌妓，宴请揆一夜饮，暗地里在附近停泊两艘船。夜半潮落时，何斌假装不胜酒力，又假称腹痛，借如厕之机，由后门下船，至厦门郑成功处投诚。他向成功分析占据台湾的好处："台湾沃野千里，是成就霸业之地。若得此地，可以雄其国。使人耕种，可以足其食。鸡笼、淡水盛产硝磺。且独立海上，可与外国通商贸易，无须担忧桅舵铜铁之物乏用。迁移诸镇兵士家眷居住岛上，十年生聚，十年教养，国可富，兵可强，进攻退守，足可与中原抗衡。"随后，他向成功献地图，并将自己暗中探得水路以及潮水变易情况，一一指明。成功闻其言、观其图，心胸顿时豁然，起身抚何斌之背，称其是上天对自己的赏赐。在得到何斌的暗中帮助后，成功与部将商议进取台湾，并令礼官选择吉日，以长子郑经守金门、厦门诸岛，自己统率大军25000人，分乘200余艘战船亲征台湾。

澎湖是台湾的门户，郑成功先以百艘战船停泊于此，进围鹿耳门。鹿耳门外原有浅沙数十里，荷兰人又沉大船塞港口，海船不能近岸。此时，潮水骤涨数丈，数百艘船瞬间抵达岸边。成功令官兵屯围赤嵌城，遣通事传话，若不降则以火攻城。守城的荷兰上尉贝德尔以下数百人投降，成功克赤嵌城，进逼热兰遮城。此城由乱石叠砌而成，火锻成灰，融为石城，异常坚固，炮火亦不可摧。荷兰人固守此城，成功率军进攻半载之久，亦未能攻破，遂塞城内水源加以围困。荷军总督揆一遣使谈判，表示只要郑成功撤兵，他愿意赔款。他的这一条件被成功严词拒绝。顺治十八年五月，成功改赤嵌城为承天府，任命杨朝栋为府尹；又在其下设二县——天兴县（以祝敬任县令）、万年县（以庄之列任县令）。

同年十月，成功之父芝龙与其子世恩、世荫，被清朝照谋叛罪族诛；郑芝豹与其子因投诚清廷，被免死罪。关于是否处死郑芝龙的问题，早在十二年（1655），海澄公黄梧与闽浙总督李率泰就曾密奏，剪除郑芝龙、郑芝豹等人，以绝成功观望之心。世祖令议政王大臣等密议再三，十四年（1657）定议：为防止郑芝龙逃脱，加铁链三条，禁锢其手足，并令兵丁严加看守。十八年闰七月，在成功收复台湾后，尹大器又举首芝龙在狱中与其子有书信往来，并密议事项。吏部勘察后，情况属实，尹大器因揭发有功，授为拜他喇布喇哈番。十月，清朝处死芝龙及其两子，在京郑氏亦被诛杀。十一月，成功尚不知其父已被处死，仍在台湾围攻荷兰人占领的热兰遮城。他令陈宣、陈冲驾数十只小船，内装硝磺引火等物，乘北风烧夹板，又令黄安督兵夹攻。揆一分众御敌，死伤甚多。成功见荷兰人势窘，遣通事李仲入城，劝其投降道：台湾本非荷兰国所有，且离本土甚远，岂能长久守之？如果开城投降，除仓库不许擅动外，其余财物均允许携带回国。如果仍执迷不悟，明日就用油薪磺柴，烧毁城池、船只。揆一惧怕，在被围九个月后罢兵投降，请乞归国。成功允其请，在清点过仓库银两、火药、火炮等物后，于十二月放揆一等人回荷兰，热兰遮城为成功所有。成功以收复台湾，祭告山川神祇，改台湾为东都，置宅第居住。虽然郑成功从荷兰人手中收复台湾，与其抗清斗争密切相关，但确实维护了中华民族的统一和疆土的完整，具有重要的意义。为永驻台湾，成功以陈永华为谋士，在台湾岛上开辟荒地，各处田园不得无故荒废；设置职官，制定法律，严格官守；兴建学校；修饬战船；建池台楼阁，以招纳前来投诚的故明宗室、遗老。台湾与金门、厦门二岛形成掎角之势，成功令其长子郑经屯驻厦门，统领附近水陆官兵，又在澎湖岛设置将军驻守，以便互相策应。

迁界令

郑成功在其父降清后，占据金门、厦门以及福建沿海地区，北攻浙江，南窥惠州、潮州，实为清朝东南沿海一大威胁。清朝屡次招抚，成功均拒绝不受，以武力剿杀，清朝又无制胜把握。在此情形下，清朝实行禁海迁界令，坚壁清野、坐困郑氏。早在顺治十四年，海澄公黄梧就向朝廷进献剿灭郑成功之策。他认为，郑成功能以金门、厦门区区两岛与清军抗衡如此之久，多半是由于沿海百姓向其输送粮饷、油铁、桅船等物。为切断郑成功的物资接济通道，他建议朝廷将山东、江苏、浙江、福建、广东沿海居民尽行迁徙到内地，沿海竖桩栅，设立边界，布置防守，货物与人皆不可越界；烧毁沿海所有船只，“寸板不许下水”，如有违犯者，杀无赦。半年后，郑成功船只无处修葺，自然朽烂；其部将众多，粮饷不济，自然瓦解。世祖令议政王大臣等密议此疏。

十七年（1660），郑成功自江南败归、收复台湾，清朝在沿海地区已无防守兵力，决计采用黄梧之议，并派兵部尚书苏纳海同侍郎宜理布赴江南、浙江、福建勘察。时任湖广道御史的李之芳听闻黄梧剿敌之策后，感叹道：“自古养兵原以保卫疆土，未闻弃疆土以避贼。”他上疏朝廷，力陈不可行禁海、迁界之令：其一，圣朝仁政，以得民心为本。五省沿海一带在遭受战乱荼毒后，仍向朝政输纳赋税，足以证明百姓忠于朝廷。若将沿海百姓徙迁内地，何以垂训后世？其二，金门、厦门皆属弹丸之地，不考虑如何积极征讨，反而迁徙以躲避郑成功，有损朝廷体统。其三，郑成功自江南大败后，已逃至台湾。剩余残部，或剿或抚，指日可定。如果将沿海百姓一概迁徙，则居无定所，家无恒产，难保无人渡海投顺郑成功，此举是将朝廷子民推向郑成功一方。其四，官兵一到，沿海百姓就不得不离开家园，放弃家业，告别祖坟。此惨状，实在是为民父母者不忍看到的。其五，江南土地稀薄，按丁授田，一人不过三亩而已。除农耕之外，尚赖捕鱼贩卖为生。虽然圣谕中提到，拨出田宅以安插迁徙而来的百姓，但是难保奉命迁徙的官员无处置不周之处。无论贫富，皆无家可归，无粮可食，实是逼民为盗。其六，沿海五省百姓，人口繁多，朝廷应重点考虑如何安抚百姓，若只顾迁徙，岂能使郑成功自生自灭？郑成功未先灭，而先失沿海五省百姓之心。其七，沿海一带鱼盐之利，何止数千万。盐是日常生活中不可缺少，土产之物更是百倍其利。一旦迁徙，则每年解送京师的土物，将从此而止。其八，内地州郡，依赖边界防御。今官兵不守沿海，尽迁其民移居内地，若郑成功长驱直入，直抵内地城邑，又将由谁来抵御？不如将内地守军，分拨一半防守沿海边界卫所，联结乡民，使郑成功不敢轻犯边界。

当时，绝不止李之芳一人反对迁界，但清朝仍于顺治十八年正式下达迁界令，山东、江南、浙江、福建、广东濒海地方百姓，全部向内地迁徙三十里。紧接着，朝廷派出钦差大臣前往各省巡视，划定边界。在实际测量时，当地督抚大员陪同钦差大臣前去，往往选择最高处设帷幕，钦差大臣立马高冈，“望见海波，扬鞭指画，定徙界”。山上、山下距离多有误差，所以最后勘定的边界与海边的距离并不仅三十里。总的来说，大致在三十里到五十里之间浮动。

边界确定以后，清朝沿新界开挖界沟（深、宽各二丈有余）；又沿界沟修筑界墙（高一丈、厚四尺有余），五里一墩、十里一台，每隔三十里设一营寨，驻扎重兵；每营设炮台六座，炮台外立两座瞭望台。有河流的地方，用木桩栅栏围堵，以兵丁防守。人、货皆不得越界，如有违者，皆杀无赦。迁界令下达后，朝廷规定沿海居民必须在限期内迁徙完毕。这一限期非常仓促，一般只有三天。五省滨海百姓，无论贫富，携妻负子，抛弃家赀田地，背井离乡。他们流离失所，很多人无所投靠，“谋生无策，丐食无门，卖身无所”，不得不卖妻鬻子，甚至全家饮毒、投河自尽。因疾病、饥饿而丧命的人，更是枕藉道途，惨不忍睹。在迁徙沿海居民的同时，朝廷下令将界外一切房屋庐舍悉行焚烧，树木尽被砍伐。如果逾期不迁，则派兵驱逐。官兵骑马驰射，放火箭焚烧庐室。不愿搬迁的百姓，或被压死，或被烧死。近海岛屿亦不许百姓居住。顺治十八年十二月，定海总兵官牟大寅就奉命率兵巡海，若岛屿上有人筑屋居住，则焚烧房屋，斩杀居住者。

迁界令的宽严因地而异。由于福建、广东与台湾甚近，故广东迁界令最严，福建次之，江浙稍宽，山东受影响不大。

康熙元年（1662），吏部侍郎科尔坤、兵部侍郎介山、平南王尚可喜、将军王国光、提督杨遇明赴广东督办迁徙事宜，广东沿海的钦州、合浦、石城、遂溪、徐闻、吴川、茂名、电白、阳江、恩平、开平、新宁、新会、香山、东莞、新安、归善、海丰、惠来、潮阳、揭阳、澄海、饶平等24州县的居民内迁50里，包括附近所有海岛，并沿边界建墩台73处。此边界外的房屋全部拆毁，田地罢耕，禁百姓出海捕鱼，有违令越界者立斩。三年（1664），清朝发现仍有沿海百姓私自越界捕鱼，朝廷担心台湾再次与内陆暗通信息，遂派吏部尚书伊里布、兵部侍郎硕图等再次赴广东勘察，海阳龙溪、上莆、东莆、南桂四郡，秋溪、江东、水南三郡的一半，潮阳直浦、竹山、招收、沙浦、隆井五郡，附郭、峡山、举练三郡的一半，揭阳地美一郡、桃山郡一半，饶平龙眼、宣化、信宁三郡，惠来上外、中外、下外、蓬洲、鲍江等六郡，再向内迁50里，沿边界增筑炮台84个，并设栅栏，严加防范人与货物越界。

福建是迁界令下达后的首迁之地。自福建闽安镇始，北抵浙江边界少埕670里，南抵广东边界分水关1150里，筑寨固守，禁民外出。迁界所涉及的州县有福州、兴化、泉州、漳州等四府及福宁州下辖的19个州县。沿边界设寨置台200余处，驻军看守，严禁百姓越界外出，违者斩首。如，福宁州以路为界，并悬有“敢出界者斩”之牌。莆田县近海居民搬入离城20里内居住，20里外筑土墙为界，寸板不许下海，界外不许闲走，出界以违旨罪，立即斩杀。官兵不时巡视边界，若有人偶尔越界，巡视官兵立时斩杀。据史载，该县黄石千总张安每次出巡边界，只带刀，逢人必杀。清人洪若皋曾在其奏疏中备述迁界令使闽省百姓“朝夕戒惧，如临危境”的生存状态：福建以路为边界，路下近海之地被划出界外，路上近山之地则属界内。迁界令下达以后，路下民间房屋庐舍皆被焚毁。设立边界后，路上之民如果越出路下即为越出界外，就会招来杀身之祸。以路为界，居住在路边的路上百姓，屋檐下即为界外。百姓豢养的鸡猪鹅鸭等家畜一旦越界，主人极有可能情急随而追之。即便是此种情况，如被塘兵遇见，立即就加以越界之罪。

江苏铜山，亦奉迁海令将各岛居民移入内地。逢山开沟二丈余深、二丈余阔，名为“界沟”。沟内筑墙，厚四尺余，高八尺，名为“界墙”。逢河，用大木桩。五里一炮台，台外二烟墩。20里设一大营盘，营将及千总、把总率众守护。日间瞭望，夜则潜伏于路。如有警报，一台烟起，左右各响应，营将率众合围攻击。

迁界后，守界官兵最有威权。向其行贿之人，可出入边界。对稍有仇怨之人，则拖出界墙外杀之。地方官不闻不问，百姓含冤而无处申诉。清朝初年为坐困台湾郑氏而实行的坚壁清野政策，给沿海百姓带来了深重的苦难。康熙初年的诗人施闰章曾作长诗《海民篇》，备述内迁百姓之惨状：

> 飞蓬思故根，迁人思故里。道傍乞食儿，海滨千金子。家世饶田园，佃渔给驱使。
>
> 暮操舟出浦，朝负鱼入市。金盘列海错，被服纷纨绮。庙算清海疆，编户悉内徙。
>
> 骨肉各奔散，徒步弃行李。长风吹四野，日暮无宿止。蒙袂羞叩门，接踵吞声死。
>
> 生时背丘墓，归魂恋桑梓。何如委白骨，东流葬海水。

迁界令作为一种消极的防御策略，不仅使沿海五省百姓颠沛流离，而且也使清朝的赋税收入和百姓日常生活受到一定程度的影响。迁界令一下，界外土地尽成荒芜。如，广东广州、惠州、潮州、肇庆、高州、雷州、廉州等七府所属27州县、20卫所以及附近海岛，抛荒土地达31 692顷；福建福州、兴化、泉州、漳州四府以及福宁州所属19州县，抛荒田地达25 904顷；浙江平阳一县7751顷田地在迁界时全部弃置，临海县抛荒土地19 9293亩，宁海县抛荒田地1150顷66亩。土地的废耕意味着国家赋税收入的减少。时任闽浙总督的范承谟曾提到，仅闽省因废耕而亏减的田赋收入，就达20余万两之多。清朝财政收入中的渔税、盐税、商税大减。福建向来是中外贸易的主要港口，迁界后，海外贸易受到严重打击，商贾不通，口岸市镇瞬间凋零。东南沿海又向以鱼盐为获利之源，迁界令一下，在边界拾得一蛤一蟹者即杀无赦，遑论出海采捕海盐基本停产，广东29个盐场、福建7个盐场、浙江5个盐场皆因被划在边界外而废置，严重影响到海盐的生产和日常生活，百姓三餐几近淡食。

抗清起义

清初推行迁界令，无非是为扼制盘踞在台湾的郑成功。但是，从实际情况看，收效甚微。岛上土地丰腴，物产丰富，开荒辟土，自可获衣食之源。此外，郑成功收复台湾后，与荷兰、日本、吕宋（今菲律宾群岛中的吕宋岛）、爪哇诸国始终保持贸易往来。每年赋税与贸易收入足以养兵，无须依靠内地接济。史载郑成功养兵10余万，甲胄戈矢罔不坚利，战舰以数千计。清朝的迁界令不仅没有收到预想中的成效，反而引起沿海百姓的强烈反抗。康熙二年（1663），广东番禺县市桥镇疍民首领周玉、李荣率先发动起义。周玉之兄周珍和李荣在明末因组织疍户举兵勤王，被南明永历帝授为水师副将，统领缯船数百艘，担任海上巡逻，兼护粮运。平南王尚可喜等攻下广州城后，周珍、李荣投清，被委以游击。周珍死后，其弟周玉接管其部众。周玉与李荣不领官饷，若有军情则听候调遣，以捕鱼作为给养。迁界令下达后，周玉与李荣的捕鱼处全被划在边界外。朝廷令其将渔船驶入界内停泊，迁其家属及其他渔民入城安插，饬令归农。这些人素习捕鱼，不谙农耕，渐失生计。周玉与李荣遂密谋起义反抗清朝的迁界令。他们借口返乡迁葬，于康熙二年十月驾船出海，发动起义，奉永历年号，周玉自称“恢粤将军”。清朝的迁界令严重干扰了沿海渔民的生活，民情早有不满，周玉的起义自然得到了渔民的支持与响应，很多人出钱襄助周玉起义军。在短短的十余天时间里，起义军攻下番禺、新会、顺德、香山、东莞等处，省城大为震动。到三十日，起义军与清军在市桥大石口江面激战，周玉恃胜轻敌，独自率领七艘船冲入清军阵中，李荣不得已尾随其后，被清军分割围歼。周玉被杀，李荣突围，败逃海外。起义军残部在黄明初、谭琳高的率领下，仍在东涌一带海岛坚持抗清斗争。四年，平南王尚可喜派兵进剿，起义军失利，黄明初、谭琳高兵败被杀。同年四月，李荣也战死海上。

除番禺外，广东惠州碣石也于康熙三年（1664）爆发了抗议迁界的起义。惠州碣石卫总兵官苏利，原为南明永历小朝廷部将，有上千艘战船，数万名士卒，势力延及沿海千余里。清军攻克广州后，苏利降清，仍授其为总兵官。他虽投降，但不肯剃发，仍有“异心”。清朝在镇压周玉、李荣的起义后，勒令苏利内迁。苏利不从，举兵起事，攻占广东沿海数县。清朝命平南王尚可喜与广东总督、提督等统兵征讨。同年八月，苏利率领主力一万余人与清军血战于南塘埔，从晨至午，尸横40余里，起义军失利，退守碣石城。随后，清军攻破碣石城，苏利战死，起义军6000余人阵亡。

周玉、李荣、苏利的抗清斗争，最直接的导火索就是清朝的迁界令，此令使他们无以为生，原来就潜藏于内的民族情感被激发，他们的抗清行动是对迁界令最强烈的反抗方式。这也从另一侧面说明，迁界令并不符合社会经济的发展规律，甚至在很大范围内、很长历史时期内制造了混乱，使沿海地区的封建经济难以再现繁荣景象。郑成功每次与部下诸将言及清朝为封锁台湾而迁移沿海五省百姓时，不禁感叹：“吾欲留此数茎须，累及桑梓人民。且以数千里膏腴鱼盐之地，百万亿聚生灵，一旦委而弃之，将以为得计乎？徒殃民而已。吾若不决志东征，苟徇诸将意，株守各岛，岂不笑吾英雄为其所束缚？今当驰令告处，收沿海之残民，移我东土，开辟草莱，相助耕种。养精蓄锐，俟有时机，整甲而西，恢复迎驾，未为晚也。”[①]从郑成功这一段话中可以看出，台湾郑氏势力的存在，对清朝来说，始终是一个隐患，也是康熙朝一统天下过程中必欲除之的障碍。

① 江日昇：《台湾外纪》卷12。

六 招抚台湾

前文提及，郑成功收复台湾以后，分遣诸将辟荒屯田、奖励农业，发展与日本、吕宋等地区的海上贸易。他对台湾的经营，有经纶、有希望、有威仪，可称得上是“创业英才”。康熙元年（1662）五月初一日，郑成功偶感风寒，但仍坚持登上瞭望台，手持千里镜，观察是否有船自澎湖来。初八日，又登台观望。回到书室后，他穿戴整齐，请出明太祖祖训，行礼毕，坐于榻上，命左右侍从进酒。阅一帙，饮一杯，至第三帙，成功叹道：“我有何面目见先帝于地下！”遂以两手抓脸而逝，终年39岁。左右侍从赶紧报告其弟郑袭及黄安、马信等人，马信令以红缎覆盖，然后通知文武各官，祭奠举哀。台湾以郑成功为核心，人存政举，人亡政息，郑氏集团内部混乱难免。成功去世时，其长子郑经（乳名锦，故又称为郑锦）正驻守厦门。厦门将士以郑经为世子，建言其先嗣位，后发丧。五月十四日，郑经在厦门嗣位，称“世藩”，布告台湾及各岛。而台湾岛内将士则以郑经曾招其父怨恨，不宜继承其父之位，拥立成功之弟郑袭。郑经遣周全斌率兵进台湾，杀叔父以正其位。

第一次招抚

就在郑氏集团内部为争夺权位而互相厮杀时，清朝总督李率泰、靖南王耿继茂趁台湾岛内一片混乱时，共商剿抚事宜。耿继茂差人赴厦门，传谕朝廷以诚信待人之旨，若郑经能剃发登岸，自当加封厚爵。郑经接信并回复，欲效仿朝鲜、琉球之例，只称臣纳贡，不登岸，不剃发，不易衣冠。郑经为表示诚意，向清朝先缴敕3道、现任伯爵银印10颗、原封公爵银印1颗、原取州县铜印15颗，另有投诚人员名册文武官员2516员、水陆官兵40余万名、大小战船5000余号、海上军民及流寓人口300余万，差挂印都督杨来嘉前去复命。郑经并非实心受抚，一方面担心清军趁其内乱时进兵台湾及厦门各岛，阳奉阴违，拖延时日，待肃清内乱后，再作筹划；另一方面，效朝鲜、琉球之例，不剃发、不易衣冠是郑氏集团所能接受的投诚底线，郑经与其亲信洪旭的谈话，就透露出此意："先王（指郑成功）开辟台湾，将此作为进战退守之地，怎奈志未遂而身先薨！今我欲率军肃清篡位之人，清朝方面又惓惓致意，故遣杨来嘉前去。若果能息兵安民，不辜负先王一片孤忠苦节，我无不唯唯是从。"洪旭答道："历次招抚，总差'削发'二字。若杨来嘉果真带回确切旨意，准照朝鲜事例，我等自然一面飞报，一面料理妥当。"康熙元年十二月，杨来嘉从京师返回福建，传达清朝主张"必欲剃发登岸"。洪旭令杨来嘉镇守崇武地方，另遣员去台湾向郑经汇报。清朝的第一次招抚，无果而终。

第二次招抚

清朝在第一次招抚郑经未果后，对踞守金门、厦门以及台湾的郑氏成员施行反间计。郑经疑其伯父郑泰私通清朝，设计将其缢杀。康熙二年（1663）六月，郑泰之弟郑鸣骏、郑泰之子郑绪昌，忠靖伯陈辉，左武卫杨富、左虎卫何义，左镇陈平、右镇许雄、前镇黄镐、后镇林宗珍，水师一镇洪陞、二镇蔡璋、三镇曾和、四镇吴泗、五镇张治，参军蔡鸣雷及其子蔡协吉、蔡协，黄良骥、陈彭、陈佳策、杨来嘉、陈遂等文武官员400余人、船300余只、兵丁万余人，入泉州港向清朝投诚。九月，荷兰人揆一又将船驶入福州港投顺清朝，拜见靖南王耿继茂与李率泰，表示愿意为前驱，引清军攻打澎湖诸岛，与清军并力夺取台湾。耿继茂与李率泰同意其请，调派投诚官兵与荷兰人夹板船剿平诸岛；黄梧、施琅在石码、海澄督造战舰，马得功、郑鸣骏、陈辉、郑绪昌、杨富、何义、杨来嘉等在泉州港收拾战船，以待会师进剿台湾。郑经侦知荷兰人投向清朝，不久就将兴师征讨金门、厦门诸岛以及台湾的消息后，与洪旭、周全斌等人商议退敌之策。郑经采纳周全斌的建议，差人潜入漳州、泉州，打探各港口分配船只情况及由何人带兵，以便分别防御。十月，清军与郑经所部在金门乌沙港遭遇。此役，台湾郑氏方面，周全斌督率水师杀清军提督马得功，杨富所部亦死伤殆尽。清朝方面，施琅率船百艘战败黄廷，夺取厦门。随后，金门被清军攻破，郑经及其家眷退至铜山。黄梧劝李率泰乘胜追击，以夹板船为前导，进攻铜山，则郑经可擒。李率泰担心一旦追击，郑经等人就逃至台湾，加之清朝此役损折大将，遂决定差人前去铜山招抚。如果郑经等人授抚，可免士卒劳苦；如仍顽抗，再发兵剿定亦未迟。于是，清朝将所有夹板船停泊于厦门，令黄梧与施琅差人往镇海、铜山招降。郑经仍坚持依照朝鲜、琉球之例，并表态，若欲令其剃发登岸，“虽死不允”。

在清朝剿抚策略的作用下，台湾郑氏方面诸镇将纷纷投诚清朝。郑经、洪旭等人认识到，铜山亦难保守，决定退守台湾。康熙三年三月初七日，郑经一行抵澎湖。澎湖是台湾的门户，北至浙江、辽东、日本，南至广东、交趾（今越南）、暹罗（今泰国），皆必经此地。郑经在此处设重兵镇守，就妈祖庙设营垒，置烟墩、炮台，令薛进思、戴捷、林升等防守。初十日，郑经率部抵达台湾。在弃守铜山前，郑经令周全斌、黄廷断后。周全斌与黄廷、洪旭有嫌隙，他担心自己抵台湾后，会被黄、洪二人嫉恨谋害。于是，他决定投诚清朝，并遣心腹沈吉送其子周智至李率泰军前为人质。李率泰许诺加封伯爵，周全斌率众从漳浦镇海卫投诚。几乎是同时，黄廷在铜山接到黄梧差人送来密书，他也担心到台湾后水土不服，率部从漳浦云霄投诚。耿继茂、李率泰合疏题请，朝廷册封周全斌为承恩伯、黄廷为慕恩伯。郑氏逃到台湾后，耿继茂与李率泰也移师回福建。水师提督施琅力陈乘胜进取台湾，趁其军心未定、民心未固时，早行剿灭。否则，使其生聚繁衍，金门、厦门两岛很有可能再次被其窃据。耿继茂与李率泰见施琅筹划有方，遂合疏请示朝廷，率军进攻澎湖、直捣台湾。十一月，清廷有旨，任水师提督施琅为靖海将军，统率投诚官郑鸣骏、郑缵绪、黄廷、周全斌、杨富、陈胜、杨来嘉、林顺等进攻澎湖。四年（1665）正月，施琅在泉州、海澄二港修造船只，选择吉日进军台湾。四月，施琅见船只已准备妥当，就知会耿继茂、李率泰，调投诚官郑鸣骏、黄廷、郑缵绪、何义、陈辉、杨来嘉、陈蟒、林顺、杨富等兵，题报出师日期，率大队水师出铜山。十五日，施琅率水师出海。是夜三更，船队至清水墘（即澎湖港）。忽然烟雾四合，飓风大作，狂涛叠至，横涌冲击。施琅的战船被飓风吹散，周全斌、陈晖、郑缵绪诸船漂流至碣石、甲子、南澳等处。施琅此次出师，尚未与郑氏交锋就因飓风而受阻，战船损失甚多。待各部将陆续回到厦门，施琅题请靖南王耿继茂与李率泰，宽限时日，待船只修葺完备，然后兴师。

施琅是康熙朝收复台湾的关键人物之一。施琅，字尊侯，号琢公，祖籍河南光州固始，后入籍福建晋江县南浔乡。南明时，为唐王政权的左冲锋。明亡后，归郑成功，为左先锋。起初，郑成功与施琅相处融洽，小到粮储士卒，大到军机秘事，皆与其商谋。后因施琅不赞同劫掠广东惠州、潮州以佐军饷，成功稍有不悦。复又有将弁犯法当诛，成功为其开脱，而施琅却坚决杀之。由此两件事，成功开始怀疑施琅已经背叛自己，遂起杀心。施琅设计逃奔，成功叹道“我不幸结此祸胎，贻将来一大后患”，遂杀其父施大宣、弟施显。施琅投诚清朝后，先从定远将军解福州之围，授同安副将，不久升任总兵官。康熙元年，擢福建水师提督；四年，挂“靖海将军”印，统诸军进取台湾，但被飓风所阻，无奈回师厦门。

第三次招抚

此时的清廷，圣祖尚未亲政，由四辅政大臣执掌政务。由于海上波涛凶险，加之八旗兵的习水战，朝廷仍寄希望以和平手段解决台湾问题。康熙六年（1666），在京候补之河南人孔元章向朝廷陈情，表示愿意前往台湾招抚郑经。朝廷准其请，孔元章奉旨驰驿至福建，与靖南王耿继茂、总督李率泰共商招抚一事。五月，孔元章航海至台湾，向郑经宣传朝廷招抚之意。但郑经仍持前议，只差“剃发”二字，若照朝鲜例则授朝廷招抚。

水师提督施琅听闻此事，甚为愤恨，上疏密陈荡平海患的策略。在其奏疏中，他对郑经是否真心归诚表示怀疑，前后两次招抚后都无伪官前来投诚，惟听口传，不可为凭。施琅建议，趁船只尚可远驾出海，且有熟悉水战之人，应乘胜进取，并就招兵、措饷、制器、造船提出自己的看法。在进攻策略上，他以澎湖作为首攻之地。澎湖是台湾咽喉、外卫藩屏，若能先取澎湖，则胜势已居其半，再根据郑氏的态度，实行剿抚并用之策，则台湾全局可定。由于远征海外，与海上风向密切相关，他请求朝廷，假以时日，不限定日期。国仇家恨使得施琅对收复台湾有着极高的热忱，必欲灭郑氏而后已。施琅的奏疏上达朝廷后，因渡海进剿台湾事关重大，康熙七年

（1667），朝廷令施琅进京，面奏机宜，以便定夺。同时，调郑鸣骏、郑缵绪、周全斌、何义等人京，分陈辉、黄廷、杨富、陈蟒、杨来嘉等于各省屯田。施琅接到部文后，立即起程，并就进剿事宜，再上一疏。在此疏中，施琅备陈海患之弊：东南财税之地因迁界尽被荒弃，不仅国家赋税亏减，百姓也日益穷蹙。若不讨平台湾，恐有不肖者将其视为逃窜之窟，贻害无穷。且郑成功子嗣众多，若有机智能干者，收拾党羽，联结外国，联络土番耕民，羽翼复张，终是后患无穷。施琅认为，台湾岛内兵丁不满二万，船只不足二百，且人心不齐，可剿抚并用。至于募兵筹饷，可会同地方官挑选熟悉海事者为舵梢，善战者为战兵，调浙江、广东水师、战船以补不足。海疆宁静，防兵可省。虽劳于一时，却万世可逸。施琅洋洋洒洒数千言，积极建议朝廷进取台湾。在收复台湾的态度上，以四辅政大臣为核心的满洲统治阶层倾向以招抚为主，所以施琅此疏被留中未发。八年（1669），朝廷裁福建水师提督缺，战船焚烧，改设总兵官一员，镇守海澄，以马化骐任之；将投诚各官，分配外省开垦；施琅被留于京师，授为内大臣，晋封伯爵，收复台湾一事暂被搁置。在任内大臣的十余年时间里，施琅始终密切关注东南沿海的局势，不断向圣祖及朝中大臣论及收复台湾的主张。

第四次招抚

圣祖铲除鳌拜集团后，亲理朝政。八年，圣祖命刑部尚书明珠、兵部侍郎蔡毓荣，与靖南王耿继茂、总督祖泽沛齐集泉州府，第四次商讨招抚台湾郑氏。加兴化府知府慕天颜太常寺卿衔，与都督佥事季佺，赍诏书前往台湾招抚郑经。六月十二日，慕天颜一行抵达澎湖，守澎湖总兵官刘宪忠、安抚司薛常霖将慕天颜等船移入双头港沟停泊，然后飞报郑经。后因受阻于台风，至七月初六日慕天颜一行方抵达台湾。郑经令协理刑官柯平、协理礼官叶亨，将清朝使臣迎接到馆驿。柯平询问慕天颜，此番朝廷赍诏书而至，定是孔元章有所微词。慕天颜说："孔元章回京复命时，并无他言。只是力陈台湾风景与内地无甚区别，且贵藩有向化之心，所以皇上大悦，特命我等前来，代宣德意，以安五省边民。"柯平令礼官都事黄策陪同慕天颜等人，与叶亨持敕书及明珠等人书信前去奏报郑经。郑经礼遇清朝使臣，但不肯接诏书，只启明珠书信。明珠在信中力劝郑经归顺朝廷：

尝闻安民之谓仁，识时之谓智。古来豪杰，知天命之有归，信殃民之无益，决策不疑，委身天阙；庆衍黎庶，泽流子孙。名垂青史，常为美谈。阁下通时达变，为世豪杰，比肩前哲，若易易耳。而姓名不通於上国、封爵不出于天朝，浮沈海外，聊且一时，不令有识之士为惋惜耶？今幸圣天子一旦恻然，念海滨之民疮痍未复，其有去乡离井，逋流海屿，近有十余年、远有二十余载，骨肉多残，生死茫然。以为均在覆载之中，孰非光复之责？税车闽甸，会同靖藩、督、抚、提宣谕宸衷，礼当先之以信，专遣太常寺卿慕天颜、都督佥事季佺等闻于左右：

阁下桑梓之地，无论圣天子痌瘝至意，所当仰体不遑。即闽之黄童由叟，大都阁下之父老子弟，而忍令其长相离散耶？况我国家与人以诚、待人以信，德意咸孚，遐迩毕达。是以车书一统之盛，振古无俦！穷荒绝域，尚不惮重译来朝；阁下人中之杰，反自外於皇仁者，此岂有损朝廷哉？但为阁下惜之耳！诚能翻然归命，使海隅变为乐土，流离复其故乡；阁下亦自海外而归中原，不亦千古之大快，而事机不可再得者乎？我皇上推心置腹，具有玺书。阁下宣读之余，自当仰见圣主至仁至爱之心。伫俟德音，临颖神注云！

七月初七日，郑经召集藩下文武各官以及慕天颜、季佺会议，再次重申他的一贯主张，“苟能照朝鲜事例，不削发，称臣纳贡，尊事大之意，则可”。慕天颜说：“朝廷频频遣使招抚，也是怜贵藩忠诚，不忘旧君。若能削发归顺，自当封藩，永为圣朝柱石之臣。否则，我朝岂无战船兵士？”连续多日，清朝使臣与郑经始终未能就“削发”一事达成共识。郑经令柯平与叶亨携带回覆明珠的书信，与慕天颜等同回泉州。在到达泉州以后，慕天颜与柯平就拜见明珠、蔡毓荣的礼仪再次发生分歧。慕天颜令柯平等人按福建地方督抚、提镇等官入见明珠与蔡毓荣时之礼仪，由衙署角门入，偏坐。柯平则不愿执臣礼，坚持由甬道入，执客礼。因此礼仪之争，柯平在抵达泉州数日内，未能拜会明珠。后来，慕天颜安排柯平等人在圣庙与明珠、蔡毓荣相见，柯平与叶亨二人不得不由角门入。柯平坚持仿效朝鲜事例，不肯剃发，向清朝称臣纳贡，但要世守台湾。此次会议，再次因为双方各持己见，无果而终。此次会谈结束后，清朝方面似乎稍有妥协。明珠与靖南王耿继茂、总督祖泽沛商议，向朝廷题请，允许郑经世守台湾，并封其为藩王。但是，郑经既已向朝廷称臣受封，岂有不剃发易服之理？所以，靖南王耿继茂与明珠等人分别致信郑经，劝其接受朝廷招抚，并令慕天颜、季佺携带书信与柯平、叶亨再次前往台湾劝郑经遵制剃发。信中有言：

承台教所示及使员所陈，并即上达宸衷。圣天子明见万里，曲体其情，但以阁下为中国之人，不宜引朝鲜之例。阁下以荒外自居，朝廷以一体相待。九重至意，高厚何如？恭录颁赐不佞等谕旨，阁下诚为捧绎，岂非大哉皇言、千载希遘者乎？夫称臣纳贡，既已遵国制，定君臣之义，譬犹父子。从无父子而异其衣冠，岂可君臣而别其章服？此剃发一事，所当一意仰从，无容犹豫者也。况守台湾，今恭蒙皇上不吝曲从阁下之孝，而尊一王之典制；阁下何不随臣子之分？忠孝两全，在此一举，得失利害，决於片言！我皇上英明神武，事无轻发。今日之事，既允某留住台湾，又许以高爵厚禄。圣主特出之恩荣，阁下以弹丸之地，躬逢其盛，而不以此时见机速断，即循国制以副圣心，窃恐坐失机会，时不再来！不佞等披肝沥胆，不惜尽言。仍遣太守寺卿慕天颜、都督佥事季佺，再渡海广宣德意。愿加三思，临颖翘切！[①]

郑经依恃波涛之险，态度非常坚决，始终以朝鲜自比。明珠知郑经不可招抚，遂同蔡毓荣进京复命，清朝的第四次招抚再次失败。

第五次招抚

康熙十二年（1673），吴三桂因撤藩而反，耿精忠继而响应，并与郑经相谋，许其漳州、潮州之地。后耿精忠践约，郑经率兵攻打，自取漳州、潮州、泉州、汀州诸处。耿精忠在前后受敌的情况下，于十五年（1676）投诚，并引康亲王杰书、贝子傅喇塔军攻打郑经。郑经兵败，逃至厦门。十七年（1678），郑经派部将刘国轩、吴淑、何祐分道进攻东南沿海，郎佐相、黄芳世、都统穆赫林、段应举皆被战败，郑氏从清军手中夺取城郡十余地。继而，刘国轩又引兵围攻海澄。海澄城池坚固，急促之下难以攻克。刘国轩估量城中人多粮少，在包围海澄半个月内，始终不围西门，任凭城内官兵逃遁。后见段应举在城中筑炮台、修壕栅，有等待援军之意，刘国轩遂遣林升、林应、江胜等连营把守围困海澄。海澄被围83天后，守城提督段应举知敌势莫能拒，与副都统穆赫林在西门城楼自缢；希佛听闻城陷，自焚而死。

① 江日昇：《台湾外纪》，第218～219页。

清朝方面损失官兵30000余名，战马万匹，都统、提督以下皆死。刘国轩乘胜攻取漳平、长泰、同安、南安、惠安、安溪、永春、德化诸郡。圣祖重新选任前线将帅，罢郎廷佐，改任姚启圣为总督。

姚启圣是清朝收复台湾过程中的另一位重要人物。诸史家有关姚启圣的记载，难免演义之嫌。有谓姚启圣生于郑芝龙起事的明天启四年，康熙二十二年台湾平定，他亦病疽而卒，实为取台湾而生。更有谓其系“雕虎”化身。他曾于松江赵君署中午睡，鼾声甚响，仆僮好奇偷窥，居然是“雕虎”在榻。实际上，他的一生也确具传奇色彩。姚启圣，字熙止，晚年又字忧庵，浙江会稽县人。曾任通州知州，杖杀土豪，弃官而去；后又于萧山郊外手刃抢掠民女的兵丁。因犯杀人罪不得不亡命江湖数年，最后不得已入旗，隶汉军镶红旗。康熙二年（1662），八旗开科取士，姚启圣列为第一，出任广东香山县知县。吴三桂叛清后，他又随康亲王杰书讨耿精忠，因军功授为福建布政使，不久又擢为福建总督。在其任内，郑经派部将刘国轩屡犯福建沿海郡县，姚启圣连败其军并收复失地。福建地邻台湾，姚启圣开修来馆接纳前来投诚的台湾降人，甚至不惜重金贿赂，并行反间计以离间其党，为收复台湾做前期准备。他又力荐被革职的水师提督施琅，并授以密计，最终完成统一台湾的大业。清朝取台湾后，姚启圣被视为平定台湾的首位功臣。

刘国轩率兵围漳州，又另派兵围泉州，断漳州江东桥、泉州万安桥以拒清军。泉州被围两月后，刘国轩虽百计攻城，但守城文武各官率兵民齐心捍御泉州城，以待救兵。吴兴祚、杨捷等率满汉官兵至兴化府，以救援泉州。喇哈达亦率军至漳平县，守漳平之郑氏部将献城投降。刘国轩侦知清军各路进兵救援泉州，且永春、安溪、德化诸邑已失守的消息后，传令撤泉州之围，退至同安县，令官兵毁城垣，驻兵于营果堂、欧溪、江东桥、郭坑、长泰地方，以扼守漳州与泉州间的往来。十七年九月，总督姚启圣下令进军长泰。姚启圣率各部分路夹攻，刘国轩四面受敌，溃逃至云英渡，因无船可渡，万余名部众溺水而死，旗帜、盔甲、丰幔、辎重弃满山野。姚启圣令吴延贵造浮桥克复长泰，乘胜夺取江东桥；又分别派兵驻守江东桥东、西山，造桥以恢复漳州与泉州间的往来。刘国轩逃至海澄，挖深壕，修堡垒，首尾相连，顽守此城。姚启圣以海澄猝难攻克，与贝子赖塔、吴兴祚、杨捷等商议，遣漳州进士张雄赍书出厦门招抚。海澄是厦门的门户，郑经不肯退让。十月，姚启圣再次遣黄志美赍书前往厦门招抚，郑经仍持前议，不肯接受。

姚启圣因郑经不接受朝廷招抚，与康亲王杰书、吴兴祚合疏题请，再次迁徙沿海居民入内地居住。十八年（1679）正月，福建上自福宁，下至诏安，沿海居民再次向内地迁徙10里或20里。沿海险要之处添设炮台，星棋罗布，稽查防范。圣祖再下迁界令，只是权宜之计。未能收复海澄，始终是清朝东南沿海隐患，姚启圣始终不得良法。此时，恰有台湾黄性震前来投诚，有“郑经不过庸才，皆由左右之排线。国轩虽然桀黠，全赖羽翼以纵横，总恃阻隔波涛，故历二世。即有仪、秦，莫可鼓其唇舌，当用高位厚禄，买散人心。不用干戈，立可收其绩效”等语。黄性震所言，恰与姚启圣所想不谋而合。他随即将漳州衙署改为“修来馆”，命黄性震管理，以此招降台湾文武官员及兵丁。文官投诚，以原衔题请，照职推补；武官投诚，一面题请换劄，一面保题现任职衔。兵民如果头发全长，每人赏银50两；头发短，每人赏银20两。愿入营伍之人，立即分拨兵营，并给以兵饷。愿归农之人，送回原籍，饬令府州县安插，不许强豪欺凌。姚启圣为收买人心，对骗赏者亦置之不问，只要肯来就好。因此，台湾文武官员及兵丁前来投诚者络绎不绝，先后招降台湾岛民400余名，兵丁1.4万人。

第六次招抚

自郑经受耿精忠之召，统军西渡后，他将台湾委托给陈永华管理。陈永华虽然调度有方，法律严明，但郑经诸弟依恃身份特殊，强占民田，屡禁屡犯。碍于情面，陈永华建议郑经，由其长子郑克臧“监国”。郑经同意，于永历三十三年（康熙十八年）四月遣礼官郑斌赍谕至台湾，宣布令克臧“监国”。克臧，陈永华的女婿，自“监国”后，凡事悉受其岳父指教，明敏果断，其叔父辈不敢妄为，百姓无不拍手称快。

此时，海澄仍在郑经部将刘国轩的控制下。刘国轩加固城防，布置周密，与清军相持已有一年之久。康熙十八年，中书苏矿以沿海百姓受困已久，请示康亲王杰书，欲申前议，招抚郑经。康亲王允其所请，苏矿遣使携带书信至郑经处。郑经的回复，使苏矿看到了可为之机。他再派其弟苏埕至厦门，向郑经转达康亲王之命，若能释甲归顺，可依朝鲜例，代为向朝廷题请。在先后五次招抚后，清朝方面终于做出妥协，许其不剃发，只称臣纳贡。但郑经与冯锡范等人却得寸进尺，向清朝索取海澄，作为双方往来的公所。苏埕以不敢代为转启亲王为由，拒绝将海澄让与郑氏，并强调郑氏应退守台湾，海岛皆归朝廷，以澎湖为界，通商贸易。冯锡范亦不肯让出海澄，只肯每年进贡东西两洋饷6万两。苏埕不敢擅自做主，与郑经使臣傅为霖一同回福建复命。康亲王杰书以地方重务，责任全在总督，不可轻下定议，令傅为霖前去漳州拜见姚启圣。姚启圣严词拒绝此要求，普天之下，莫非王土，无人敢将海澄轻易划为公所。由于与郑氏在海澄一地的归属问题上再次出现争议，清朝的第六次招抚同样以失败告终。

同年十一月，姚启圣与将军喇哈达、赖塔、提督吴兴祚会议，在福州造大战船400只，调浙江战船100只。待万正色抵任后，统水师，水陆合攻金门、厦门诸岛。十九年（1680）二月，福州船只兴造完工，万正色遣人到漳州、泉州会喇哈达、赖塔、姚启圣、杨捷，可率领大队水师出攻金门、厦门，陆师也分别齐进，以相互支援。由于守海坛之郑氏部将林贤投诚清朝，并为内应，姚启圣与杨捷收复海澄，万正色率水师克复海坛，水陆并取，进逼厦门。清军乘势进取，降朱天贵，并取其水师，郑经与刘国轩等弃金、厦二岛，逃归台湾。

康熙朝先后六次招抚台湾郑氏，朝廷始终寄希望于以和平方式收复台湾。当此之时，戎马倥偬，天下甫定，又因吴三桂举兵反清，海内叛乱四起，清朝国祚几度陷于危乱。郑成功从荷兰殖民者手中收复台湾，奉南明永历正朔，坚持抗清。郑氏以台湾作为进攻退守之地，恃地势之险，屡攻东南沿海州郡。清朝西北、西南、东南多面受敌，加之八旗兵不习水战，无以根除海患，多系被动防御，剿抚并用。甚至为坐困台湾郑氏，清朝还在东南沿海推行迁界令。从康熙元年至十八年，朝廷先后六次招抚郑氏，郑成功、郑经等始终以不剃发、不登岸，只称臣纳贡为条件，与清朝周旋，拖延时日。圣祖亲政，平定三藩，天下一统已是大势所趋。为彻底消除海患，圣祖重用姚启圣、施琅，最终派兵收复台湾。

万名大军进台湾

在败归台湾前，郑经常年征战于金门、厦门诸岛之间。经陈永华建议，以长子克臧监国。康熙十九年，郑经败归台湾后，冯锡范见陈永华把握重权，襄助克臧处理政事，心生嫉妒，暗地里与刘国轩相谋，设计解除陈永华兵权。某一日，冯锡范与陈永华会于公所，锡范假意说道："自愧扈驾西征，寸功俱无，归来仍居其位，殊觉赧颜。诸凡检点明白，即当启辞，杜门优游，以终余年。"陈永华信以为真，次日就上书请解兵权。郑经商与锡范，锡范顺势说："陈永华勤劳数载，形神已焦。今欲乞休静摄，情出于真，宜俯从之。但其所部将士，可交与刘国轩统领。"郑经遂依锡范之言。陈永华辞官家居后，发现锡范仍居侍卫之职，方知被其欺骗，后悔不及，不久就郁郁而终。诸老臣相继沦亡，使郑经不胜感叹，遂于洲仔尾择地建屋，建造园亭，种植花木，并移诸妾嬖居于内，日夜纵情于花酒，令其长子克臧处理政务。凡文武官员启奏事宜，皆由克臧决断。克臧在替父监国的两年里，礼贤下士，抚缉兵民，刚断果决，时人谓其有乃祖郑成功遗风。但与此同时，他明察果断的为政风格，也为他招来不少怨恨和仇视，这其中就包括冯锡范与其诸位叔父。

康熙二十年（1681），郑经因纵欲过度，痔疮暴胀，大肠紧闭，医治无效而卒，时年39岁。郑经在临终前，已授意冯锡范与刘国轩，藩主之位由长子克臧继承，嘱其二人善加辅佐。但是，郑经死后，冯锡范并未践行诺言。他与刘国轩密谋，认为克臧出身卑贱，不可承藩主之位。传说郑经的侍妾李氏生女，与李姓屠户之子调换，此子即克臧，故冯锡范称其为“螟蛉子”（即养子之意）。冯锡范又以承继之事商于郑经的兄弟辈，并在郑成功之妻董氏面前进构谗言，谎称兵民骚动，皆因克臧非郑经亲生儿子。郑聪（郑经之弟）等人亦逼迫并恫吓董氏，一旦兵民有变，后悔已晚。董氏信以为真，传令克臧入内廷议事。锡范令蔡添与郑聪等人藏于西厢房，待其只身入大门，郑聪等人冲出，纷纷指责他非郑氏血脉。克臧见情势凶猛，表示愿意交还监国印玺。可郑聪等人并未因此放过他，蔡添以刀刺入其腹部，郑聪等兄弟四人挥木棍殴打，克臧因此毙命。其妻陈氏已有身孕，闻知其夫被杀，收敛其尸，自缢相随。克臧死后，董氏在冯锡范、刘国轩等人的催请下，以郑经次子郑克塽承继。克塽是锡范的女婿，年仅12岁。以郑聪为辅政公。封刘国轩为武平侯，专管征伐之事；封锡范为忠诚伯，管侍卫并参赞军务。

克臧监国两年，颇得民心。当宣布其系“螟蛉子”，难嗣大位时，兵民无不叹息。郑经去世，弑克臧而立克塽，在台湾岛内造成不小的混乱。这一混乱，恰为清朝最终收复台湾提供了机会。

进军台湾

康熙二十年，姚启圣频频接到台湾密报，知郑经已死，冯锡范弑克臧立其婿克塽，郑成功妻董氏亦卒。辅政公郑聪庸碌无能，凡事唯听冯锡范与刘国轩指示，奸党弄权，其下互相猜忌。他将这一情况上报朝廷，建议乘此机会，令水师进取，根除海患。自圣祖即位以来，郑氏兵败至台湾据守，与清朝武力对抗十余年。朝廷剿抚并用，始终无法彻底解决东南沿海的这一隐忧。平定吴三桂叛乱后，圣祖开始将战略重点转移到东南沿海。他向朝中大臣询问进取台湾方略，可朝臣在收复台湾上的态度并不统一，多数大臣认为海波不测，难以制胜。福建当地的文武官员尤其反对以武力收复台湾，水师提督万正色就曾说过“台湾断不可取”。

在接到姚启圣的奏疏后，圣祖听取多方意见，最终决定进军台湾。他指示福建总督姚启圣，巡抚吴兴祚，提督诺迈、万正色，将军喇哈达，侍郎吴努春等官，进取台湾一事关系重大，文武各官务必同心筹谋，率绿旗水师分路前进，剿抚并用，速乘此机会进取澎湖、台湾，底定海疆。此时，清朝方面，黄芳世已死，福建水师提督一职又被裁撤，姚启圣深感缺少荡平海患的将帅。他私下计议，此任非施琅不可，遂与巡抚吴兴祚合疏保题施琅。内阁学士李光地也因施琅熟悉海战、台湾地势及郑氏情形，向圣祖荐之。圣祖召施琅入内廷，询问进讨台湾一事。施琅审时度势，向圣祖备陈台湾可取的理由。圣祖大悦，任命施琅为福建水师提督。 同年八月初五日，大学士等向圣祖请示，是否应给施琅加衔。圣祖以施琅本系福建水师提督，并非因过失解任，此次复任提督，应加宫保职衔，遂加其太子太保衔。十五日，福建水师提督施琅陛辞，圣祖赐施琅食物，密授荡平海患机宜，并谕之曰：“荡平海患之议，唯你与朕意见相同，你一定要代替朕圆满完成使命。到福建后，要与地方文武各官同心协力，以靖海疆。海氛一日不靖，则民生一日不宁。务要相机进取，以副朕委任至意。”当日，圣祖又赐施琅鞍马一匹，施琅陛辞出京。十月初六日，施琅抵达福建。恰此时，有同安高浦人陈昴从台湾来。施琅招其入密室，询问澎湖、台湾情形。陈昴备述其情，向施琅详陈进取澎湖之计，并画澎湖地形进呈。台湾郑氏得知施琅要进攻澎湖，加强防御，令刘国轩出兵防守澎湖，根据地势险要情况设防。国轩把守澎湖甚严，据守各港口，船只无法靠前停泊。施琅到福建后，向圣祖奏报：郑氏船只停泊于澎湖，全力固守。但冬春之际，海上时有飓风，水师战船骤难渡海。臣现在练习水师，又派遣间谍联络沟通旧时部下，使其为内应。待风向有利于渡海，即刻进军，可获全胜。

二十一年（1682）二月，施琅密疏朝廷，详陈攻取澎湖在收复台湾过程中的战略意义，又请圣祖独任征讨之权。其理由是：总督姚启圣虽有经纬全才，但由于其生于北方，汪洋巨浪之中，总非其所长；巡抚吴兴祚已升任，新任巡抚初到闽地，恐未熟悉福建情形。他建议由总督姚启圣居厦门济饷，居中节制，自带战船三百，水师两万，专统进军台湾之事。施琅此疏于三月初一日到京递至御前，被留中未发。四月，施琅再奏，夏至南风盛行，不可进兵，请示圣祖展限至十月，再大举进取台湾。议政王大臣们认为，进军日期不便屡次更改，应檄令总督姚启圣、提督施琅，在夏至后进取台湾。圣祖同样担心贻误战机，他令姚启圣与施琅协商，根据海面形势，把握可破可剿之机。

五月二十一日，户科给事中孙蕙条陈，应暂缓进兵台湾。海上用兵不同于陆地，圣祖以此事商于李光地。李光地认为海上用兵与风向关系密切，可进则进，可止则止，施琅熟悉水战，料必无虞。圣祖遂令在金门、厦门等要害之处，添兵防御，以壮声势。六七月间，有彗星见，左都御史徐元文再次奏请暂停进兵台湾。圣祖依其言，令待十月份以后再作守夺。九月，施琅率五营官兵船只从厦门下海，至泉州海口操演，同时咨檄海坛、金门、铜山、兴化各总兵，至平海卫齐集，准备十月份进剿台湾。十月，圣祖连下两道圣旨，将统兵进剿台湾之兵权悉归施琅。十一月，因海上北风太硬，施琅未敢进兵，令各镇协营暂归汛地，自己则率船只回厦门。十二月，姚启圣因施琅未敢下海，差刘国轩旧好黄朝用前去澎湖招抚，许其不剃发，只称臣纳贡，照朝鲜之例。刘国轩将黄朝用送至台湾，黄朝用见冯锡范等无意投诚，连日辞回，郑克塽遣黄学、林珩与黄朝用同往福州见姚启圣。姚启圣与喇哈达等知会施琅遵剿抚之旨，以抚为上策。施琅认为，如果克塽等人诚心归附，必遵制剃发。姚启圣欲行招抚，而施琅则坚持进剿，双方意见不合，姚启圣遂送黄学、林珩回台湾。

其实，在以何种方式收复台湾的问题上，福建地方督抚与提督间的意见并不统一。姚启圣与万正色主张以招抚为主，施琅则坚持进兵台湾。二十二年（1683）五月间，施琅先后两次向圣祖密陈，请求带兵进剿台湾。六月，施琅率水师齐集铜山，并请姚启圣共商给发粮饷及犒赏银两事宜。施琅召集各镇协营守备、千把总及随征官员，将先锋银锭排列，传令征剿澎湖。若有敢为先锋者，可上前领取先锋银。诸部将无有敢应者，独游击蓝理挺身而出，领先锋银锭。

二十二年六月十四日，姚启圣驻厦门以济军饷，施琅统率诸船从铜山出师，攻克花屿、猫屿、草屿，乘南风进泊八罩。刘国轩虽筑台严加提防，但未料及施琅出兵如此迅捷。十五日，巡哨船发现施琅水师顺风向澎湖驶来。国轩忙差人持令箭，遍传各守将移大炮罗列海岸，拦截攻打，防止施琅船队靠岸停泊。施琅率水师抵达澎湖海域后，见各岛皆有兵把守，令将所有船只分别停泊猫屿、花屿诸地。十六日，施琅率水师齐到澎湖，刘国轩坐快船在天妃宫前督军迎战。其部将林升、江胜、邱辉等将船排列攻打清朝水师。适时，施琅所乘之船遭遇顶风，林升等趁潮涨，结大队合攻，施琅被流炮所伤。游击蓝理见施琅受困，急进营救。正酣战时，蓝理亦被流炮余焰所伤，护身甲被烧透，肉裂见肠。其裨将舍战相救，蓝理一面令其弟蓝瑶督战，一面鼓励士气，嘱咐部将不要因其一人而误大事，不可怯战。施琅与刘国轩的首次交锋，极为激烈。施琅与蓝理皆被流炮所伤，刘国轩部将林升亦身受重伤。施琅趁林升受伤，船队散开之机，与蓝理引船退出外洋。施琅首战失利，在十七日召集诸镇协营将、千把及随征各官议破敌之法。吴英献策，用

“五梅花”法。

所谓“五梅花”，即以五船结为一队，攻对方一船；不结队的船只或为游兵，或为奇兵，或为援兵，远驾观望，伺机响应。如此布阵，船只无冲撞之患，又可以各尽其能。施琅大悦，令先以“三叠浪”进，后换为“五梅花”阵法。二十二日，施琅命随征都督陈蟒、魏明，副将郑元堂率船50只为一股，从东畔峙内直入鸡笼山、四角山，作为奇兵夹攻；命随征总兵董义、良玉同外委守备洪天锡率船50只为一股，从西畔直入牛心湾，作为疑兵牵制；又将大乌船56只分为八股，每股7只，各作三叠，第八股由施琅自居，以便居中调度；其余80只分为两大股，作为后援。刘国轩闻瞭望炮连发，立即掌号，各船齐起帆，发炮呐喊迎战。

清军方面，朱天贵被邱辉所发炮弹击中，穿肋而死。林贤见天贵船溃，前去救援。林贤督率众官兵力战，左臂连中三箭，死伤将士众多，矢石、药炮皆用尽。正在林贤危急之际，游击许英、吴辉等从外围攻救。林贤奋勇督战，内外夹攻，敌船才溃散，刘国轩亦退兵。施琅与刘国轩的第二次交锋大不同于前，各船奋勇争先。国轩又令部将合船齐击。清军用吴英之计，以五船合围一只，被围船只或被火罐烧毁，或被炮击沉，不可计数。国轩犹率众横冲直攻，往来死拼。施琅有令在先，遇敌船一只，即会数只合围，又连续打沉多艘船只。

国轩见所部船只损没大半，欲乘势冲出，怎奈清军水师驻满各港口，唯有吼门一港无船堵截。吼门暗礁甚多，向无船只敢从此过。国轩情急之下，免冠跪于战棚上，祈祷道：“国轩今日奉命守御澎湖，兵败不得逃脱，欲从吼门出。如果国轩寿数当终，船从吼门过，立即触礁沉没。如有后福，乞求皇天假我潮水，使国轩得以东归台湾。”祈祷毕，果然潮涨风顺，国轩及其部将皆先后从吼门逃遁至台湾。施琅派陈蟒前去追擒，陈蟒不熟悉路径，未能追及，率众回师。于是，澎湖地方虎井、桶盘等36岛皆归顺清朝。施琅大悦，令投降官兵剃发。其中镇将165人，赏给袍帽；士卒4853名，发给粮米。施琅一面安抚兵民，一面向福建督抚奏报澎湖大捷。姚启圣用大船载金、缯、货、米等物至军前，大赉降卒。当澎湖失守的消息传到台湾淡水后，淡水守将何祐密遣其子何仕隆从淡水港坐船往澎湖军前纳款投诚。林亮、董腾、蔡添等亦密与清朝方面相通，并愿为内应，请施琅速攻台湾。

收复台湾

刘国轩从吼门逃脱后，六月二十四日方抵达台湾，向郑克塽、冯锡范等备陈兵败情形。锡范立即驰令鹿耳门守将严加防范，不许兵民擅出村落。克塽召集文武官员，商议战守之策，锡范等人议取吕宋以避清军锋锐，并欲将其作为重振大业的根基。刘国轩对此颇有异议，台湾众志瓦解，防守已难，建议克塽以台湾降清。恰在此时，施琅遣国轩原部下曾蜚前来招降，许诺保题国轩任总兵官一职，国轩更加坚定了投清的决心。为防止郑氏子孙逃脱，他一面拨兵看守，一面令郑德潇修进降表。闰六月初八日，郑克塽差人赍表过澎湖见施琅，同意剃发称臣，但仍请留居台湾。澎湖已破，台湾势危，郑氏势蹙，不得不前来求降。

在此情况下，不管是施琅还是朝廷，都绝不会同意此种请求。施琅密疏圣祖，克塽年幼，大权皆由冯锡范与刘国轩二人操控，若真心投诚，必须国轩、锡范二人来军前投降。经过澎湖一战，水师战船受损甚多，暂在整葺，所以未能直进台湾。待船只修备，风向有利，若国轩、锡范仍顽固不降，即刻督师进发。十六日，清朝方面的使臣抵达台湾，向克塽、国轩、锡范转达施琅之言。克塽茫然不知所措，而锡范仍踌躇不决。七月初五日，在国轩的反复劝说下，克塽再令郑德潇修降表，于十五日送至施琅军前。十六日，施琅遣侍卫吴启爵、笔帖式常在等人带五张告示前往台湾，晓谕台湾兵民，遵制剃发，令郑氏及各官上缴印敕。十九日，克塽率刘国轩、冯锡范等文武官员，齐集海埏迎接清朝使臣，吴启爵等将告示递与克塽，克塽转交国轩，通衢张挂，令台湾兵民于二十日遵制剃发。而克塽与国轩等诸文武官员则需到施琅前剃发。二十七日，克塽向朝廷上缴延平王册一副、金印一颗、辅政公郑聪印一颗及武平侯、忠诚伯、左武卫等印。

施琅收复台湾，遣侍卫吴启爵由海道进京报捷。姚启圣则由陆路，以飞骑报捷，晚施琅两日抵达京师。报捷之疏抵达京师时，正值中秋佳节。经过几十年的对峙，台湾终于重归版图，清朝彻底消除东南海患。圣祖难掩心中的极度兴奋之情，立即解下龙袍赐予施琅，并御书手卷一轴：

海氛之不靖，艨艟出没，波涛震惊。海滨居民渔盐、蚕织、耕获之利，咸失其业，朕心恒悯恻焉。迩者滇、黔、陇、蜀、湖、湘、百粤悉底敉宁，蕞尔台湾，险阻负固。尔施琅衔命往征，决策进取，楼船所指，将士一心，遂克岛门，逼其营窟。勇以夺其气，诚以致其归。捷书到阙，时值中秋，对此佳辰，欣闻凯奏。念羸堧赤子，获登衽席，用纾南顾之忧，惟尔不丕绩。

又赋五言诗旌表施琅之功：

岛屿全军入，沧溟一战收。降帆来蜃市，露布彻龙楼。
上将能宣力，奇功本伐谋。伏波名共美，南北尽安流。

圣祖复授施琅靖海将军，封靖海侯，世袭罔替，赐御用袍及诸服物。施琅疏辞侯封，请如内大臣例，赐花翎。圣祖命其勿要推辞，并如其请，赐花翎。

施琅收复台湾后，功振朝野，也有很多关于他的轶事在民间流传。传说郑芝龙投诚后，过龙虎山，遇一能决未来事的异人。此人言语甚为隐晦，有“金鸡唱，龙种消”之语。而施琅恰是辛酉年（鸡年）生人，其专征台湾又在辛酉年，龙种即芝龙之孙辈。在其进军澎湖、驻军平海卫时，平海卫土地荒芜，所有井泉都被冲坏，只剩一口淤浅盐涩之井，官兵饮水甚为艰难。施琅仿效耿恭拜井，虔诚祷祝后，令军士将井淘净，泉水竟喷涌而出，且清洌甘甜，日夜挑汲不竭，勒石名为“师泉”。平定澎湖以后，施琅率水军再由鹿耳门进台湾。鹿耳门有铁板沙沉浮水底，行船之人必须量水而行，且门甚狭小，难以连樯并进。当施琅抵达鹿耳门时，海水骤涨四尺，船得以并驾而入。时人在评价施琅收复台湾之功时，常谓“虽曰人力，岂非天命”。施琅入京陛见，圣祖命宗室侍卫、额驸、礼部诸大臣设供张，三迎于途。入京后，先是于畅春园陛见，复召对乾清宫，圣祖向施琅详细询问地方得失。施琅70多岁时，再次进京。圣祖见其步履维艰，特命侍臣扶掖上殿，赐座奏对。施琅因年老力衰，请求辞去海疆重任。圣祖诚意挽留，谓“朕用汝心，不在手足。俟二十年后，方如所请”，施琅拜恩继续担任原职。三年后，施琅因病卒于官，年76。圣祖震悼良久，诏赠太子少傅，谥襄壮，命礼部从优议恤，赐葬，敕建碑文，谕祭者三。福建绅士军民闻施琅卒，皆巷哭失声，为其立祠，岁时祭祀，奉为明神。

姚启圣与施琅都是收复台湾的功臣，施琅功成名就，高官厚爵，而启圣的结局却让人感慨不已。姚启圣向圣祖荐施琅，并佐其收复台湾，但在功成之后，却没有得到任何封赏，仅因收复金门、厦门功而授其拜他喇布勒哈番又一拖沙喇哈番世职。当年报收复台湾大捷时，启圣之疏晚于施琅到京，圣祖则以首功册封施琅，并将以次功封启圣。启圣上疏，有“庙谟天定，微臣无力”之语，圣祖疑其有怨怼之心，未加任何赏赐。启圣在回福州后不久，就因疽发于背而卒。启圣之病，始于进军厦门时。当时鼓山有异僧，精通医术，启圣延请其治病，异僧称无须担忧此病，启圣就是为荡平闽疆而生，海患未定，必不能死。果然，启圣不久病愈。及收复台湾，疽复发，启圣再次延请该僧，僧推辞不至，并称闽疆已定，启圣将死，老僧亦无能为力。二十二年（1683）十一月，启圣卒，年61岁，归葬故里，无谥号、无祭文。不仅礼文未具，而且朝廷在其死后还要追究其浮冒之责。二十三年（1684），追缴其修理船只、军械浮冒帑金4.7万两有奇，圣祖因启圣“素著劳绩”，从宽免除追究。

设置一府三县

在朝廷接受郑克塽的降表后，刘国轩担心台湾发生变乱，一面派官巡缉，密布提防，一面遣曾蜚等人至澎湖，请施琅速到台湾弹压。施琅在接到国轩的书信后，立即整饬船只，令曾蜚等回台湾，转告克塽、国轩，准备迎接王师。二十一年（1682）八月十一日，施琅率吴英等从澎湖进发台湾。克塽派郑斌等坐小船出鹿耳门迎接，自己则与国轩等齐集海埏，恭候施琅船队。十三日，施琅统军进台湾，登岸扎营。十八日，克塽、国轩剃发。随后，施琅向圣祖汇报台湾情形。九月初六日，国轩先渡海至福建见姚启圣，然后驰驿进京陛见。施琅随后拨船护送克塽、锡范等文武官员及家口过厦门，听候启圣安插，克塽、锡范由厦门至京师陛见。圣祖大悦，授国轩为天津卫总兵，克塽为正黄旗汉军公，锡范为正白旗汉军伯。

施琅见诸事安排妥当，将台湾地方交吴英把守，于十一月二十二日班师回澎湖，二十七日至厦门，十二月初一日至福州，与钦差大臣及督抚各官商议台湾的善后事宜。台湾是留是弃，钦差大臣、福建地方督抚等的意见并不一致。留之恐怕无益，弃之担心后患，莫衷一是。施琅奉旨征讨，亲历其地，对台湾风土人情较为了解。他坚决主张留守台湾，并向圣祖呈疏陈述弃留台湾的利弊。

施琅指出，台湾土地肥沃，物产丰富，耕桑并耦，渔盐滋生，满山茂林修竹。硫黄、水藤、糖蔗、鹿皮、木棉及其他日用之物，无所不有，实属肥饶之区。守卫台湾，对清朝保障东南沿海安危、杜绝海疆之患都有裨益。但若将台湾弃为荒陬，再次划出版图之外，则百窦丛生。台湾人口稠密，农工商贾各有本业。一旦迁徙，百姓流离失所，并非良策。以有限的船只载渡无限之民，非经数年，难以完成。况且，迁徙之时，苟且塞责以图了事、寻机逃匿之人更是在所难免。这些人若与内地逃窜而来之人纠结为伍，造船制器，剽掠滨海，实属大患。加之此地原为荷兰人聚居之处，若其乘机前来，依仗船只精壮，窃图海疆，那么沿海诸省，断难晏然无虞。到此时再兴师远征，海上风浪难以预计，再见成效恐怕难上加难。台湾虽属外岛，但在战略位置上与沿海四省密切相关。且台湾与澎湖唇齿相依，如果仅守澎湖而弃台湾，那么澎湖就被孤立于海上，极易受制于外敌。从这一战略意义上来说，守卫台湾就是巩固澎湖防御。以沿海水师守台湾，使其与澎湖各相掎角，声气相通，彼此应援。施琅建议在台湾设总兵1员、水师副将1员、陆师参将2员、兵8000名，澎湖设水师副将1员、兵2000名。防守台湾的总兵、副将、参将、游击等官，3年或2年一换，调回内地升转。施琅在奏疏中反复强调，弃台湾必酿成大祸，留之才能永固边疆。对台湾的取舍是事关朝廷封疆的大事，弃留都需出自圣祖的裁断。

圣祖在阅览过施琅的奏疏后，也认为台湾取舍所关甚大，为确保朝廷决策万无一失，他再次令议政王大臣、九卿科道官及福建督抚提镇等地方官详议此事。二十三年（1684）四月，差往福建料理钱粮的侍郎苏拜，会同福建督抚提督等官上疏回复：留守台湾，设一府三县及巡道1员分辖；再设总兵官1员、副将2员、兵8000，分为水陆8营；澎湖应设副将1员、兵2000，分为2

营，每营各设游击、守备、千总、把总等官。圣祖采纳此议覆，将台湾原设盛天府、万年州、天兴州，改为台湾府，下辖3县。以附郭为台湾县，南路为凤山县，北路为诸罗县。台湾县居中，辖4坊、15里、9街、6乡；凤山县，自台湾府起至沙码埼头止，共530里，辖6里、14乡、20余社；诸罗县，自台湾府起至鸡笼城止，共5330里，辖4里、14乡、4大社。仍设道官一员，兼辖厦门地方。又在原设的10 000名兵丁内，拨出500多名，设守备一员管辖之，为道标。其营制、升转、额设均依施琅之议。

在明清易代的乱世中，黄宗羲、顾炎武、王夫之等忠明之士面对空疏的学风和颓废的政局，以著书立说的方式不断呼喊、抗争，力图以经世致用救世治国，甚至勇敢地批判君主专制的极端性。尽管凭他们一己之力已经无法改变明朝灭亡的命运，尽管他们对清朝仍怀有敌意，但是他们的学说、思想却是清初思想学术界中熠熠生辉的篇章，开务实学风之先河。但是，黄宗羲、顾炎武、王夫的思想主张又不可避免的带有历史局限性。受过系统儒学教育的他们虽然对明末的学风有所质疑，但并没有从根本上否定理学，对它的批判也有所保留。，黄宗羲对君主专制的批判即属此类。由于时代的局宥，这些宝贵的启蒙思想并没有正常发展，更无法像法国启蒙思想那般引起燎原之火。它只出现在明清易代的乱世，短暂的发出光芒，随后就夭折在不断强化的君主专制和思想高压下。

主要参考文献

[1]《明世宗实录》，上海古籍出版社，1983年。
[2]《清实录》，中华书局，1985年。
[3] 中国第一历史档案馆、中国社会科学院历史研究所：《满文老档》，中华书局，1990年。
[4] [法] 费赖之：《在华耶稣会士列传及书目》，中华书局，1995年。
[5] 英和：《恩福堂笔记》，上海古籍出版社，1985年。
[6] 鄂尔泰、张廷玉等：《国朝宫史》，北京古籍出版社，1987年。
[7] [德] 魏特：《汤若望传》，商务印书馆，1949年。
[8] 赵尔巽：《清史稿》，中华书局，1997年。
[9] 何圣生：《檐醉杂记》，中华书局，1927年。
[10] 魏源：《圣武记》，岳麓书社，2011年。
[11] 张广泗：《贵州通志》，清乾隆六年（1741）刻本。
[12] 徐鼒：《小腆纪传》，中华书局，1958年。
[13] 昭梿：《啸亭杂录》，中华书局，1980年。

[14] ［法］白晋：《康熙皇帝》，黑龙江人民出版社，1981年。

[15] 李伯元：《南亭笔记》，上海古籍书店，1983年。

[16] ［日］稻叶君山：《清朝全史》，上海社会科学院出版社，2006年。

[17] 刘健：《庭闻录》，上海书店，1985年。

[18] 李治亭：《吴三桂大传》，江苏教育出版社，2005年。

[19] 吴晗：《朝鲜李朝实录中的中国史料》，中华书局，1980年。

[20] 邵廷采：《东南纪事》，北京古籍出版社，2002年。

[21] 梁启超：《中国近三百年学术史》，中国书店，1985年。

[22] 勒德洪：《平定三逆方略》，（台湾）商务印书馆，1986年。

[23] 鄂尔泰等纂修：《八旗通志》，东北师范大学出版社，1985年。

[24] 钱仪吉：《碑传集》，中华书局，1993年。

[25] 阮葵生：《茶余客话》，上海古籍出版社，2012年。

[26]《康熙朝满文朱批奏折全译》，中国社会科学出版社，1996年。

[27] 王钦若等：《册府元龟》，中华书局，1960年。

[28] 中国第一历史档案馆整理：《康熙起居注》，中华书局，1984年。

[29] 谈迁：《北游录》，中华书局，1960年。

[30] 张伟仁主编：《明清档案》，联经出版事业公司，1986年。

[31]（康熙）《大清会典》，《近代中国史料丛刊三编》，文海出版社，2006年。

[32]（嘉庆）《清会典》，《近代中国史料丛刊三编》，文海出版社，2006年。

[33]（光绪）《清会典事例》，中华书局，1991年。

[34] 全祖望：《鲒埼亭集》，文海出版社，1988年。

[35] 申时行：《明会典》，中华书局，1989年。

[36]《天聪朝臣工奏议》，辽宁大学历史系，1980年。

[37] 戴名世：《南山集》，文海出版社，1988年。

[38] 北平故宫博物院编：《多尔衮摄政日记》，故宫博物院1933年本。

[39] 江日昇：《台湾外纪》，齐鲁书社，2004年。

[40] 龙文彬：《明会要》，光绪十三年永怀堂刻本。

[41] 张廷玉：《明史》，中华书局，1974年。

[42] 王士禛：《池北偶谈》，中华书局，1982年。

[43] 查继佐：《罪惟录》，浙江古籍出版社，2012年。

[44] 黄宗羲：《明儒学案》，中华书局，2008年。

[45] 黄宗羲：《明夷待访录》，中华书局，1981年。

[46] 杨光先：《不得已》，黄山书社，2000年。

[47]《圣祖仁皇帝圣训》，影印文渊阁四库全书，（台湾）商务印书馆，1986。

[48]《圣谕广训》，影印文渊阁四库全书，（台湾）商务印书馆，1986年。

[49]《尚氏宗谱》，辽宁沈阳尚氏家族刊刻。

[50]《清代档案史料丛编》（第六辑），中华书局，1980年。

后记

《数读清史丛书》历经七年的艰辛，终于得以付梓，真是值得高兴的事。作为主编，我们深感编辑这部有一定特色的“清史丛书”实非易事，个中甘苦，唯亲历者知之。

本套丛书的编辑工作启动于2012年，两位主编在深思熟虑之后，明确宗旨，确定选题，拟就编写计划，制订《编写则例》。接着，又约请京内外九位中青年学者承接编写工作。作者们对于本丛书的写作十分认真，兢兢业业，数易其稿，付出了艰辛劳动。编纂伊始，还承蒙北京青年政治学院（通过作者之一谭绍兵）赞助，使得来自四面八方的作者能齐聚一堂，共襄盛举。

由于多种原因，原接洽的出版社临时变卦，致使丛书出版中途搁浅。面对意外变故，我们作为主编没有气馁，又积极与辽宁民族出版社沟通。承蒙不弃，该社社长兼总编辑李凤山先生、副总编辑吴昕阳女士鼎力相助，慨然允诺出版本套丛书。责任编辑李璜女士及杜璐珊、黄金刚等编辑负责联系、审稿，多有辛劳。此外，又通过邹建达、张立程两位作者得到了云南师范大学和浙江大学的出版资助，最终得以克服困难，仅仅用了不到一年时间就把此书奉献给广大读者，这是我们全体编著者要特别感谢的。在丛书编撰过程中，编著者的家人、朋友给予了大力的支持和帮助，杨阳、黄彦震等同志也协助做过一些事务性工作，在此一并致谢。

2019年4月于北京